主　编／逄爱梅　　副主编／王春林

华东理工大学出版社

·上海·

图书在版编目(CIP)数据

旅游企业人力资源管理与开发/逢爱梅主编.
—上海：华东理工大学出版社，2009.1(2015.2重印)
ISBN 978-7-5628-2416-9

Ⅰ.旅… Ⅱ.逢… Ⅲ.旅游-资源管理-高等学校-教材 Ⅳ.F590.6

中国版本图书馆 CIP 数据核字(2008)第 168300 号

旅游企业人力资源管理与开发

主　　编/逢爱梅
副 主 编/王春林
责任编辑/李　骁
责任校对/李　晔
封面设计/戚亮轩
出版发行/华东理工大学出版社
　　　　　地址：上海市梅陇路 130 号，200237
　　　　　电话：(021)64250306(营销部)
　　　　　传真：(021)64252707
　　　　　网址：press.ecust.edu.cn
开　　本/787 mm×960 mm　1/16
印　　张/18.25
字　　数/356 千字
版　　次/2009 年 1 月第 1 版
印　　次/2015 年 2 月第 2 次
书　　号/ISBN 978-7-5628-2416-9/C·129
定　　价/32.00 元

联系我们：电子邮箱 press@ecust.edu.cn
　　　　　官方微博 e.weibo.com/ecustpress
　　　　　淘宝官网 http://shop61951206.taobao.com

前　言

据专家预测,到2050年,最有发展前途的十大产业中,旅游业排名第一,大力发展旅游业已成为世界潮流。旅游业的发展依赖于旅游饭店、旅行社、旅游交通等旅游企业实体的支撑。旅游企业管理如何建立有效的现代企业管理体制和运行机制,使旅游企业可持续快速发展,真正起到支柱产业、重点产业和先导产业的作用,关键在于旅游企业人力资源管理与开发的有效性。美国管理学权威彼得·德鲁克曾说过:"企业或事业唯一的真正资源是人,管理就是充分开发人力资源以做好工作。"人力资源作为一种特殊的、宝贵的资源,对人力资源的有效管理已成为旅游企业的共同战略,人力资源管理职能在企业中的地位也日益重要。今天的旅游企业面临着更加激烈的市场竞争,旅游企业的各级管理者都清醒地意识到,竞争实质上就是企业经营管理水平的竞争、服务质量和工作质量的竞争,归根到底是人才的竞争。面对激烈的市场竞争环境,管理者进一步提高经营管理水平和管理人力资源的水平已迫在眉睫。

我们编写本书目的旨在探讨21世纪知识经济时代,作为服务行业的旅游企业人力资源管理在旅游企业运作中所起的至关重要的作用,有助于旅游企业管理者和未来的旅游业管理者提高管理人力资源的水平和能力。全书共分为三篇十二章。本书条理清晰,内容全面充实,实用性和实践性强。在整体设计和编写体例等方面和同类教材相比突出了"开发篇"。此外,每章后都配有复习与训练内容,包括主要概念、阅读理解、判断题、选择题和相关的案例分析,可加强学生对各章教学内容的理解和接受。因此,这是一本相关专业学生学习该课程较理想的教材,同时对旅游企业人力资源经理和各级管理人员的管理人力资源实践活动也会有直接的指导和帮助作用，本书非常适合作为高校本科和专科的旅游管理专业、酒店管理专业学生的教学用书，也可作为旅游业各层次管理人员的岗位培训用书。

本书编者长期在高等旅游教育岗位从事旅游人力资源管理和旅游管理相关课程的教学工作，本书是编者结合长期的教学实践和体会，在参考了国内外同行研究成果的基础上完成的。全书由逄爱梅编写第一篇旅游企业人力资源规划和第二篇旅游企业人力资源管理的第一、二、三、四、五、六、七章；吴中祥编写第二篇旅游企业人力资源管理的第八章；王春林编写第三篇旅游企业人力资源开发的第九、十、十一、十二章。全书由王春林负责统稿。

在本书编写过程中，参考了国内外诸多的文献、资料和案例，在此对相关作者表示衷心的感谢。对本书编写中可能存在的不足和问题，也敬请读者批评指正。

编　者

2009 年

目　　录

第一篇　旅游企业人力资源规划

第一章　旅游企业人力资源管理与开发导论 …………………………… 2
　第一节　人力资源管理概述 ……………………………………………… 2
　　一、人力资源及其特征 …………………………………………………… 2
　　二、人力资源管理及其特征 ……………………………………………… 4
　第二节　旅游业与人力资源管理 ………………………………………… 8
　　一、旅游业行业结构 ……………………………………………………… 8
　　二、旅游业性质及特点 …………………………………………………… 9
　　三、旅游业人力资源的特征 …………………………………………… 10
　第三节　人力资源管理的历史演进及发展趋势 ……………………… 12
　　一、人力资源管理的历史演进 ………………………………………… 12
　　二、人力资源管理的发展趋势 ………………………………………… 14
　第四节　人力资源开发与管理 ………………………………………… 17
　　一、人力资源开发的定义 ……………………………………………… 17
　　二、人力资源开发的目标 ……………………………………………… 18
　　三、人力资源开发与管理的关系 ……………………………………… 18
　复习与训练 ……………………………………………………………… 19

第二章　旅游企业人力资源计划 …………………………………………… 22
　第一节　人力资源计划概述 …………………………………………… 22
　　一、人力资源计划的基本问题 ………………………………………… 22
　　二、人力资源计划的原则与内容 ……………………………………… 24
　　三、制订人力资源计划的步骤 ………………………………………… 26
　第二节　人力资源需求预测 …………………………………………… 26
　　一、人力资源需求定性预测法 ………………………………………… 27
　　二、人力资源需求定量预测法 ………………………………………… 29

第三节　人力资源供给预测 ·· 31
　　一、人力资源内部供给预测 ·· 31
　　二、人力资源外部供给预测 ·· 36
　　三、确定人力资源供需差距 ·· 37
第四节　人力资源计划的制订 ·· 37
　　一、人力资源政策的制定 ·· 37
　　二、人力资源计划的编制 ·· 39
　　三、人力资源计划的实施与控制 ······································ 40
复习与训练 ··· 41

第三章　旅游企业工作分析与工作设计 ······························ 45

第一节　工作分析概述 ··· 45
　　一、工作分析的含义 ·· 45
　　二、与工作分析相关的基本概念 ····································· 46
　　三、工作分析的作用 ·· 47
　　四、工作分析的程序 ·· 49
第二节　工作分析内容与方法 ·· 51
　　一、工作分析的具体内容 ·· 51
　　二、工作说明书 ·· 52
　　三、任职资格 ·· 54
　　四、工作分析的方法 ·· 55
第三节　工作设计 ··· 59
　　一、工作设计的含义 ·· 59
　　二、工作设计的内容 ·· 60
　　三、工作设计需要考虑的因素 ·· 60
　　四、工作设计的方法 ·· 61
复习与训练 ··· 65

第二篇　旅游企业人力资源管理

第四章　旅游企业员工招聘管理 ·· 68

第一节　员工招聘的原则与渠道 ·· 68
　　一、招聘的含义 ·· 68
　　二、招聘的原则 ·· 69
　　三、招聘的渠道 ·· 70

第二节 员工招聘的程序 …………………………………………… 75
一、人员招募 ……………………………………………………… 75
二、选拔 …………………………………………………………… 76
三、录用 …………………………………………………………… 79
四、招聘评估 ……………………………………………………… 80
第三节 员工招聘的评价方法 ………………………………………… 80
一、面试的组织技巧 ……………………………………………… 81
二、面试的提问技巧 ……………………………………………… 82
三、招聘测验的方法 ……………………………………………… 85
第四节 员工招聘实务操作 …………………………………………… 87
一、招聘广告的写法和范例 ……………………………………… 87
二、工作申请表格的设计 ………………………………………… 89
三、面试用表格的设计 …………………………………………… 92
复习与训练 ………………………………………………………………… 96

第五章 旅游企业员工绩效考评管理 …………………………………… 99
第一节 绩效考评概述 ………………………………………………… 99
一、绩效与绩效考评 ……………………………………………… 99
二、绩效考评的原则 ……………………………………………… 101
三、绩效考评的内容 ……………………………………………… 102
四、绩效考评人员的选择 ………………………………………… 102
第二节 绩效考评的程序和方法 ……………………………………… 103
一、绩效考评的一般程序 ………………………………………… 104
二、员工绩效考评的方法 ………………………………………… 105
三、绩效考评中的问题及改善方法 ……………………………… 108
第三节 员工绩效考评的反馈 ………………………………………… 111
一、反馈面谈 ……………………………………………………… 111
二、绩效改进 ……………………………………………………… 115
复习与训练 ………………………………………………………………… 117

第六章 旅游企业薪酬与福利管理 ……………………………………… 120
第一节 薪酬管理概述 ………………………………………………… 120
一、薪酬和薪酬管理 ……………………………………………… 120
二、薪酬管理的功能 ……………………………………………… 122
三、薪酬管理的原则 ……………………………………………… 123
第二节 工资制度 ……………………………………………………… 124
一、设计工资制度的原则 ………………………………………… 124

二、工资制度的类型………………………………………………… 125
　　三、影响工资制度制定的因素……………………………………… 128
第三节　员工福利…………………………………………………………… 130
　　一、福利及其意义…………………………………………………… 130
　　二、企业福利的内容………………………………………………… 131
　　三、企业福利的有效管理…………………………………………… 133
复习与训练…………………………………………………………………… 134

第七章　旅游企业劳动关系管理……………………………………………… 137
第一节　劳动关系概述……………………………………………………… 137
　　一、劳动关系的概念………………………………………………… 137
　　二、劳动关系的构成………………………………………………… 138
　　三、劳动关系的主要内容…………………………………………… 138
　　四、处理劳动关系的原则…………………………………………… 141
第二节　劳动合同管理……………………………………………………… 142
　　一、劳动合同的订立………………………………………………… 142
　　二、劳动合同的内容………………………………………………… 144
　　三、劳动合同的履行………………………………………………… 145
　　四、劳动合同的变更和终止………………………………………… 146
　　五、新劳动合同法调整要点………………………………………… 148
第三节　劳动安全与保护…………………………………………………… 149
　　一、旅游企业不安全因素分析……………………………………… 150
　　二、加强劳动安全保护的方法与措施……………………………… 150
　　三、劳动保护的内容………………………………………………… 151
第四节　劳动争议与处理…………………………………………………… 152
　　一、劳动争议的主要内容…………………………………………… 153
　　二、劳动争议的处理原则…………………………………………… 153
　　三、劳动争议的处理程序…………………………………………… 154
复习与训练…………………………………………………………………… 157

第八章　旅游企业人力资源管理艺术………………………………………… 160
第一节　员工管理艺术……………………………………………………… 160
　　一、员工合理使用原则……………………………………………… 160
　　二、提高员工的工作满意度………………………………………… 163
　　三、降低员工流动率对策…………………………………………… 165
　　四、员工管理秘诀…………………………………………………… 167
第二节　员工压力及其控制方法…………………………………………… 170

一、员工的压力及其种类 …………………………………… 170
　　二、控制压力的方法 ………………………………………… 172
　第三节　多元文化团队的管理 ………………………………… 174
　　一、文化差异的表现 ………………………………………… 174
　　二、多元文化管理面临的挑战 ……………………………… 176
　　三、多元文化管理的对策 …………………………………… 177
　复习与训练 ……………………………………………………… 178

第三篇　旅游企业人力资源开发

第九章　旅游从业人员职业道德与职业养成教育 …………… 182
　第一节　旅游职业道德的基本原则和要求 …………………… 182
　　一、旅游职业道德 …………………………………………… 182
　　二、旅游职业道德的基本原则 ……………………………… 183
　　三、旅游职业道德的基本要求 ……………………………… 184
　　四、旅游从业人员职业道德规范 …………………………… 186
　　附录：上海市导游人员职业道德规范 ……………………… 187
　第二节　旅游从业人员敬业意识和服务意识的培养 ………… 189
　　一、旅游从业人员敬业意识的培养 ………………………… 189
　　二、旅游从业人员服务意识的培养 ………………………… 192
　第三节　旅游从业人员职业养成教育方案 …………………… 194
　　一、旅游从业人员的职业观偏差 …………………………… 195
　　二、旅游从业人员流失状况及原因 ………………………… 196
　　三、旅游职业养成教育方案探讨 …………………………… 197
　复习与训练 ……………………………………………………… 203
第十章　旅游企业员工培训与职业发展 ……………………… 205
　第一节　旅游企业员工培训规律 ……………………………… 205
　　一、员工培训的特点与原则 ………………………………… 205
　　二、旅游企业员工培训的基本规律 ………………………… 208
　第二节　旅游企业员工培训的程序 …………………………… 210
　　一、确定培训需要 …………………………………………… 210
　　二、制订培训计划 …………………………………………… 212
　　三、实施培训 ………………………………………………… 213
　　四、评估培训 ………………………………………………… 214

第三节　旅游企业员工培训内容与方法 …… 218
    一、员工培训的内容 …… 218
    二、员工培训的方法与技巧 …… 220

第四节　员工职业生涯规划与管理 …… 224
    一、员工职业生涯的阶段划分 …… 225
    二、职业生涯规划策略 …… 227
    三、员工职业生涯管理 …… 228

复习与训练 …… 230

第十一章　旅游企业员工潜能的激励 …… 233
第一节　人性观与激励模式 …… 233
    一、"经济人"与管理策略 …… 233
    二、"社会人"与管理策略 …… 234
    三、"自我实现人"与管理策略 …… 235
    四、"复杂人"与管理策略 …… 236

第二节　激励理论及其运用 …… 237
    一、内容型激励理论 …… 237
    二、过程型激励理论 …… 242

第三节　员工个人激励方法与技巧 …… 246
    一、目标激励 …… 247
    二、奖惩激励 …… 248
    三、工作鼓励 …… 249
    四、领导行为激励 …… 250

第四节　员工集体激励 …… 252
    一、霍桑效应 …… 252
    二、利润分享计划和增益分享计划 …… 253
    三、斯坎伦计划 …… 254

复习与训练 …… 255

第十二章　旅游企业人力资源开发 …… 258
第一节　人力资源开发的途径与内容 …… 258
    一、人力资源开发的原则和规律 …… 258
    二、人力资源开发的内容 …… 261

第二节　旅游企业整体性人力资源开发 …… 263
    一、配置开发 …… 264
    二、使用开发 …… 265
    三、培训开发 …… 266

  四、激励开发 …………………………………………………………… 267
第三节 旅游企业人力资源开发的具体方法 ………………………………… 268
  一、结构功能法 ………………………………………………………… 268
  二、初期兴趣定位法 …………………………………………………… 269
  三、潜能开发法 ………………………………………………………… 270
  四、情商开发法 ………………………………………………………… 272
  五、"倒金字塔"开发法 ………………………………………………… 272
  六、"二八"开发法 ……………………………………………………… 273
复习与训练 ……………………………………………………………………… 274
参考文献 ………………………………………………………………………… 278

第一篇　旅游企业人力资源规划

　　人力资源规划是旅游企业人力资源管理各项工作的依据,是人力资源发展的基础。旅游企业要生存和发展,人力资源是最关键的因素。人力既然是一种资源,就有必要对已获得的人力资源加以认真的规划,才能避免浪费,进而发挥其功能和作用。而工作分析是人力资源管理的第一个主要环节,人力资源管理工作的一个重要内容是使人与工作实现最佳匹配,做到人尽其才,才适其职。为此就要了解各种工作的特性以及能够胜任各项工作的人员的特性。本篇通过人力资源管理与开发概述、人力资源计划、工作分析和工作设计,了解人力资源管理与开发概况,掌握人力资源计划制订、工作分析与工作设计的方法。

第一章

旅游企业人力资源管理与开发导论

人力资源管理是20世纪60年代末才逐渐出现并普及的新概念与新术语,以前称为人事管理。人力资源管理研究如何最有效、最合理地管理和使用企业所拥有的最宝贵的资源——员工的才能与热情,从而实现企业的既定目标。人力资源开发要求不断改善人力资源管理的工作。人力资源的管理与开发是现代企业最重要的经营管理活动。

第一节 人力资源管理概述

"资源"一词是经济学术用语,是指可以投入到生产中去创造财富的生产条件的统称,即可以为人们带来新的使用价值和价值的客观物质。而"人力资源"更多地表达了人作为一种资源的价值,即人是一种有价值的商品,它对一个组织的利润和效率都起着核心作用。因此,如何运用这些资源并对其进行有效管理就变得越来越重要。

一、人力资源及其特征

1. 人力资源概念

"人力资源"的概念最早是由美国管理学大师彼得·德鲁克于1954年在《管理的实践》一书中首次提出来的,以后逐渐成为管理学领域的研究热点之一,受到广泛的重视。但目前,学术界对这一概念并没有统一的定义。

伊凡·伯格(Ivan Berg)认为,人力资源是人类可用于生产产品或提供各种服务的活力、技能和知识。

内贝尔·埃利斯(Nabil Elias)认为,人力资源是企业内部成员和外部的人可提供潜在服务及有利于企业预期经营的总和。

也有人认为人力资源是一切具有智力和体力劳动能力的人的总称。

从上述定义可以看出，不管从哪个角度去定义它，其本质的含义是一致的，即：人力资源是指一定时间空间条件下，能够推动经济发展和社会进步现实和潜在劳动力的数量和质量的总和。

人力资源能力包括体能和智能两个基本方面。体能即人的身体素质，智能包含三个方面，即智力、知识和技能。

最新的研究认为，人力资源除了包括知识、能力等"共性化"要素外，个性、兴趣、价值观等个性化要素和努力、态度、情感等情绪化要素，也应该包含在其定义中。个性化要素和情绪化要素对人力资源的"贡献弹性"，具有明显的控制和调节作用。

因此可以认为：人力资源是指人拥有的知识、技能、经验、健康等共性化要素和个性、兴趣、价值观、团队意识等个性化要素以及态度、努力、情感等情绪化要素的有机组合。三要素有机组合的人力资源定义，可以提升此概念对人力资源构成要素的覆盖能力、对人力资源管理实践的解释能力和对未来人力资源管理的前瞻能力。通常人们对人力资源概念的理解一般都侧重于共性化要素。

2. 人力资源的特征

人力资源是一种进行社会生产的特殊而又重要的资源。这种资源与其他资源相比较，具有自己独特而鲜明的个性特征。

(1) 具有生成过程的时代性与时间性。人力资源是属于人类自身特有、存在于人体之中的一种活的资源，具有生成过程的时间性和时代性。人力资源的成长具有深刻的时代烙印，受时代条件的制约，也就是说，当时的生产力、生产关系，即社会发展水平决定了人力资源的数量、质量和整体素质。而随着时间的延续、社会的发展，人的工作器具、工作方式发生了巨大变化，人的价值观念和认知方式也随之发生了质的变化，管理者逐渐探索从人的受教育程度、人的工作能力、人的思想意识等诸多方面对他的属下进行管理。

(2) 具有开发过程的能动性和持续性。人力资源不仅是开发的对象和客体，同时又是开发的动力和主体。当人力资源作为生产要素的一部分进入生产过程后，便在一切活动中居于中心位置，可以起到主导的作用，还能够发挥引导、操纵、控制其他资源的功效。能动性主要表现在自我强化、自主择业、爱岗敬业等方面。每个人都有自己的欲望，都有理想抱负，都有着明显或隐含的突出自己的愿望，在这种愿望下，每个人都有接受教育培训、开发自身潜能的能力。正因为如此，人们会自主选择自己热爱的职业或者适合于自己的职业。人们会用自己的热情和才干去把工作做得更好。选择了某个自己并不热爱但却比较适合个人情况（如专业、学历、经济状况等）的职业，那么人们也会通过后天兴趣的培养或者由于掌握工作内容、技巧后产生的自豪感而尊重自己的职业并努力把工作做得更好。

人力资源的开发是一个持续的过程，根据时代的发展、岗位的变化以及个人的需要，人力资源在其使用过程中需要不断开发，以满足变化了的主客观条件。

（3）具有使用过程的时效性和闲置过程的消耗性。人力资源是一种活的资源，具有生物性，因此其形成、使用都要受时间的限制。它不像"无生命"的资源如矿山、海洋等，即使长时间不用也不会消失。人力资源在其生长的各个黄金期，如果不好好利用，其功效就会消退或无谓地消耗掉。比如一个人在青壮年时，其精力正处于一生中的高峰期，如果他碌碌无为，那么等到暮年翻然悔悟想再次拥有这样的时光大干一场是不可能的。

（4）具有社会性。其社会性的含义是：人类资源的每一个个体，其作用的发挥不是单一性的，即很大程度上社会环境、文化特征、组织结构等各方面都对人力资源会产生直接或间接的影响。因为人是不可能脱离社会存活的，不可避免地要受政治、经济、文化、教育等方面的影响，不可避免地要受周围人的影响（尤其是个人所属群体的影响），不可避免地要受自己的社会背景、文化背景的影响。这些影响有些是显而易见的，而有些则是潜移默化的。

（5）具有潜力巨大的创造性。从人类的起源和发展来看，人类曾经运用自己的智慧，发明了钻木取火，并能制造工具，因而减轻了自身的劳动负担，丰富了生产资料和生活资料。人脑的开发、科技的进步，给人类带来了更多的惊喜。当今社会，人们更为注重人的潜能的开发，甚至从婴幼儿时期就开始了智力的开发。这些开发，使人们获益匪浅，也激励人们以更多的精力和时间去思考、挖掘，去创造新生活。

二、人力资源管理及其特征

1. 人力资源管理概念

人力资源管理是管理学中的一个崭新和重要的领域。人力资源管理可以分为宏观和微观两个方面。宏观人力资源管理即是对全社会人力资源的管理，微观人力资源管理则同企业的生产、营销、财务管理等一样，同为组织的一项必不可少的基本管理职能。基于这一认识，微观人力资源管理的定义即是指组织充分有效地运用计划、组织、激励、控制等现代管理措施和手段，对人力资源的取得、开发、保持和运用等方面进行管理和协调的一系列活动，以实现组织效益最大化等既定目标。

在企业的经营活动中，人、财、物、信息共同构成了决定企业兴衰的四大要素，这四大要素也是企业管理的内容。而人力资源是企业管理的主体，失去了人的能动作用，财、物、信息都不能发挥应有的作用。随着知识经济时代的到来，人的积极性和创造性日益成为提高组织效率的关键环节，人力资源的地位越来越重要，对其管理也越来越复杂，所要求的管理技能也越来越高。人力资源作为企业最重要的资产和一种最富有活力与创造力的资本,其功能与作用愈益显著。可以肯定,在未来的企业管理中,人力资源管理将会扮演更为重要的角色。

2. 人力资源管理的特征

(1) 人力资源管理目标的战略性。在信息技术和知识经济时代,人力资源的价值得到了广泛的认可,人力资源的稀缺性、独特性使得企业无法在市场上随意获取,人力资源难以模仿的特性和组织化特征使得其成为企业最宝贵的财富,成为企业重要的核心能力要素。因此,人力资源管理对企业战略目标的实现具有重要的意义。人力资源管理开始进入企业决策层,制定与企业经营战略相一致的规划和策略,以服务于企业战略。

(2) 人力资源管理职能的广泛性。伴随企业人力资源管理地位的上升,人力资源管理的范围也越来越大,职能也越来越广泛。除了例行的招聘、薪酬、考评等职能外,机构设置、职位设计、领导者的选拔任用、员工培训与发展、员工激励、员工咨询服务、团队建设、企业文化建设等都是人力资源管理的职能。

(3) 人力资源管理理念的先进性。企业认识到,人力资源是企业一切资源中最宝贵的资源,经过开发的人力资源可以升值增值,能给企业带来巨大的利润。因此,尊重人、关心人、依靠人、凝聚人、造就人、培养人,最大限度地满足人的潜在需求,发挥人的潜能,就成为企业人力资源管理的立足点。

(4) 人力资源管理主体的多层次性。人力资源管理从表面上来看,是人力资源管理部门的事情。实际上,从企业高层、中层到低层管理者都负有人力资源管理的责任。因为人力资源的培训、工作指导、日常行为管理、思想教育等都不是由人力资源部门独立完成的,需要各级管理者携手配合才能完成。不仅如此,员工还负有自我管理的责任,要对自己和企业负责。人力资源管理实际上就是由高层管理者指导,由人力资源管理部门牵头,全体员工参与的、旨在推动人力资源管理不断创新、更好地实现企业战略目标的集体行动。

(5) 人力资源管理方式的人性化。人力资源管理以人为本,尊重人性,为员工的工作提供指导和培训,通过工作设计与工作轮换,为员工提供更多的发挥个人才能的机会;对员工的安全与健康负责,进行劳动保护的教育,提供健身的场所和设施,为员工购买各种保险;为员工的生活提供后勤保障,提供宿舍、餐饮等方面的便利,给困难的员工以特别的关照;为员工提供上下级及同级之间沟通的渠道,允许员工以任何合理的方式提意见等。

(6) 人力资源管理手段的信息化。人力资源信息系统的引入,为人力资源管理节省了大量的人力,由计算机自动生成结果,能及时准确地提供决策依据,实现了信息的大量存储,为以后的工作提供参考。人力资源信息系统使企业内外的沟通更加迅速、充分,并实现了无纸化操作。

(7) 人力资源管理结果的高回报性。从管理深度而言,传统的人事管理注重管好现有人才,而现代人力资源管理则更加注重开发人的潜能,不但重视专业知识、技能等智商的开发,更重视人的意志、品质等情商的开发。现代心理学的研究成果表明,在决定一个人获得成功的诸要素中,智商只起 20% 的作用,情商则要起到 60%～80% 的作用。智商讲的是做事的本领,情商讲的是做人的道理。智商决定人的录用,情商决定人的升迁。

3. 人力资源管理的职能

为了有效地管理企业的人力资源,需要通过外在和内在两方面要素,即量和质的管理来体现。

对人力资源外在要素,即量的管理是根据人力和物力的变化,对人力进行恰当的培训、组织和协调,使二者经常保持最佳比例和有机的结合,达到人和工作的最佳协调,发挥出最佳效应。

对人力资源内在要素,即质的管理主要是指采用现代化的科学方法,对人们的思想、心理和行为进行有效的管理(包括对个体和群体的思想、心理及行为的协调、控制与管理),充分发挥人的主观能动性,以达到组织目标。

人力资源管理始终是围绕着如何充分开发人力资源这一核心目标展开活动。具体地说,管理人力资源涉及五大职能:

(1) 获取。这首先包括职务分析。组织根据其文化价值观、目标与战略,确定了它的职能分工与劳动分工的形式,设计出它的结构后,分析并具体制定出每一工作岗位的职务说明书,据此进行对所需人员的吸引,即招聘、考评、选拔、委派与安置。

(2) 整合。它又叫一体化,使招聘到的人员不仅在组织上参加到本组织中来,而且在思想、感情和心理上与组织认同并融为一体。这包括对员工的培训,介绍组织的宗旨与目标,最终使员工接受组织的宗旨、价值观,融合到组织的文化之中,与组织的其他成员结合成一个紧密的整体。

(3) 保持与激励。它指对招聘的人员采取适当措施,使其对工作的条件和环境感到满意,培养和保持工作热情。组织通过设计并执行公平和合理的奖酬、福利、保健等制度,建立起激励机制,激励劳动者的内在潜力。

(4) 控制与调整。它包括合理而完整的绩效考评制度的设置与执行,并在此基础上采取适当的措施,如晋升、调迁、解雇、离退、奖励、惩戒等的实行与落实。

(5) 开发。这是企业为有效地发挥人的才干和提高人的能力而采取的一系列活动。开发活动的主要环节有人才发现、人才培养、人才使用与人才调剂。具体活动有教育训练、组织发展、提高生活质量(满足物质和精神的需要)等。

通过人力资源管理达到的目的:第一,造就一支优秀的员工队伍,使员工在组织发展的同时,自身也能够得到全面发展;也使员工队伍不仅在数量上,而且在质量上保证企业活动的正常进行。第二,创造最优的劳动组合,即通过科学地排列、组合,使员工得以最优的结合,做到能位相称,才尽其用,形成一个精干、有序、高效的劳动组织。第三,充分调动员工的积极性。人力资源管理的最终目标就是充分调动员工的积极性,即"得人"。也就是通过各种有效的激励措施,发挥最佳的群体效应,创造一个良好的人事环境,使员工安心工作、乐于工作,最大限度地发挥员工的积极性和创造性。

4. 人事管理与人力资源管理

人力资源管理是在传统的劳动人事管理的基础上发展而来的。18世纪工业革命后,工厂数量不断扩张,规模不断扩大,人员数量增大,工厂主无力负责员工的具体管理工作,就成立了专门的人事部门,负责人员的招聘、出勤、薪资等工作。过去,企业人事管理工作的内容只限于人员招聘、选拔、委派、工资发放、档案保管之类较琐碎的具体工作。后来也涉及职务分析、考评制度与方法的拟订、人事规章制度的规定、职工培训活动的规划与组织等。其工作性质,基本属于行政事务性的工作,很少涉及高层战略决策。因此在国外企业,过去的人事管理包括人事部门在企业中地位较低。

20世纪五六十年代,经济的腾飞使得对人力的需求进一步加大,对人力需求进行预测和规划并以更有利的薪资吸引员工成为人事管理工作的主旨。随着经济的进一步发展,以信息技术、知识经济为标志的后工业社会的脚步渐行渐近,人的作用变得越来越突出。20世纪80年代初期,美国和欧洲纷纷出现了人力资源开发和管理的组织机构。在美国,除了中央和地方政府设立了人力资源开发的组织外,许多工商企业也纷纷将人事部门改称为"人力资源开发部"或"人力资源管理部"。西方企业从强调对工作的管理转向重视对人的管理,是管理领域中一个划时代的进步。

现代人力资源管理的任务除了招聘、考评、薪资、福利等例行事务外,还转向服务于员工,挖掘、开发员工潜能,使工作与人的能力匹配恰当,员工的职业发展与企业发展战略相一致。现代人力资源管理工作注重企业文化的建设、内部环境的塑造;组织结构的设计、激励体系的完善;激发员工潜能,兼顾员工个人目标并促进其与组织战略的融合,实现员工对组织贡献的最大化;与决策层的沟通,为组织战略提供支持等。

现代人力资源管理与传统人事管理相比较表现出以下的不同点:

(1) 对人的认识不同。传统的人事管理将人力视为成本,视为生产过程的支出和耗费,同物质资源一样,生产管理中尽量做到降低人力成本,以提高产出率。人力资源管理认为,人力不仅是一种资源,更重要的是一种特殊的资本性资源。各个国家、组织和个人都在这个资本上大做文章,纷纷通过教育培训对人力资本进行投资,以期获得高额回报。因为他们看重的是人力资源蕴藏的巨大潜能,而这种潜能使人力资本投资收益高于其他一切资本的投资收益率。

(2) 重视程度不一样。传统的人事管理在组织中被当作事务性的管理,与组织的高层规划决策毫不沾边,人事管理人员的工作范围仅限于管理工资档案、人员调度等执行性的工作。所以,组织的高层对人事管理不太重视。

在现代组织中,人力资源管理被提升到战略决策的高度,人力资源部门从无到有,直至上升到决策层。人力资源管理人员在组织中的地位得到大幅度的提高,他们常常参与组织战略规划的制定。

(3) 管理方法不同。传统的人事管理是被动、静态、孤立的管理。在这种观念下,员工从开始工作起,便被动地被分配到某个岗位,直至退休。员工进来不容易,要想出去也很困难。有关人事管理中的招聘、录用、工资管理、奖惩、退休等环节的工作被人为地分开,由各部门孤立地进行管理。这种管理方法,使得人力资源出现浪费和闲置,又阻碍了人力资源的流动、开发和合理有效的利用。

人力资源管理对人力资源的招聘录用、绩效考评和培训发展等进行全过程、主动、动态的管理,各个环节紧密结合,对人力资源的各个方面进行开发利用。人才市场体系的建立,使得人力资源流动渠道畅通,员工进出组织变得容易,辞退或被辞退变得正常,使组织能不断吐故纳新、保持活力。

(4) 基本职能不同。传统的人事管理是行政事务性的管理,强调各项事务的具体操作,如人员招聘、录用、档案管理、人员调动等。

人力资源管理在人事管理的职能基础上增加了人力资源规划、人力资源开发、岗位与组织设计、行为管理和职工终身教育等内容。这些职能的增加使人力资源管理具有计划性、战略性、整体性和未来性。这是人力资源管理的精髓,也是人力资源管理和人事管理最大的区别所在。

第二节 旅游业与人力资源管理

旅游业是一个服务性行业,而旅游企业是利用各种资源从事旅游服务业经营活动、营利性、独立的经济实体,员工参与服务生产过程,是企业的一种特殊类型。旅游企业管理的重点是要研究如何调动人的积极性、创造性,人力资源的管理是旅游企业管理的核心。

一、旅游业行业结构

旅游业是由为旅游者提供旅游服务的若干行业组成的松散集合体。与其他行业不同,旅游业无法根据其提供产品的特点来划定行业边界,而只能从旅游需求的角度,即按照旅游者消费范围划定行业范围。因为人们的旅游活动涉及吃、住、行、游、购、娱、体、疗、学等诸多方面,所以旅游服务也就涉及很多方面,很难准确界定旅游业的边界。人们一般认为餐饮业、交通运输业、旅行服务业、娱乐业、商业等行业是旅游业最基本的组成部分。近年来由于信息技术及社会保障事业的迅猛发展,旅游信息咨询业、邮电通讯业、旅游金融保险业在旅游业中的地位也就愈加突出。如下表1-1所示。

表1-1 旅游业行业构成

旅游服务类型	相关行业(企业)
餐饮业	饭店、社会餐厅、饮食场所、旅馆、旅游住宿点
交通运输业	铁路、航运、汽车、船舶、交通租赁
旅行服务业	旅行社、旅游代理商、加油站、摄影
娱乐业	各类休闲公园、体育和健身、各类乐队、剧院、各类娱乐赛事
商业	各类购物场所、礼品纪念品商店、玩具商店
旅游信息咨询业	旅游网站、旅游广告业、旅游报刊、旅游信息咨询中心、旅游热线
旅游邮电通讯业	邮政、电信行业
旅游金融保险业	银行业、保险业

因此,旅游业可以说是一个分散在社会经济各个层面的特殊行业,旅游活动和相关服务也自然成了联系各相关行业的纽带。

二、旅游业性质及特点

旅游业属于第三产业,服务性是旅游业的基本属性。由于构成旅游业的基础机构是以谋利为目的,实行独立经营、独立核算的经济组织——旅游企业,因此,旅游业又具有经济属性。在把旅游业作为一项产业来发展的今天,其经济属性也越来越突出。一些国家及地区已把旅游业作为当地的支柱产业来发展,如西班牙、泰国、新加坡,以及中国的香港、澳门地区。

除以上特点外,旅游业还具有其他服务业所不具备的一些特点:

1. 综合性

旅游业是由诸多不同类型的旅游企业组成的。严格意义上讲除了旅行社外,没有哪一种企业是专门为旅游活动服务的,但分属各行各业极度分散的许多企业又因旅游者的旅游活动而串联在一起,构成了范围巨大、综合性强的旅游产业。企业之间相互依存、互为补充,共同保证旅游活动的顺利进行。作为旅游产品的制造者和构成部分,任何企业出现问题都会影响到旅游产品的质量,不仅给自己造成损失而且还会影响一定范围内的旅游业的发展。旅游业的这种综合性特点就要求旅游企业紧密合作、协调发展,并加强全行业的宏观管理,为旅游业的健康发展共同奋斗。

2. 关联性

从旅游业的行业构成来看,如前所述,除旅行社外,其他行业均是"兼职"于旅游业,具有双重身份。因此,旅游业必然与餐饮、交通、商业、工业、农业等行业或产业密切相关。从整体上来说,旅游业与整个国民经济息息相关。一方面,旅游业对国民经济发展起积极的推动作用,但也可能产生一定的消极影响;另一方面,国民经济的发展对旅游业的发展同样具有积极的促进作用或制约作用。

3. 脆弱性

旅游活动是一项综合性的社会活动,涉及众多行业,需要具备一定的时空条件。一旦自然环境或社会环境不安定,旅游业就会受到重大影响,前者如水灾、瘟疫、地震等自然灾害,后者如政治动乱、战乱、恐怖活动、经济危机、政策变动等社会环境的破坏,都会妨碍旅游业的发展。当然,一旦这些破坏性因素得到控制或消失,旅游业便会随之"复苏",反映出其一定的"耐受性"。同时,由于旅游产品又具有生产与消费的不可分割性、旅游产品的质量受消费者主观因素影响较大等特点,使得旅游业员工必须付出更多的努力才能取得理想的效果,与其他行业相比,很难保证产品质量的稳定,具有一定的"脆弱性"。

4. 文化性

旅游活动从表面上看是一种经济现象,只有在一定经济保证的前提下人们才能去旅游(总体上是这样),但从根本上来看,它更是一种文化现象。文化性是旅游业的灵魂。旅游者出门旅游,本质上是为了寻找一种文化的差异,是对异地文化的欣赏。任何旅游吸引物只有赋予其文化含义才具有生命力。因此,旅游业必须深挖旅游目的地的文化含义才能显示其价值,才能更好地发展旅游事业。

三、旅游业人力资源的特征

由于旅游业涉及众多行业,因此其从业人员在年龄、性别、素质等方面也显示出复杂性,不能一概而论。总的来说,可以概括如下。

1. 从业人员实力不断增强

通过大力开展旅游教育培训和资格认证,现在我国已初步建立起一支与旅游业发展相适应的、规模宏大、门类齐全、结构较为合理的旅游人力队伍。近年来,我国旅游从业人员人数不断增长。到2006年底,中国旅游直接从业人员约1 000万人,加上间接从业人员,旅游就业总数达4 800多万人,约占全国就业总数的5.2%。

旅游从业人员素质不断提高。从直接培养旅游业人才的旅游院校来看,国家旅游局人事劳动教育司印发的《2007年全国旅游教育培训统计情况》显示:截至2007年底,全国共有高、中等旅游院校(包括完全的旅游院校和只开设有旅游系或旅游专业的院校)1 641所,其中高等院校770所、中等职业学校871所。与上年相比,旅游高等院校增加了8所,旅游中等职业学校则减少了70所。2007年旅游院校在校生为773 757人,比上年增加5.3%。其中旅游高等院校397 365人,比上年增长10%,旅游中等职业学校376 392人,比上年增长0.7%。

同时,全行业在职人员培训总量也在不断上升。《2007年全国旅游教育培训统计情况》显示:2007年全国旅游行业职工教育培训总量达3 209 387人次,比上年增长了12%。新的职业资格考试与认证,如旅游咨询师、会展策划师、营销师、管理师等继导游资格等考试后,成为旅游业的新亮点。

2. 从业人员水平参差不齐

旅游业进入门槛低,因此高素质与相对较低素质员工并存。由于近年来旅游业吸纳了不少下岗工人和农村劳动力,使得社会上对旅游就业有种以偏概全的感觉,认为整个旅游业的就业门槛都比较低。这种状况对于旅游业吸纳高素质、高学历人才是非常不利的。从实践看,旅游行业尤其缺乏那些既懂外语和信息技术,又熟悉业务、具有创新精神和创新能力的中高级管理人才和专业技术人才,旅游规划与开发、景区(点)管理、会展旅游、度假区管理、旅游商品开发等紧缺人才更是远远不能满足旅游业发展的需要。

3. 从业人员服务意识有待加强

由于根深蒂固的轻视"伺候人"行业的传统心理的存在,使得很多旅游从业人员存在自卑心理,不愿从事此类工作,即使在岗也缺乏服务意识,被动性较强。另外,计划经济体制带来的大锅饭、平均主义思想在企业的分配体制中还存在,这也抹杀了部分员工的积极性。一些员工缺乏长远眼光,急功近利,也容易使服务变味。与国外旅游服务业以及国内香港、澳门等地区的旅游服务业相比,我国大部分地区都存在层次不一和服务意识缺乏等现象,需要进一步加强员工的服务意识。

4. 从业人员技能水平有待提高

由于服务意识及服务精神的缺乏,使得从业人员在服务技能的提高上重视不够,认为过得去即可,没有精益求精的精神,有些员工即使具备了较高的技能,非到重要时刻才愿意施展出来。从这个角度讲,加强服务意识与提高技能水平是无法截然分开的,在加强技能培训的同时一定要从思想意识上抓起。

第三节 人力资源管理的历史演进及发展趋势

人力资源管理的概念是一个舶来品,以前称为人事管理,它随着企业管理理论的发展而逐步形成。人力资源管理就其所包含的内容来说,完全是一个与时俱进的概念。了解人力资源管理的产生和发展,展望未来,人力资源管理将随时代的进步被赋予更加丰富的内涵和特征。

一、人力资源管理的历史演进

人力资源管理实践活动的历史源远流长,可以说自从有了人类的物质生产活动,也就有了人力资源管理的活动,但在相当长的历史阶段,人们并没有把它作为一个重要的管理内容来看待,而是把它融合在其他管理活动中,人力资源管理的特征不明显。人力资源管理得到长足发展是以近代工业革命为起点的,科学技术的进步和社会的发展是推动人力资源管理变革的有力武器。伴随着科学技术的发展和社会的进步,人力资源管理的发展大体经历了三个阶段。

1. 人事管理(Personnel Management)阶段

人事管理的雏形形成于 20 世纪初泰罗和吉尔布雷斯夫妇等开创的科学管理理论。在科学管理阶段,主要注重通过科学的工作设计来提高工人的生产率,同时注重采用科学的方法对员工进行招聘和挑选,用企业的系统培训来取代以前的自我培训,以提高工人的生产率。并且,科学管理理论还创造出了最初的劳动计量奖励工资制度——"差异计件率系统",并最早提出了将生产率改进所获得的收益在企业和工人之间分享的思想。这些理论对现代企业人力资源管理的发展产生了重要的影响。

20 世纪 30 年代,著名的霍桑实验的研究结果使管理从科学管理时代步入人际关系时代。该实验证明,员工的生产率不仅受工作设计和报酬的影响,而且更多地受到社会及心理因素的影响,受员工情绪和态度的影响。因此,采用行为科学理论,改变员工的情绪和态度将对生产率产生巨大的影响。这就在管理实践中导入了人际关系运动,推动了整个管理学界的革命。在人际关系运动阶段,加强对员工的关心和支持、增强管理者和员工之间的沟通等,都作为新的人事管理方法被企业所采用。

人际关系理论强调只有理解员工的需要,才能提高员工的满意度和生产力,而行为科学的研究发现,组织中的员工的行为是多种多样、复杂多变的,不能仅仅认为组织中员工的行为方式就是人际关系。组织本身对员工的表现具有塑造、控制和协调的作用,而员工的行为还要受到员工所处的职位、工作和技术要求的影响。组织行为学就是通过对个体、群体以及组织在工作中行为的研究,说明它们是如何影响个体、群体的生产力水平以及生产绩效的。组织行为学的发展使人事管理中对个体的研究与管理扩展到了对群体与组织的整体的研究与管理,人事管理的实践也为此发生了很大的变化。尤其是20世纪50年代的激励理论(包括马斯洛的需要层次理论、麦格雷戈(D. McGregor)的XY理论、赫茨伯格的双因素理论等)对人力资源管理的理论和技术方法的发展都产生了深远的影响。

人事管理作为一个概念被提出是在第二次世界大战后的美国。总的来说,它是指对人及有关人的事的全部领域的管理。它同生产、销售、财务等管理一样,是组织不可或缺的基本管理功能,这时的人事管理工作琐碎杂乱,无法顾及重点和深度,与组织目标联系不紧密,由于不直接创造产品价值,在企业中地位较低。

2. 人力资源管理(Human Resource Management)阶段

人力资源概念的提出是在20世纪五六十年代,管理学家彼得·德鲁克、工业关系和社会学家怀特·巴克都对这一概念有过论述。20世纪70年代以来,随着信息技术、知识经济的萌芽以及竞争的日益激烈,发达国家的人事管理进入了一个新阶段,表现在:企业首脑开始关注、重视有关人的管理工作,并由副总裁级的领导主管这方面的工作。企业对员工管理的投资大幅增长,对人事工作者的资历和能力有了更高的要求,并越来越重视各级管理者和员工的教育培训工作。这一时期,人事管理开始向人力资源管理阶段发展,企业中出现了人力资源部,负责企业的人事政策制定,根据上级要求进行人员招聘及管理,因此其职责范围更加明确,对企业的贡献和作用加大,在企业中的地位有了很大提高。这时企业虽然意识到人力也是一种资源,但并不认为是重要的战略性资源,人力资源部门的工作往往处在一种被动状态。

3. 战略性人力资源管理(Strategic Human Resource Management)阶段

战略性人力资源管理这一概念的出现是与全球竞争的社会大背景分不开的,也与战略管理理论的发展分不开。在战略性人力资源管理理论中最有影响力的观点是由哈佛商学院教授比尔(Michael Beer)等人于20世纪80年代提出来的。在这一阶段,企业战略目标的实现越来越依赖于其快速应变能力和团队合作精神,人成为竞争力的关键。人力资源部门以前是企业战略的被动接受者,现在他们已成为企业战略的制定者和推行者。企业开始制定人力资源战略并实施战略性人力资源管理,即一方面企业为实现其目标而制定具体的人力资源行动规划,同时还将人力资源管理与企业战略目标联系起来,以改进员工绩效与组织绩效。企业开始重新思考企业目标与员工个人目标的关系,并提出员工是"企业的内部上帝"等口号,重视满足员工的需求,反映了管理价值观的深刻转变。这时人力资源部门将关注的重点转移到企业文化建设、员工职业生涯规划、薪酬体系与激励制度、人力资源的开发等方面的工作上。

二、人力资源管理的发展趋势

21世纪的竞争更加激烈,而竞争的焦点是争夺人力资源,尤其是高质量的人力资源。随着人力资源管理战略地位的提升,人力资源管理在实践上也出现了一些新的趋势。了解人力资源管理的发展趋势,就能为迎接未来的竞争做好准备。

1. 人力资源管理部门结构重组

由于需要人力资源管理在战略意义上对组织起到有效作用,因此,传统的以人力资源配置、培训与开发、工资与福利、制度建设为框架建立起来的人力资源管理体系发生了变化,资深的人力资源管理者成为组织高层领导的组成部分。人力资源管理职能也被有效地划分为三个部分:专家中心、现场人力资源管理群体、服务中心。

(1)专家中心,通常由传统的招聘、选拔、培训、工资福利等领域内的职能专家组成,他们的主要任务就是研究设计适用于组织的人力资源管理体系以及在管理实践中充当顾问。这样的分工使他们有精力从整个组织发展的角度出发来考虑人力资源管理的体系建设,可以高瞻远瞩、未雨绸缪,真正体现了人力资源管理的战略意义。

(2)现场人力资源管理群体,由一般性人力资源工作者组成,他们被分配到组织的各个业务部门,既向业务部门的直线领导者报告工作,又向人力资源管理部门的领导者报告工作。他们的任务也有两个方面:一是帮助自己所在业务部门的直线管理人员从战略的高度强化人的问题,二是确保人力资源管理体系能够帮助组织贯彻执行自己的战略。这样也使他们有足够的精力了解自己所辖区域的现状,解决现实和迫切的问题,而不必分心记挂"专家中心"的工作。

(3)服务中心,则由解决组织日常事务性工作的那些人组成。这些服务中心常常通过信息技术的运用,有效地为员工服务。如回答员工的提问,解决员工的一些程序化问题等。当然,这种结构重组必须根据组织自身的情况来进行,如组织规模的大小、组织发展的阶段、组织的行业性质等,并非可以任意套用。

2. 人力资源管理业务外包

为提高人力资源管理部门的绩效,人力资源管理部门在进行结构重组的同时,也将本部门一些非核心的、重复和事务性的工作,不涉及企业机密的技能性培训工作,高层次人才招聘工作,以及社会福利管理工作外包给专业机构负责,而重要的、涉及组织机密的工作仍由组织内部的人力资源管理部门负责。这是与信息技术、社会咨询服务业的兴起分不开的。据国际数据公司(IDC)预测,人事外包业务是人力资源服务市场发展最快的业务。通过这种方式，企业可以把全部人力资源管理业务的65%～70%转移出去，以减少管理成本，获取更大的竞争力。

3. 人力资源管理趋向全员管理

传统的人力资源管理使 HR 成为一个高度专业化的部门。工作分析、招聘、配置、考核、薪资、培训等，完全由人力资源管理部门独立完成。在今天复杂的形势下，这种 HR 管理方式的效率和效果都难以达到预期的目的，许多企业开始尝试让尽可能多的员工甚至顾客参与到人力资源管理的许多方面，并取得了很好的效果。全员管理的主要特征有：员工参与 HR 管理的创新与变革；员工参与 HR 管理的决策，给予员工更多的发言、提议和表决的权力；逐步实现员工的自我管理，在人力资源管理系统和管理人员的支持下，员工自己设定工作目标和任务，自我完善工作所需的技能和行为，自我进行绩效评估与控制，自我设计职业发展途径等。

4. 人力资源管理趋向复杂化、灵活化

在知识经济的大背景下，作为拥有"智力资本"的员工对企业的影响越来越大，而员工的自主性也越来越强。各企业对人才的争夺加大了人力资源的流动性，员工从一而终的可能性几乎为零，这一切使得企业的人力资源规划受到很大影响。对人力资本的投资风险变大，一不小心自己花巨额成本培养出来的人才就可能成为竞争对手的主力干将。跨国公司的出现，也使得管理者经常面对由国籍、文化背景、语言、风俗习惯、价值观不同而带来的冲突，相互有效沟通成为一个必须认真对待的问题。在激烈竞争的社会背景下，员工生理、心理层面也发生了很多变化。这些都给人力资源的管理工作带来了难度，需要更灵活、更有效的方式来取得期望的效果。

5. 人力资源管理趋向柔性化

随着社会的进步和人们受教育程度的提高，"知识型员工"在社会上的比重越来越大，他们不仅注重物质层面的满足，更注重精神的追求。他们不再满足于一份工作，更渴望实现个人的潜能，有更大的发展空间，也希望在工作之余，有轻松惬意的私人休闲生活。因此，人力资源管理工作也必须针对员工的需求，改变管理方式。事实证明，原来的强制与命令越来越难以奏效，管理者的权威越来越难以凭借权力来维系。另外，由于企业的发展越来越依靠知识，依靠员工主观能动性的发挥，而员工是企业知识资本的所有者，因此，企业与员工的关系不再仅是雇佣与被雇佣的关系，更多的体现为合作者的关系。对员工实行柔性化管理就成为组织管理的必然选择。

人力资源管理的柔性化，就是指企业在管理员工的过程中，根据企业生存环境的变化，采取既能够尊重员工个性又能够团结协作的管理方式，以调动员工的积极性、主动性、创造性，并形成一种团队合作的精神。人力资源柔性化管理的主要特点有：管理层次减少，纵向沟通变得简单易行，权力和责任下放程度高；员工不再被既定的工作岗位束缚,而是在职业生涯中自主地寻找和调整自己的角色;员工面临更大的挑战,在提高个人技能和改变个人行为方面享有更多的自主权,也承担更多的责任。但企业管理的柔性和刚性又是一对矛盾统一体,柔性管理并非要完全排斥刚性成分,刚柔相济才是组织理想的管理模式。

6. 人力资源实行价值链管理

所谓人力资源价值链,是指人力资源在企业中的价值创造、价值评价和价值分配这三个相互关联的一体化环节。未来人力资源管理的核心就是通过适当的价值链的管理,来促进人力资本价值的实现和增值。价值链管理本质上体现了对人才劳动价值的尊重,也是一种激励手段。

价值创造,是指要肯定知识创新者和企业家在企业价值创造中的主导作用,按照2:8的规律,这类人在企业中的数量大概占20%,但他们创造了80%的价值并带动了其他80%的普通劳动者。因此,人力资源管理就是要更关注这些为企业创造巨大价值的人,他们构成了企业的核心层。同时,对企业的中坚层、骨干层、基层员工队伍也要实现企业人力资源的分层分类管理模式。

价值评价,是指企业人力资源部通过编制价值评价体系形成合理的价值评价机制,使人才的贡献得到体现和承认,使杰出的人才能够为人所知,在经济上和名誉上有一定的地位,从而更乐于为企业效力。企业逐步形成靠能力和业绩吃饭而不是靠耍嘴皮子、溜须拍马吃饭的良好风气。价值评价问题是人力资源管理的核心问题,事关每个人的劳动价值和利益,处理不好会降低员工的工作积极性,影响员工士气,导致企业创造的价值降低。

这样通过肯定价值创造者的成就,对其创造的价值进行正确的评价,从而使其得到相应的利益分配,就实现了人力资源的价值链管理。

7. 人力资源管理倡导员工与企业建立战略合作伙伴关系

21世纪,随着企业知识管理、文化管理的盛行,员工与企业之间的关系不再是简单的依据市场法则确定的员工与企业之间的权力、义务和利益关系,员工广泛地参与到企业的管理中,与企业一起构筑共同远景,在共同远景的基础上就企业的核心价值观达成共识,员工在认同企业管理方式的基础上实现自我管理和发展。

企业要高度关注员工对组织的心理期望与组织对员工的心理期望之间是否达成了"默契",企业与员工之间建立互相信任的友好关系,各自信守承诺、坦诚相待。企业要给员工更大的自主权,让员工感受到自身的价值所在。最终形成企业与员工双赢的战略合作伙伴关系,个人与组织共同成长和发展。

8. 人力资源管理全球化、信息化

组织的全球化发展,导致了人力资源管理的全球化。首先,要通过人力资源的培训和开发使员工具有全球化的意识,使员工在一个更广的视野中看待自己、看待组织。其次,人才流动的国际化、无国界也使得我们在选拔人才上要有全球化的意识,在一个更大的范围内来看待人才和选拔人才。

人才流动的国际化也使得人才竞争的市场国际化。人才的价值不仅仅在一个区域内体现,还可以在国际市场上得到体现,这对实现员工个人价值提供了一个广阔的舞台。因此,跨文化的人力资源管理成为组织的一个新的工作内容。人才流动网络化管理成为人才市场新的管理形式。要通过网络优势来加速人才的交流和流动,并为客户提供人力资源的信息增值服务。

总之,未来的人力资源管理更强调企业与员工的沟通、信任、合作、支持,在高度共识的基础上实现双赢。

第四节 人力资源开发与管理

人力资源开发是人力资源管理中的重要内容,通过人力资源的开发,能够提升员工的知识和技能,以适应不断变化的外部环境发展的需求和组织发展的需要;通过人力资源开发,能强化员工对组织的认同,提高员工的忠诚度,达到组织对员工的激励目标,培养员工的服务意识,提高员工的适应性和灵活性,促进员工和组织的共同成长。

一、人力资源开发的定义

人力资源开发,是指依据员工需求与企业发展要求对员工的潜能与职业发展进行系统设计与规划,以获取适应工作需要的能力、态度和知识的过程。人力资源开发的形式包括正规学校教育,在职培训,各种素质、能力开发与拓展,工作中学习等形式。

人力资源培训与人力资源开发是两个既相互关联又有区别的概念。人力资源培训是指通过一定的科学方法,使员工在知识、技能、能力和态度等方面得到提高,以保证员工能够按照预期的标准或水平完成所承担或将要承担的工作和任务。人力资源培训主要着眼于更好地完成近期的工作,而人力资源开发则着眼于未来,是针对员工潜能的人力资本投资活动。人力资源培训可以说是人力资源开发的基础。在企业内部,培训往往比开发更加普遍和广泛,培训面向各层次的员工,而开发面向的主要是企业的骨干、有发展潜力的员工。但在很多情况下,我们往往不对培训与开发作严格的区分,总体来说,人力资源培训是人力资源开发的一种重要形式。

二、人力资源开发的目标

人力资源开发的最终目标就是提高组织成员的素质和劳动积极性、创造性,使个人和组织获得双赢。围绕这一最终目标,人力资源开发的具体目标包括以下两个方面,缺一不可。

第一,提高智力,即通过培训、教育等,使员工的智力得到有效提高,从而具备从事工作所要求的各种知识和技能等。向员工传授更多的技能,使员工的单一技能变为一专多能,具备多重技能,并挖掘员工潜能,以适应企业和个人竞争的需要。

第二,激发活力,即通过采取各种有效措施调动员工的工作积极性、主动性和创造性,人人能敬业、乐业,全身心地投入到工作当中,从而提高工作效率。同时通过人力资源的伦理开发,唤起劳动者的道德精神,激发他们无穷的精神力量。加强员工对组织理念和行为的认同感,使员工认识到自己对企业发展的重要性及企业对自己的重视,提高员工的主人翁地位,增强员工的服务意识及职业道德修养,使员工与组织共同发展。

旅游企业的员工如果智力水平不高,其对于社会和企业的贡献也不会太大。但一个人的智力再高,如果缺少活力,甚至没有活力,那么其贡献也会很小,甚至为零。实现人力资源开发的目标不仅能提高员工的技能与能力,而且对于深化组织发展战略、推行企业管理行为的变革、提高组织竞争力具有重要意义。

三、人力资源开发与管理的关系

在人力资源管理与人力资源开发的相关定义中,有时并不对二者作严格的区分。一般来讲,人力资源管理是指有效地选择、获取和使用人力资源,更好地达到组织发展战略与目的,实现员工的需要。其基本职能在于人力资源的获取、维护和员工的培训以及绩效管理和薪酬福利管理等活动。人力资源管理对象主要指正在从事劳动的人,其侧重点在于组织管理现有劳动过程中的人力资源,有效发挥他们的能力,完成企业的目标,推动经济和社会的发展。人力资源管理的功能既要由人力资源专家及人力资源管理部门的执行贯彻,也要由直线经理的执行。

而人力资源开发的根本职能在于提高员工的知识、技能和素质,提高组织的人力资源质量,促进人力资源价值的保值和增值,改进组织绩效,实现组织的战略与目的,它的职能实现需要由专职的人员和部门有计划、系统地执行。

人力资源开发与人力资源管理在人力资源经济活动的总体过程中融为一体,并密切联系:人力资源开发要求不断改善人力资源管理的工作,合理安排和使用人力资源,充分发挥劳动者的工作积极性,努力为人力资源的深层次开发创造条件;同时,人力资源开发的许多子目标要通过人力资源管理来落实、监控和优化。人力资源在管理中有效开发，在开发中做好管理工作，互相促进。我们可以用这样的比喻来形容这二者之间的关系：人力资源开发好比对一块田地的开垦和播种，人力资源管理则是对庄稼的精耕细作、施肥浇水的具体管理过程。人力资源开发是本、是根，人力资源管理是成果、是收获，二者有机联系，但侧重点有所不同。

复习与训练

一、主要概念

资源　人力资源　人力资源管理　价值评价　人事外包

二、阅读理解

1. 与其他资源相比较，人力资源有哪些特征？
2. 简述人力资源管理的特征。
3. 现代人力资源管理与传统人事管理有哪些不同点？
4. 什么是战略性的人力资源管理？
5. 如何理解人力资源管理与人力资源开发的关系？

三、判断题

1. 经过开发的人力资源可以升值增值。（　　）
2. 财、物、信息、时间共同构成了决定企业兴衰的四大要素。（　　）
3. 著名的霍桑实验的研究结果使管理从科学管理时代步入人际关系时代。（　　）
4. 人力资源管理作为一个概念被提出是在第二次世界大战后的美国。（　　）
5. 人力资源管理中的全员管理是指员工进行自我管理。（　　）

四、选择题

单选题

1. 人力资源的能力的两个基本方面是指（　　）。
   A. 知识和技能　　　　　　B. 体能和智能
   C. 个性和素质　　　　　　D. 智力和知识
2. 以人为本、尊重人性、对员工健康负责、后勤保障、员工沟通渠道畅通等体现的是人力资源管理的（　　）。
   A. 广泛性　　　　　　　　B. 先进性
   C. 多层次化　　　　　　　D. 人性化

多选题

3. 人力资源管理具有以下（　　）职能。
A. 获取　　　　　　　　　　B. 整合
C. 保持与激励　　　　　　　D. 控制与调整
E. 开发

4. 以下（　　）是旅游业特点的相关描述。
A. 综合性　　B. 分散性　　C. 关联性　　D. 脆弱性
E. 文化性

5. 以下（　　）是人力资源管理的柔性化特征表现。
A. 尊重员工个性　　　　　　B. 团结协作
C. 沟通畅通　　　　　　　　D. 管理层次减少
E. 调动员工主动性

五、案例分析

（资料来源：2007-10-27：IT Fensi.com）

案例：优秀人力资源经理的7项能力

一、正直的品行

"一个人的正直，其本身并不一定能成就什么，但是如果一个人在正直方面有缺失，则足以败事。"彼得·德鲁克这句话虽然不是专门针对HR工作者说的，但确实对HR工作者有很大的启示。HR工作者掌握着公司最宝贵的资源，公司所有人才信息对于HR工作者来说都是了如指掌，若HR工作者在品行上出了问题，不论是对员工个人还是对整个公司，无疑是一颗巨大的定时炸弹。因此，可以说正直的品行是优秀HR工作者最基本也是最重要的特质之一。

二、战略的眼光，宏观的视野

现代HR工作者仅仅着眼于公司内部甚至部门内部的事务是远远不够的，必须具备战略的眼光和宏观的视野，在熟悉掌握公司人力资源状况和人才市场情况的基础上，还必须熟悉了解公司整体生产经营状况，包括财务状况以及公司现在乃至未来所遇到的挑战和机会。只有这样，HR工作者才能真正摆脱过去的事务，成为公司的战略伙伴。

三、优秀的沟通能力

HR工作者，顾名思义是和人打交道的，因此HR工作者的沟通能力无疑是其工作能力中相当重要的组成部分。很强的亲和力就如同磁性能把优秀人才吸引到公司来；坦诚而让人信任的沟通能留住真正的人才；艺术性的沟通能化解公司内部诸多纠纷和矛盾，等等。因此，优秀的沟通能力对于优秀的HR工作者来说是不可或缺的。

四、卓越的学习能力

现代社会提倡终身学习，停止学习就意味着被淘汰，因此这对学习能力提出了更高的要求，对于HR工作者来说尤其如此。HR工作者始终处于管理的前沿，最先接触到最先进的管理思想和管理理念，如果HR工作者不能跟上这种步伐，不要说是服务员工、管理员工，即使是最基本的工作要求可能都难以满足。因此，优秀HR工作者必须具备卓越的学习能力。

五、良好的情绪调节和控制能力

如果说业务部门是对外的"受气囊"，那么HR工作者就变成了公司内部的"受气囊"。HR工作者直接面对的是员工个人，其工作直接影响到员工的切身利益，也就必然成为公司投诉最多、抱怨最多的部门。此外，HR工作者的工作成果一般是难以直接量化的，有时难以得到有关部门甚至公司高层的认可，但只要出现差错，则必然会受到多方的指责。优秀的HR工作者必须具备较好的情绪调节和控制能力才能处理好上述情况，满怀激情地投入到新的工作中去。

六、杰出的组织能力和协调能力

HR的工作如招聘、培训、考核等都离不开公司其他部门的支持和配合，需要各种资源，这需要HR工作者应具备良好的组织能力，尤其是跨部门的沟通能力，否则不仅影响到工作效率，而且影响HR工作者在其他部门中的地位。

七、敏感度较高

人是敏感的动物，尤其是知识工作者，因此优秀的HR工作者，其敏感性应较高，才能无微不至地关心员工，才能发现工作中存在的各种问题，预见事物的发展趋势，当然这包括对各种信息的敏感。

案例思考题：

1. 人力资源经理还需要具备哪些素质？
2. 你有管理好人力资源的哪些思路？

第二章

旅游企业人力资源计划

人力资源计划,是旅游企业人力资源开发与管理的重要组成部分。人力资源计划是一种预测性质的计划,是旅游企业为实现其目标而对人力资源需求进行预测,并为满足这些需求而进行系统安排的过程。这种计划能够未雨绸缪,是人力资源管理各项工作的依据,对旅游企业正常顺利地发展十分重要。

第一节 人力资源计划概述

旅游企业必须科学地预测、分析自己在环境变化中人力资源的供给和需求状况,制定必要的政策和措施以确保自身在需要的时间和需要的岗位获得各种所需的人力资源。人力资源管理者对制订人力资源计划要给予足够的重视,要熟悉人力资源计划包含的内容、制订的原则及其步骤过程。

一、人力资源计划的基本问题

1. 人力资源计划的定义

计划,就是对企业将来经营活动的目标、方针和过程进行预先的规划,作为企业管理程序上一切活动的基础。而人力资源计划是指根据企业的发展规划,通过企业未来的人力资源的需要和供给状况的分析及估计,对职务编制、人员配置、教育培训、人力资源管理政策、招聘和选择等内容进行的人力资源部门的职能性计划。通过人力资源计划,可以将组织的目标转换为需要哪些人来实现这些目标。

因此,人力资源计划的实质,是在企业发展方向和经营管理目标既定的前提下,为实现这一目标而进行的人力资源计划管理,它确定企业需要多少和什么样的人力资源来实现企业目标,并采取相应措施以满足人力资源数量和质量的需求。从总体看,人力资源计划管理的任务,是确保企业在适当的时候获得适当的人员(包括数量、质量、层次和结构等),实现企业人力资源的最佳配置,使企业和员工双方的需要都能得到满足。

所以人力资源计划的定义应包含四层含义：第一，一个组织的环境是变化的，这种变化带来了组织对人力资源供需的动态变化。第二，从组织的目标和任务出发，要求旅游企业人力资源的质量、数量和结构符合特定的要求。第三，在实现组织目标的同时，也要满足个人的发展愿望。第四，保证人力资源与未来组织发展各阶段的动态变化相适应。

人力资源计划需要一些要素的配合才能发挥其作用。首先，旅游企业必须有一个目标作为一切活动的基础，并通过这个目标，发展出一套目标体系和经营战略；其次，人力资源管理者要对企业外部劳动力市场（即外部劳动力供需状况）和内在人力资源结构有充分的了解，才能有效地规划人力资源；第三，人力资源计划必须有高级管理层的支持和参与，以及企业文化的配合才能成功；第四，人力资源计划需要其他人力资源管理活动的配合，并在有效的内部人力资源信息支持下才能收到一定效果。

2. 制订人力资源计划的必要性

人力资源计划就是计划期内企业所使用的人力资源在数量、质量、结构等方面的计划，以保证企业经营管理计划的实现。因为，人力资源的群体结构、数量的优化、素质的高低，关系到企业目标的实现程度。因此，管理者应从以下几点必要性或重要性的提示中，对制订人力资源计划给予应有的重视。

（1）有助于减少企业未来的不确定性。如果没有变化就不需要计划，计划可以帮助组织更好地应付变化。企业组织中经常会出现职位空缺的现象，对于规模比较小的企业来说，可以在空缺实际出现后再来设法补上。但是，对于规模比较大的企业来说，就应该事先进行人力资源的计划和预测。其原因，一是在规模比较大的企业中，员工分工明细，工作的专业化程度比较高，新进员工的适应期比较长；二是规模比较大的企业的职位数额也比较大，要做到及时填补，必须提早准备。如果在流动率比较高的情况下，企业的人事部门在很短的时间内匆忙地招聘大量的新员工，这很容易导致录用标准的下降。

（2）有助于提高和改善人力资源的合理使用状况，减少企业人力资源的浪费。任何一家企业都不可能在任何时间和空间对人力资源进行最优的使用，其人力资源的配置也不可能完全符合理想的状态。情况往往是：有些员工的工作负荷过重，有些则负荷过轻；有些员工感到能力有余，而另一些员工则会感到力不从心。所以，人力资源计划可以改善人力分配的不平衡状况，实现人力资源的合理使用。同时也可以了解和掌握由于人力过剩所带来的问题或预见企业因人力缺乏而可能面临的困难。人力过剩所带来的问题不仅仅是人力资源浪费的问题，人浮于事还会带来很多其他的问题，如员工的积极性难以调动，甚至引起管理上的混乱等。人力资源是一个变量，具有很强的时间限制，随着时间的推移，它也在不断地发生变化。因此如果事先缺乏合理的计划,就会发生人力资源短缺或人浮于事的现象。

（3）有助于协助各级管理人员作出有关人事的选择和决定。为了维持企业的经营运转,必须输入人力资源。然而,企业在计划期内,究竟需要多少人、需要什么样的人,这是制订人力资源计划所要达到的首要目的。在人力资源计划中,具体地规定了企业人员的需求数量、人员结构、需求的时间等项目,这样通过制订人力资源计划,对企业所需要人力资源进行两个方面的预测,即数量的预测和质量的预测,这就为各级管理人员对员工的招聘、录用、调整提供了科学的依据,可以有效地作出培训、招聘（外部招聘、内部提升、调动、降级或免职）等决定。

（4）有助于降低人力成本。影响企业用人数量的因素很多,例如,业务量、工作量、设备的数量、人员的工作能力等。人力资源计划可以对现有的人力结构作一检查和分析,并找出影响人力有效运用的关键,使人力效能充分发挥,降低人力在企业成本中所占的比重。

二、人力资源计划的原则与内容

旅游企业人力资源管理部门应认真贯彻制订人力资源计划的原则,了解并熟悉人力资源计划的内容。人力资源计划包括两个层次,即总体计划及各项业务计划,而人力资源计划的总目标是通过执行各项具体计划实现的。

1. 人力资源计划的原则

旅游企业的人力资源计划在适应整个组织整体计划的前提下,要使人力资源计划生效,应贯彻好以下制订人力资源计划的原则。

（1）服从原则,即要服从于企业战略目标的需要。在人力资源管理的所有职能中,人力资源计划是最具有战略性和前瞻性的,是其他人力资源管理活动的基础。人力资源计划的任务就是确保在企业需要的时候能获得一定数量和质量的员工,人力资源计划必须建立在企业各级单位工作目标的基础上,同时要成为企业战略计划的一部分。一般来说,人力资源计划与企业计划的关系体现在三个层次上：一是与企业战略计划的关系。在战略计划层次上,企业人员的招聘、培养等都必须考虑到企业长期发展的需要。二是与经营计划的关系。在经营计划层次上,人力资源计划必须以企业经营目标为基础,要使企业的人员配置、培训和教育等与经营目标决定的岗位设置、人员素质要求及各种协作关系相配合,使对员工的激励和企业工作目标相结合,在执行目标任务过程中发挥人的积极性与创造性。三是与企业年度计划的关系。在年度计划层次上,企业要重视把长期的人力资源计划中的关键环节转化为一个个行动计划,要有效地确定每个行动计划的责任和要求,明确对其效果进行衡量的具体方法。

(2) 保证需要原则，即人力资源计划要确保在企业的发展过程中对人力资源的动态需要。企业的人力资源保障问题，是人力资源计划中应解决的核心问题。要通过一系列科学的预测和分析，包括人员的流入预测、流出预测、人员的内部流动预测、社会人力资源供给状况分析、人员流动的损益分析等来确保企业获得所需的人力资源。只有有效地保证对企业的人力资源供给，才可能进行更深层次的人力资源管理与开发。

(3) 体现激励原则，即人力资源计划在促进企业发展的同时也要促进员工职业发展。人力资源计划不仅是面向企业的计划，也是面向员工的计划。随着人力资源素质的提高和知识经济时代的来临，企业员工越来越重视自己的职业前途，工作不仅仅是谋生手段，更是员工实现自我价值的途径和渠道。在制订人力资源计划的同时，为员工设计好职业生涯计划，在设计企业各个工作岗位时，做到员工能力与其职位匹配恰当，不同能力的人应放在企业内部不同的职位上，给予不同的权力和责任。通过合理的人力资源计划，使每位员工在适合自己的工作岗位上，看到了自己的发展前景并积极地努力去争取，从而激发他们的工作动力并提高他们的工作效率和劳动生产率。

2. 人力资源计划的内容

人力资源计划包括两个层次，即总体计划及各项业务计划。人力资源的总体计划是有关计划期内人力资源开发利用的总目标、总政策、实施步骤及总的预算安排。人力资源计划的总目标是通过执行各项具体计划得以实现的，人力资源计划所属业务计划是总体计划的展开和具体化，包括以下各个具体业务计划：

(1) 职务编制计划：陈述企业的组织结构、职务设置、职务描述和职务资格要求等内容。

(2) 人员配置计划：陈述企业每个职务的人员数量、人员的职务变动、职务人员空缺数量等。

(3) 人员需求计划：通过总计划、职务编制计划、人员配置计划可以得出人员需求计划。需求计划中应陈述需要的职务名称、人员数量、希望到岗时间等。

(4) 人员供给计划：它是人员需求计划的对策性计划，主要陈述人员供给的方式、人员内部流动政策、人员外部流动政策、人员获取途径和获取实施计划等。

(5) 教育培训计划：该计划是为改善现有员工的素质及绩效，转变工作态度和作风，为企业中、长期所需弥补的职位空缺事先准备人员，包括教育培训需求、培训内容、培训形式、培训考核等内容。

(6) 人力资源管理政策调整计划：计划中明确计划期内的人力资源政策的调整原因、调整步骤和调整范围等。

(7) 投资预算：上述各项计划的费用预算，即人力资源的成本分析。人力资源成本可分为直接成本和间接成本两部分，前者是指实际发生的费用，如招聘费用、培训费用等;后者是指以时间、数量和质量等形式反映出来的成本,如因政策失误造成的损失,工作业绩低下造成的损失等。

三、制订人力资源计划的步骤

企业人力资源计划工作,不可能一蹴而就,应根据企业的整体发展计划和任务、企业的组织结构以及内部现有人力资源使用状况的分析进行。一个系统的人力资源计划过程一般包括人力资源需求预测,人力资源供应预测,确定需求与供给之间的差距,制订人力资源计划等主要步骤。具体的制订人力资源计划的过程请看下图2-1。

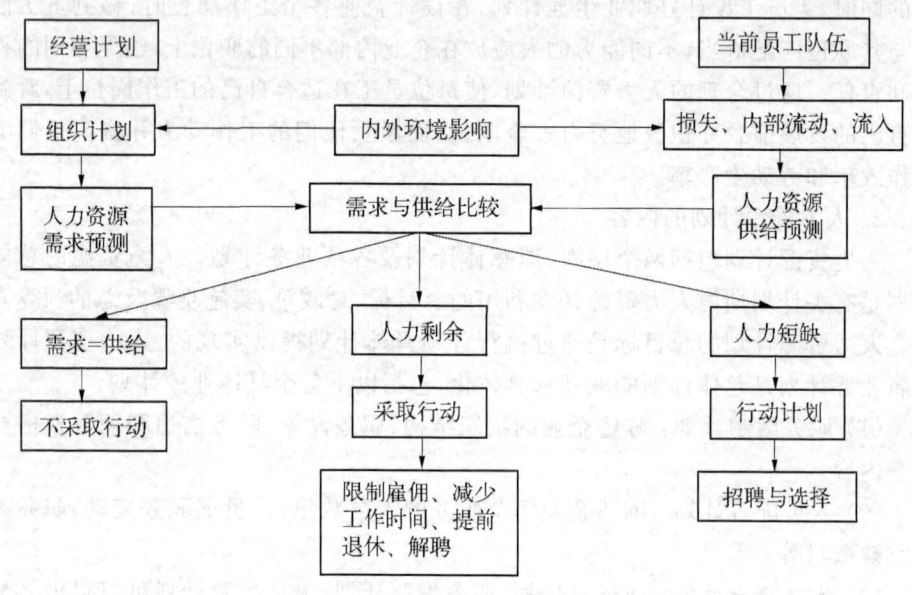

图2-1 制订人力资源计划的过程

第二节 人力资源需求预测

人力资源需求预测,是对旅游企业在未来某个时期需要多少数量和类型的人员进行预测。人力资源需求预测是制订人力资源计划的依据,是人力资源计划的重要组成部分。至于具体采取何种方法,要视人力资源计划者的专才、企业组织结构的复杂性、市场因素和外在环境的稳定性等情况而定。

一、人力资源需求定性预测法

1. 现状预测法

现状预测法假定当前的职务设置和人员配置是恰当的,并没有职务空缺,所以不存在人员总数的扩充。人员的需求完全取决于人员的退休等情况的变化。所以,人力资源预测就相当于对人员退休等情况的预测。人员的退休是可以准确预测的,但是人员的离职,包括人员的辞职、辞退、重病等情况是无法预测的,通过历史资料统计和分析比例,可以更为准确地预测离职人数。预测的主要工作,是研究分析在计划期内哪些员工可能得到晋升、降职、退休或调出本单位的准确情况,然后寻找适当人员在适当时间内去补缺可能空缺的工作岗位。这种方法比较简单、易于操作,适合于中、短期的人力资源预测。

2. 经验预测法

经验预测法就是企业或部门根据以往的经验对未来人力资源的需求进行预测。因此,经验丰富程度和可靠性就显得十分重要。不同的管理者的预测可能有偏差,但可以通过多人综合预测或查阅历史记录等方法提高预测的准确率。要注意的是,经验预测法只适合于一定时期的企业的发展状况没有发生方向性变化的情况,对于新的职务或者工作方式发生变化的职务,该办法不合适。经验预测法是人力资源预测中最简单的方法,它适合于较稳定的小型企业。

经验预测的具体步骤是:先由企业或部门的各级管理人员根据未来计划期内企业经营业务量或部门内工作负担,提出企业或部门各类人力的需求量,进行估算平衡,最后由最高领导层进行决策。例如,管理者可根据前期完成任务的情况,来预测未来某段时期内增加相同的任务量,将需要增加多少员工,也可以预测未来某段时期内,本组织内将有哪些岗位上的人将会离开,如晋升、退休、辞退、调动、降职等,这些岗位需要人员替补(详见下表2-1)。

表2-1 经验预测统计

××部门		20××年
职工人数与流动人数	需补充的职工数	说明
(1) 现有职工数(扣除已知的辞职职工数)	75	—	年龄组 25岁以下　30 25~34岁　20 35~44岁　15 45岁以上　10
(2) a) 年内退休数和估计提升与调职数	8	5	注明退休日期,调进、调出日期,可能任命时间
b) 扣除估计调进和提升数	3		

续表

×× 部门		20×× 年
职工人数与流动人数	需补充的职工数	说 明
(3) a) 第二年 1 月 1 日所需职工数 　　b) 扣除现有职工数	80 75	5	增加职工数应有正式报告为依据
(4) 现有职工正常流动的流动人数估计	10	10	年龄组 25 岁以下　　7 25～34 岁　　2 35～44 岁　　1 45 岁以上　　—
(5) 对本年招聘职工中流出的估计	4	4	短期职工流动按 20 人[(2)+(3)+(4)]的 20%估计
(6) 本年需补充职工总数		24	在 2 月 1 日前招聘 5 人,其余按计划逐渐补充

3. 分合性预测法

分合性预测法是一种先分后合的预测方法。第一步是企业组织要求基层各个部门、单位根据各自的生产任务、技术设备等变化的情况,先对本单位将来对各种人力资源的需求进行预测;第二步,人力资源计划人员把基层各部门的预测数进行综合平衡,预测整个企业将来某一时期内对各种人员的需求总数。这种方法能充分发挥基层各级管理人员在人力资源预测计划中的作用,但也受制于各级管理人员的经验和知识,因而这种方法难以对人力资源需求的长期趋势作出准确预测,比较适用于中、短期人力资源计划的预测。

4. 德尔菲法

德尔菲法(Delphi Method)是 20 世纪 40 年代后期由美国兰德公司的奥拉夫·赫尔默(Alaf Helmer)和同事发明的预测方法。这种方法是依靠专家集体的知识和经验,运用统计分析原理,对企业未来发展进行预测。

这种方法的目标是通过综合专家们各自的意见来预测某一领域的发展状况,适合于对人力需求的长期趋势预测。这里的专家可以是基层管理人员,也可以是高层经理。他们可以来自组织内部,也可以来自组织外部。总之,专家应该是对所研究的问题有发言权的人员。

专家预测法的具体操作步骤如下:

第一,先成立一个研究小组,选择 20～30 名专家,每位专家都拥有关于人力预测的知识或专长。这些专家可以是管理人员,也可以是普通员工。

第二，把专家组织起来对预测作安排。主持预测的人力资源部门要向专家们说明预测对组织的重要性，以取得他们对这种预测方法的理解和支持，并列举出预测小组必须回答的一系列有关人力预测的具体问题。

第三，使用匿名填写问卷。这一步骤开始使用匿名填写问卷等方法，依靠专家个人经验、知识和综合分析能力进行预测。使用匿名问卷的方法可以避免专家们面对面集体讨论的缺点，因为在专家组的成员之间存在着身份或地位的差别，较低层次的人容易受到较高层次的专家的影响而丧失见解的独立性。同时也存在一些专家不愿意与他人冲突而放弃或隐藏自己正确观点的情况。

第四，归纳专家的意见。人力资源部门需要在第一轮预测后，将专家各自提出的意见进行归纳，并将这一综合结果反馈给专家。然后再重复上述过程3~5轮，让专家们有机会修改自己的预测并说明原因，直到专家们的意见趋于一致。

第五，向专家们提供信息。在预测过程中，人力资源部门应该为专家们提供充分的信息，包括已经收集的历史资料和有关的统计分析结果，目的是使专家们能够作出比较准确的预测。

德尔菲法的优点比较明显：匿名和独立回答的规则可以防止专家之间开会时形成干扰；调查问题的不断反馈和分析概括有助于提高预测质量；专家不用同时出席会议，既研究了问题，又方便了专家。这些优点使得德尔菲法的预测比较准确，使用频率很高，成为一种有一定权威性的预测方法。

美国的一家零售公司曾经用专家预测法来预测公司在某一年所需要的采购员的人数。这家公司所选择的专家是公司中的7位管理人员，他们回答了5轮匿名问卷。在第一轮调查结束后，预测的结果在32~55名之间。到第五轮调查结束后，预测值的范围是34~45名，平均值为38名。为了检验专家预测技术的精确程度，这家公司没有公布预测结果，也没有在当年的招聘中使用这一预测信息。到那一年结束，这家公司实际上招聘了37名采购人员，结果表明专家预测法的预测结果相当精确。

二、人力资源需求定量预测法

1. 回归分析法

回归分析法，是指根据数学中的回归原理对人力资源需求进行的预测。最简单的回归是趋势分析法，即根据整个企业或企业中各个部门在过去员工数量的变动趋势来对未来的人力需求作出预测。这实际上是只以时间因素作为解释变量，比较简单，但是没有考虑其他重要因素的影响。趋势分析法实际上是一元回归分析法，它只考虑一种因素来分析人力资源需求，其局限性是十分明显的。以下的比例趋势数据表描述的是销售量和劳动力规模大小之间的关系(表 2-2)。

表 2-2　回归趋势数据

年份	2004	2005	2006	2007	2008 (计划销售额)
销售额(千元)	10 200	8 700	7 800	9 500	10 000
雇员(人数)	240	200	165	215	?

对旅游企业来说,可以根据各部门、各工作班组的劳动任务分析其工作量,在制定劳动定额的基础上,按照一定比例来确定定员人数。比如在饭店中,它主要运用于客房、餐厅、厨房、洗衣房等部门的定员编制。如客房可以根据劳动定额规定每个服务员每天负责打扫多少房间,然后根据这一比例确定整个客房部门的定员编制;餐厅可以根据劳动等额规定每个服务员每天看管几张台面,然后按这一比例编制每个餐厅的定员人数,各餐厅人数相加,就是餐饮部门餐厅服务员的定员人数。

比较复杂的是多元回归分析方法,它是根据企业过去的情况和资料,建立数学模型,并由此对未来趋势作出预测的方法。这种方法的基本思路是:首先找出对组织中劳动力需求影响最大、最直接的一种因素,然后研究过去一段时间中员工人数随这种因素变化而变化的规律,并考虑业务规模变动和劳动生产率变化对它的影响;再根据这种趋势对未来的人力需求进行预测;最后用预测的需求数量减去供给的预测数量,就是人力资源净需求的预测量。如果这一差额是正值,说明组织面临人力的短缺;如果这一差额是负值,说明组织面临人力的过剩。

多元回归分析方法与一元回归分析方法很相近,但在数学方法上难度稍大一些。它考虑的影响人力资源需求的因素比趋势分析法更全面,比较接近企业实际,因而更为实用。

2. 计算机模拟法

计算机模拟法是进行人力资源需求预测的各种方法中最为复杂的一种方法,也是相对比较准确的方法。这种方法是在计算机中运用各种复杂的数字模型对在各种情况下企业员工的数量和配置运转情况进行模拟测试,从模拟测试中预测出对人力资源需求的各种方案以供企业选择。计算机模拟法综合考虑了多种因素,分析了多种情况,所以结果相对比较可靠,但这种方法技术复杂、使用成本较高,所以该方法仅适合于长期的人力资源需求预测。

综上所述,人力资源需求预测方法总体上分为定性和定量预测分析两类。这两类方法各有利弊,前者能够充分发挥管理人员和人力资源专家的经验和优势,但大规模的企业要作出准确预测可能成本太高而得不偿失;后者逻辑严密、结果精确，但其推理的基础都是假设某种函数关系不变，这种假设通常并不符合实际。因此，实际进行人力资源需求预测时，应当在考虑花费成本和预测准确的基础上，把两种方法有机结合起来。

第三节　人力资源供给预测

为了满足旅游企业的人力资源需求，预测了人力资源的需求后，就要决定这些需求是否有供给，以及何时何地获得供给。人力资源的供给分析与需求分析的一个重要差别在于：需求分析是研究组织内部对于人力资源的需求，而供给分析则需要研究组织内部的供给和组织外部的供给两个方面。只有通过人力资源供给的分析和预测，才能够与人力资源需求预测进行比较，从而找到解决问题的方案。

一、人力资源内部供给预测

旅游企业内部人力资源供给预测，要搞清计划期内现有人力资源能够在多大程度上满足企业的需要，需要考虑计划期内人员的流动及适应未来工作的能力状况等。常用的内部人力资源供给预测的方法有以下几种。

1. 技能清单

技能清单是一个用来反映员工工作能力特征的列表，这些特征包括以前的经历、受教育程度、培训背景、主要技能、主管的能力评价等。技能清单是对员工竞争力的一个反映，可以用来帮助人力资源的管理人员估计现有员工调换工作岗位的可能性的大小，决定哪些员工可以补充企业当前的空缺。企业人力资源计划不仅要保证为企业中空缺的工作岗位提供相应数量的员工，同时还要保证每个空缺都有合适的人员来补充。因此，有必要建立技能清单，技能清单包括操作层员工的技能和管理人员的技能。具体做法用图表进行。管理人员的技能清单要突出管理人员的工作性质，如管理下属人数、经营指标完成情况，以及日常管理工作的种类、性质等。

值得注意的是，员工的技能不是一成不变的，当员工经过各种实践或培训得到提高时，技能清单应如实反映。因此，员工的技能清单必须在每1～2年内重新填写一次，以保证资料的及时和正确。以下是一份某旅游企业职工技术技能预测表（见表2-3），供参考。

表 2-3　××企业职工技术技能预测

一、人事部门填写
1. 姓名_____　　2. 工号_____　　3. 职称_____
4. 年龄_____　　5. 工龄_____　　6. 进入时间_____
7. 工作经历_____
本企业：职称_____ 部门_____ 由_____ 到_____
外企业：职称_____ 部门_____ 由_____ 到_____

二、职工本人填写
8. 技能：技术_____
　　　　工具_____
　　　　设备_____
9. 工作范围：_____
10. 工作责任：_____
11. 受教育程度：学历_____
　　　　　　　　工作培训_____
　　　　　　　　特别培训_____
　　　　　　　　其他培训_____

三、主管者填写
12. 工作表现：_____
13. 升级的潜在素质：建议提升的职务(1)_____ (2)_____
　　　　　　　　　　评语：_____
14. 工作缺点：_____
15. 签名：_____　　　　　　　　　　　　日期：_____

四、人事部门主管填写
16. 与考核结果比较基本无误
17. 签名：_____　　　　　　　　　　　　日期：_____

2. 管理人员职位继承图

技能清单描述的是个人的技能，而管理人员职位继承图描述的是可以胜任企业中关键岗位的个人，以供提升和调职时使用。这一方法具体操作制表之前，需要分析、评价、记录各个管理人员的工作绩效，晋升的可能性和所需要的训练等内容，由此决定有哪些人员可以补充企业的重要职位空缺。这一方法的最终目标是确保企业在未来能够有足够的、合格的管理人员的供应。下面是管理人员职位继承情况描述(图 2-2)和管理人员供求情况描述(图 2-3)。

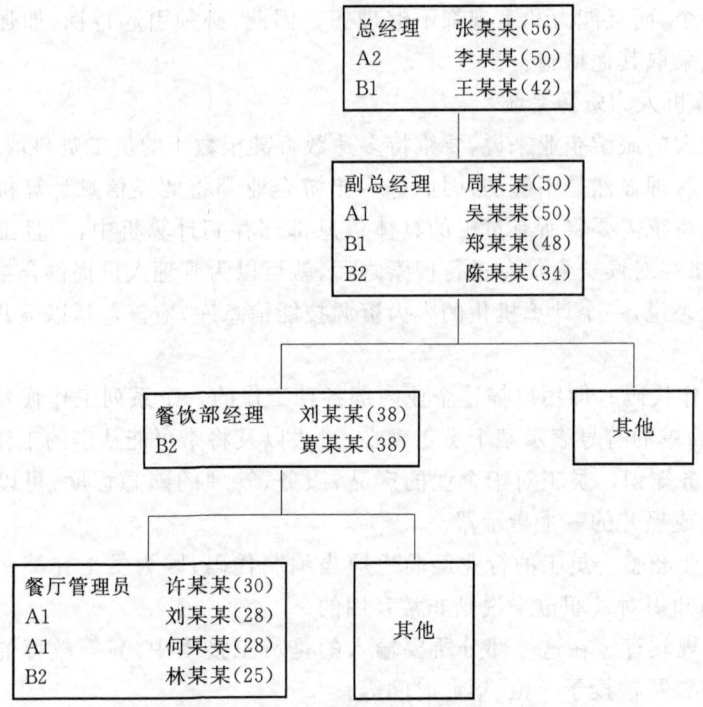

图 2-2 管理人员职位继承情况描述

图 2-2 中,ABC 用于表示工作能力。A：胜任；B：需要更多经验；C：不十分合适。1、2、3、4 表示工作表现,即 1 表示出色,2 表示可以,3 表示一般,4 表示欠佳。( )内的数字表示职位继承人的年龄。

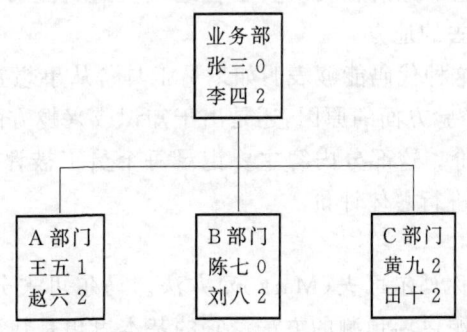

图 2-3 管理人员供求情况描述

表示提升的资格代码：0：可马上提升；1：一年内可提升；2：两年内可提升。

企业人力资源管理者使用职位继承图可以一目了然地掌握管理人员的供求情况,并通过职位继承图可以了解哪个层次、哪个部门管理人员的继承和供应问题比较紧张,以便及早做好准备。从图 2-2 中可看出,餐饮部经理这一职位可以继承的人只有一个,而且能力和表现都不够理想。因此,必须引起重视,加强对该继承人的培训或采取其他措施。

3. 计算机人力资源系统

对于较大的旅游企业来说,要维持多达数百甚至数千的员工资料信息库,仅靠人工来进行管理显然是不够的,因而许多旅游企业都将此类信息计算机化。建立这种计算机系统需要将所有员工的具体信息都储存到计算机中,一旦出现职位空缺时,计算机在对候选人信息进行搜索之后,就可以为管理人员提供合格的候选人名单。一般来说,一个计算机化的人力资源技能信息库,应该包括以下几个基本组成部分:

(1) 工作代码。即用以描述企业内部各种工作的一个系列工作代号、名称、代码等,它用简单的符号表示某个员工现在、过去以及将来可能从事的工作。

(2) 业务知识。员工对于企业的产品、服务、管理的熟悉程度,可以作为是否适合被调动或提升的一个指示器。

(3) 行业经验。员工的行业经验也应当编制代码,因为员工在某些关键性相关行业中的知识对某职位来说是非常有用的。

(4) 正规教育。在这一部分所要输入的是员工接受中、高等教育的教育机构名称、学习领域、被授予学位、毕业时间等。

(5) 培训课程。这部分指员工所参加过的由业主举办的或由外部的某些机构(行业管理协会)所举办的培训课程名称。

(6) 外语水平。这部分内容包括英语是否是员工能熟练运用的外语以及对某种外语熟练运用的能力。

(7) 迁移局限。这部分信息反映员工在地理上进行迁移的意愿,便于在调配时将员工调至所愿意去的地方。

(8) 职业兴趣。这种代码能够表明如果员工具备从事想要做的那种工作的资格,那么主要是出于经验方面的原因,还是出于知识或兴趣方面的原因。

(9) 工作绩效评价。这部分内容主要记录每个员工被评价领域的进步情况,同时对员工的优缺点进行总体评价。

4. 转换矩阵

转换矩阵方法也称马尔可夫(Markov)方法。马尔可夫分析是一种可以用来进行组织内部人力资源供给预测的方法。它的基本思想是找出过去人事变动的规律,以此来推测未来的人事变动趋势。转换矩阵实际上指的是转换概率矩阵,这一矩阵描述的是组织中员工流入、流出和内部流动的整体形式,可以把它作为预测内部劳动力供给的基础。

这种方法的第一步是做一个人员变动矩阵表,表中的每一个元素都是从一个时期到另一个时期在两个工作之间调动的员工数量的历史平均百分比。这些数据实际上反映的是每一种工作中人员变动的概率,一般以 5~10 年的长度为一个周期来估计年平均百分比。周期越长,这一百分比的准确性就越高。将计划初期每种工作的人员数量与每一种工作的人员变动概率相乘,然后纵向相加,就可以得到组织内部未来劳动力的净供给量。

【例 2-1】

假设当前有 A、B、C、D 四个职位,现有员工数分别为:A=40,B=80,C=120,D=160。预测一年后各职位员工数量,先作出流动可能性分析表,见表 2-4 和表 2-5。

表 2-4 各职位员工流动可能性分析

初始人数		A	B	C	D	离职率
40	A	0.8				0.2
80	B	0.1	0.7			0.2
120	C	0.05	0.8	0.05		0.1
160	D			0.15	0.65	0.2

注:方格中 0.8 表示一年后有 80% 的员工留下,空格表示没有流动,其他同。

表 2-5 各职位员工流动可能性分析

初始人数	A	B	C	D	离职人数
40	32	0	0	0	8
80	8	56	0	0	16
120	0	6	96	6	12
160	0	0	24	104	32
合计	40	62	120	110	68

从表 2-5 中可以看出,下一年 A、C 职位人数不变,都还分别为 40 人、120 人;而 B 职位则减少 18 人,一年后只有 62 人;D 职位则减少 50 人,一年后只有 110 人。

马尔可夫分析法的适用范围:① 适用于人员流动比例相对稳定的公司;② 最适宜每一级别的员工人数至少 50 人的公司,但人数稍多亦可使用;③ 流向某岗位的人数也取决于该岗位空缺的数量。

二、人力资源外部供给预测

旅游企业职位空缺不可能完全通过内部供给解决,它必然需要企业不断地从外部补充人员。因此,人力资源外部供应预测在某些时候对旅游企业制订人力资源计划更加重要。而且,人力资源外部供给预测受到的影响因素较为广泛且不宜控制,需要引起足够的重视。外部对人力资源供给影响较大的因素主要有以下几个方面。

1. 劳动力市场

劳动力市场是人力资源外部供给预测的一个重要因素。劳动力市场又称人才交流市场,是指劳动力供给和劳动力需求相互作用的场所,即员工寻找工作、雇主寻找雇员的场所。旅游企业所在地区劳动力市场上待聘人员的多少是重要因素。如果市场上待聘人员的数量多,则意味着容易招到合适员工填补空缺。旅游企业所在地区的劳动力呈增长趋势,则招聘员工就比较容易。劳动力市场根据不同的标准可以划分为不同的种类。此外,同一地区其他企业在人力资源方面的竞争,特别是对旅游管理人才的竞争也会对外部供给带来一定的影响。

旅游企业需要的人员可能跨越不同的劳动力市场,涉及经理市场、秘书市场、推销员市场、服务员市场等。

劳动力市场对旅游企业的人力资源供给的预测有十分重要的影响。主要涉及以下几方面:① 劳动力供给的数量;② 劳动力供给的质量;③ 劳动力对职业的选择;④ 当地经济发展的现状与前景;⑤ 旅游企业提供的工作岗位数量与层次;⑥ 旅游企业提供的工作岗位地点、工资、福利等。

2. 毕业生生源的多少

设有旅游饭店管理专业、旅游管理专业的大学、专科院校、中专、职校毕业生的多少,也将对旅游企业外部人力供给产生影响。目前来讲,随着我国旅游事业的不断发展,旅游教育事业发展速度十分惊人,截至2007年底,全国已有旅游高等院校(系)770所、中等职业学校871所。这说明旅游企业、旅游饭店可从各类学校中容易招到合适的服务人员、管理人员,毕业生这一外部供应渠道也可以得到保证。

3. 科学技术的发展

当前,科学技术的发展一日千里,电脑技术的发展更使人产生一日三秋之感。科学技术的发展对旅游企业人力资源供给预测主要有以下一些影响:

(1) 人们从事工作的时间越来越少,闲暇时间越来越多,因此服务行业的劳动力需求量越来越大。

(2) 对员工的技能要求提高,尤其是对计算机的操作运用能力。同时,对内部员工的培训也要求企业持续进行,不断更新培训内容。

(3) 由于办公自动化和网络的普及,中层管理人员会适当削减,而有创造力的人员则更显珍贵。

  4. 旅游企业的政策法规

  旅游企业人力资源供给预测一定不能忽视政府的政策法规。各地政府为了各自经济的发展，为了保护本地劳动力的就业机会，都会颁布一些相关的政策法规，企业应及时进行环境"扫描"，及早作出反应。

三、确定人力资源供需差距

  在分析了企业人员需求和供应之后，企业就可以确定它属于劳动力剩余，还是劳动力短缺。当供求对比表明将出现人员过剩时，那么限制雇佣、减少工作时间、提前退休、解聘和裁员是制止这种状况出现的必要做法。

  通过预测如果人力需求超过供给，有两种解决方法：一是提高员工的工作能力并增强他们的工作动力；二是增加录用新员工，如寻找新的员工招聘来源等。

  确定未来人力资源的供需差距以后，企业人力资源管理者就要制订行动计划，采取切实步骤来消除差距。行动计划中，最主要的部分是制订员工招聘和配备计划。员工招聘和配备的目标就是要解决人力资源短缺或者过剩的问题。

第四节 人力资源计划的制订

  在确定未来人力资源的供需差距以后，旅游企业的人力资源部门即可确定今后若干年在人力需求方面是缺额还是剩余，并在此基础上编制人力资源计划。此外，还要制订员工招聘和配备计划。员工招聘和配备的目标就是要解决人力资源短缺或者过剩的问题。

一、人力资源政策的制定

  人力资源计划中一项重要的内容是人力资源政策。企业的人力资源政策是根据不同情景而灵活制定的。情景主要有两种：人力资源短缺和人力资源富余。

  1. 人力资源短缺时的政策制定

  当企业人力资源短缺时，应该制定以下政策来弥补人力资源的不足：

  （1）内部招聘与选拔。内部招聘与选拔是一种成本相对较低的解决员工短缺的方法。当企业出现人员不足时，首先应考虑将员工从员工过剩的岗位转移到员工短缺的岗位。内部招聘可以节约许多费用，因为任何外部招聘和选拔都会有一个适应新工作的初始成本和寻找安排新员工的重置成本。内部招聘和选拔还可以与员工的职业发展结合起来,不仅节约了选聘费用,而且有利于调动员工的劳动积极性,激发其工作热情。

(2) 加班加点。企业工作量临时增加时,在符合国家政策和法律的前提下,可以适当增加员工的工作时间,通过利用现有人员加班加点,可以节约招聘成本,增加员工收入。但加班加点只能是权宜之计,不能成为长期政策。

(3) 增加工作项目。当企业某类员工紧缺,在人才市场上又难以招聘到相应的员工时,可以通过提高员工待遇、增加员工的工作项目或责任范围的方法来解决。

(4) 技能培训和开发。只要成本适当,可以对那些缺乏新岗位技能的员工进行培训。

(5) 外部招聘和选拔。在依靠企业内部调节仍然无法解决员工短缺的情况下,就需要进行外部招聘。对于需要长期雇佣的岗位,外部招聘是必需的手段。另外,聘用临时工是企业从外部招聘员工的一种特殊形式。

(6) 外包。当企业业务繁忙却无法招聘到所需数量的临时工或招聘成本过高时,可以将一部分工作外包出去。

2. 人力资源富余时的政策制定

当企业人力资源富余时,一般采用下列政策来促进企业的人力资源供求平衡:

(1) 鼓励提前退休。在遵守政府法规政策的条件下,企业可以适当地放宽退休的年龄和条件限制,鼓励更多的员工提前退休。提前退休使企业减少员工比较容易,但这种方法也存在一些问题:一是成本较高;二是会有一些企业还需要的员工也离开了企业。

(2) 减少工作时间。通过减少工作时间,增加无薪假期调节人员过剩,可以使企业减轻财政上的负担,同时避免企业需要员工时再从外部招聘员工。

(3) 岗位自然减少。即通过自然减员的方式减少人力资源的需要量。当企业出现员工退休、离职等情况时,对空闲的岗位不再进行人员补充,只有当空缺的岗位会影响到整个组织时,才需要补充该岗位空缺。采取自然减少人员补充的方式往往数量有限。

(4) 减少工资或限制工资增长。在很多情况下,裁员或减员会引起员工和工会的反对,甚至会在全体员工中产生不必要的恐慌。企业可以通过限制工资增幅或者适当减少工资的办法来降低人工成本,提高市场竞争力。

(5) 裁员。裁员是一种万不得已的办法,因为对员工来说,裁员就意味着一部分员工要失业,而失业对个人来说是十分痛苦的事情。因此企业在裁员时,一定要慎重考虑。

当企业人力资源处于供求平衡状态时,企业并非无事可做。因为外部环境的变化可能使该企业的吸引力降低,员工随时有离开企业的可能性;企业技术的进步会使部分员工的技能落后,等等。所以,即使企业人力资源出现供求平衡状态,企业也需要未雨绸缪,适当补充或精简人员,加强员工的培训和开发,增强企业适应能力。

二、人力资源计划的编制

在确定企业人员过剩或缺额的基础上,制订一份具体的人力资源计划。人力资源计划一般应分为三年长期计划和年度计划。

1. 人力资源长期计划的编制

企业编制长期人力资源计划一般采用远粗近细、逐年滚动的办法。因为在执行长期计划过程中,往往会受内外环境制约条件和各种因素的影响,从而使计划和实际产生差距。因此,要对长期计划不断进行调整和充实。也就是说,在编制长期计划时,要采用滚动式编制方法。滚动式编制计划,是指在规定时间里对长期计划进行检查调整,并把计划顺序向前推进一段时间。如每年制定一次长期计划,就按顺序把长期计划向前推进一年。这样做的目的一方面是使长期计划能比较切合实际,另一方面能使长期计划在规划期内真正起到指导作用。以下为三年期滚动式计划的编制程序。

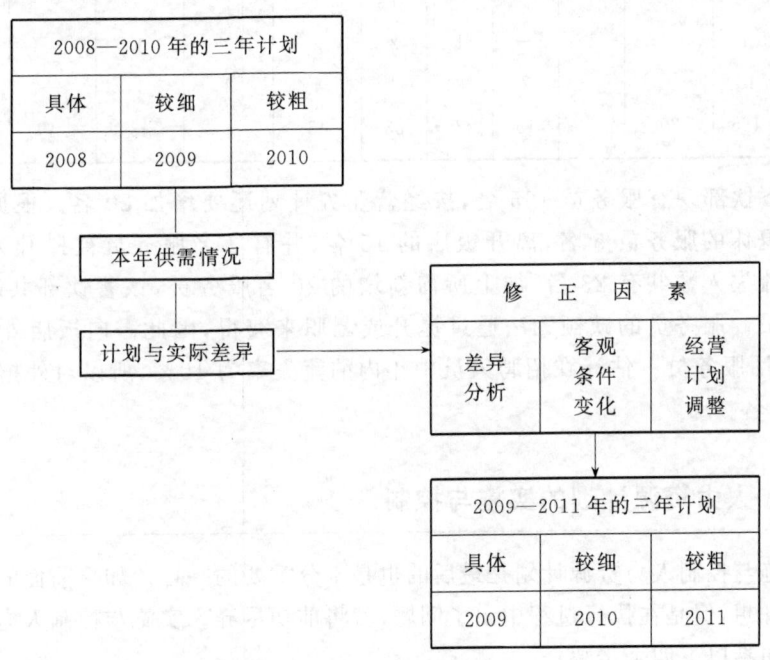

图 2-4 程序图

从 2-4 程序图中可知,企业于 2007 年编制 2008—2010 年的人力资源计划。在这 3 年中,2008 年是即将实施的计划,即 2008 年年度人力资源计划。在制订该计划时必须非常具体、细致和准确,以免因人力需求不足而影响经营计划的完成。而后两年的人力资源计划可根据预测作大概的估计。到2008年底,根据年度计划实施以后的实际情况,考虑到这一年中员工的流失率、员工招聘情况、企业内外部条件的变化等因素,对原定的2009年的人力资源计划进行修正,使之更加具体、细致和准确,即所谓计划向前滚动一次。

2. 人力资源年度计划的编制

年度人力资源计划必须是非常具体、详细的,并落实到每个用人部门,按部门分别编制计划。以下是某饭店年度人力资源计划中分解到餐饮部的人力资源计划表(表2-6)。

表2-6 2008年餐饮部人力资源计划

各类人员	现有人数	年内需新增人数	年内现有职工流出预测				年内需求数			年内招聘人员中的流失数	年内需招聘人数
			退休	流失	提升(出)	总计	总计(2)+(6)	提升(进)	招聘(进)人数		
	(1)	(2)	(3)	(4)	(5)	(6)	(7)	(8)	(9)	(10)	(11)
经理	1	—	1	—	—	1	1	1	—	—	—
管理员	4	1	1	—	1	2	3	2	1	—	1
领班	10	—	—	2	2	4	4	3	1	—	1
服务员	165	20	5	15	3	23	43	—	43	4	47

该餐饮部现有服务员165名,按经营业务计划还要增加20名。根据预测,年内要退休的服务员5名,离开饭店的15名,并有3名服务员被提升为领班。服务员流失人数共有23名,加上所需新增的20名服务员,该餐饮部共缺少43名服务员。服务员的缺额无法通过提升或调职来获得,因此需向饭店外部招聘43名餐厅服务员。估计在招聘人员中年内的流失率为10%,所以对外招聘总数应为47名。

三、人力资源计划的实施与控制

实施与控制人力资源计划是最后的也是十分重要的一环。如果前面的计划定得十分理想,但是在执行过程中出了问题,就将前功尽弃。实施与控制人力资源计划主要包括以下四个步骤:

1. 执行

执行是最重要的步骤,在执行过程中要注意以下几点:第一,按计划执行;第二,在执行前要做好准备工作;第三,执行时应全力以赴。

2. 检查

检查是不可缺少的步骤，否则可能会出现使执行流于形式，使执行缺少必要的压力，从而不能掌握第一手信息等问题。

检查者最好是实施者的上级，至少是平级，切忌是实施者本人或实施者的下级。

检查前，检查者要列出检查提纲，明确检查目的与检查内容。检查时要根据提纲逐条检查，千万不要随心所欲或敷衍了事。检查后，检查者要及时、真实地向实施者沟通检查结果，以利于激励实施者，使之以后更好地实施项目。

3. 反馈

反馈是执行人力资源计划各个环节的一个重要步骤。提供反馈，可以知晓原来计划中的哪些内容是正确的，哪些是错误的，哪些不够全面，哪些比较符合实际情况，哪些需要加强，哪些需要引起注意等重要的信息。

反馈中最重要的一点是保持信息的真实性。由于环境和个体的不同，有许多信息不一定真实，因此去伪存真显得格外重要。

反馈可以由实施者进行，也可以由检查者进行，或者由二者共同进行。

4. 修正

修正是最后一个步骤，谁也不能保证人力资源计划一经制订就完全正确。因此，根据环境的变化，根据实际情况的需要，根据实施中的反馈信息，及时修正原计划中的一些项目显得十分必要。

一般来说，修正一些小的项目，或修正一些项目中的局部内容，涉及面不会很大。但如果要修正一些大的项目，或要对原计划中的许多项目进行修正，或要对预算作较大的修正，往往需经最高管理层的首肯。

复习与训练

一、主要概念

　　计划　人力资源计划　人员需求计划　现状预测法　技能清单

二、阅读理解

　　1. 人力资源计划需要哪些要素配合？
　　2. 简述制订人力资源计划的必要性和重要性。
　　3. 专家预测法有哪些具体操作步骤？
　　4. 人力资源富余时应制定哪些政策应对？

5. 实施与控制人力资源计划主要包括哪几个步骤？

三、判断题

1. 人力资源计划的任务就是确保在企业需要的时候能获得一定数量的员工。（　　）
2. 人力资源成本可分为直接成本和间接成本两部分。（　　）
3. 专家预测法中的专家可以是基层管理人员，也可以是高层经理，他们是来自组织内部的。（　　）
4. 马尔可夫分析是一种可以用来进行组织外部的人力资源供给预测的方法。（　　）
5. 编制长期人力资源计划一般采用远粗近细、逐年滚动的办法。（　　）

四、选择题

单选题

1. 分合性预测法比较适用于（　　）人力资源计划的预测。
   A. 中短期　　　B. 中长期　　　C. 短期　　　D. 长期
2. 企业长期的人力资源计划的时间最长不得超过（　　）。
   A. 2年　　　B. 3年　　　C. 4年　　　D. 5年

多选题

3. 制订人力资源计划应贯彻的原则有（　　）。
   A. 服从原则
   B. 保证需要原则
   C. 合理安排人员原则
   D. 体现激励原则
   E. 体现公平原则
4. 与人力资源计划有关系的企业计划主要是（　　）。
   A. 经营计划　　B. 需求计划　　C. 供应计划　　D. 战略计划
   E. 年度计划
5. 常用的内部人力资源供给预测的方法有以下几种：（　　）。
   A. 回归分析法
   B. 转换矩阵
   C. 计算机人力资源系统
   D. 技能清单
   E. 管理人员继承表

五、案例分析

（资料来源：赵西萍编著《旅游企业人力资源管理》，南开大学出版社，2001.11）

案例：香港万达旅游公司的人力资源规划

　　香港万达旅游公司在制订人力资源总体规划时的指导思想是积极为业务发展服务，激励全体员工的积极性、创造性，更好地完成公司的目标任务。根据这些规划指导思想，各部门制定的具体政策内容非常广泛，甚至涉及员工的衣、食、住、行等各个方面。

公司的人力资源规划具有以下特点：

（1）灵活性。在制定具体的人事政策时，必须考虑到公司的经济承担能力，人员编制、工资福利、晋升、奖励、辞退等各个方面都要根据需要和可能来决定。例如，公司总的编制就是根据业务变化来决定的。做法是每年由各分公司自行确定编制数目，再由人力资源部根据总的业务与成本预测综合审批。

（2）竞争性。在总体规划下的人事政策必须适应竞争的需要，才能留住人才。例如，公司下属饭店的员工，工资水平属于同行的中上等，在其他福利待遇、培训教育和工作环境上更优于同行，以适应更多雇员追求发展和良好的工作环境的就业观点。因此，该饭店员工的平均流动率低于同类饭店。

（3）严肃性。公司制定员工人事管理政策时，必须遵守当地的法律规定。人力资源由熟悉当地法律规定的人员负责员工的管理，公司与员工相互都必须按劳动合约议定的条款办事，谁违反了谁就得负法律责任。

（4）自主权。人事政策在不违背当地法律规定的前提下，对一些特殊问题可以根据具体情况作出决定，如高于规定标准的各种福利待遇等。

公司制定人力资源规划的程序图（图2-5）如下：

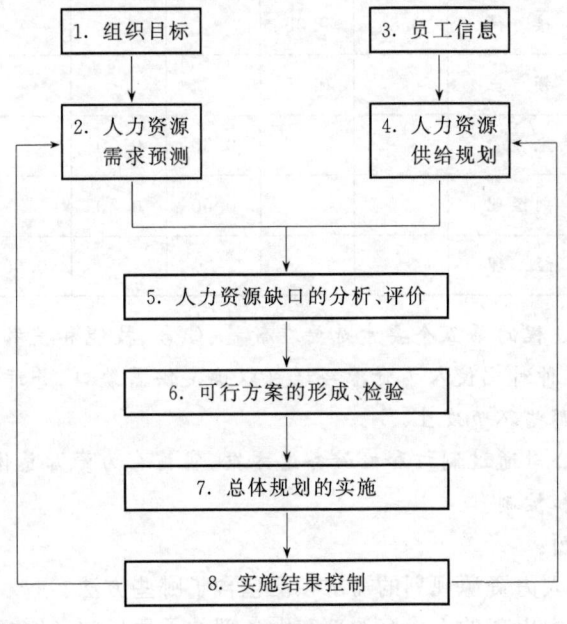

图2-5　程序图

其中，预测一般是通过利用历史数据和可靠的比例关系，并根据业务变化、生产率变化趋势加以修正而得出的，因此历史数据占有很重要的地位。但是最近出现了这样一件事情，该公司财务部有一名员工辞职了，经理要求人力资源部给予补充，但是人力资源部经理要求财务部为需要一名员工提供充分的依据。财务部经理说："你说我将不得不为需要一名员工提供证据，这是什么意思？我的员工中刚刚有一名辞职了，而我现在需要一个人来顶替他。我在这里工作的6年间，我这个部门一直有7名员工，也许很早以前就这样了。如果过去我们需要他们，那么将来我们肯定也会需要他们。"这是他们争论的开头。

从上面公司人力资源规划程序图中可以看出，人力资源规划的第四个要素是供给预测。该企业供给预测是估计现有人员中哪些人将来还能留在企业中。现以公司下属饭店为例，该饭店前台年初共有员工31人，其中接待21人，领班4人，主管2人，副经理2人，经理2人。前台部上一年的员工流动矩阵表（表2-7）如下。

表2-7 上一年员工流动矩阵表

流动率(%)		终 止 时 间					流出率(%)	总量
		接待	领班	主管	副经理	经理		
起始时间	接待	0.85	0.05				0.10	1.00
	领班		0.75				0.25	1.00
	主管			0.50	0.50			1.00
	副经理			0.50	0.50			1.00
	经理					0.50	0.50	1.00

规划过程的第五个要素是要在数量、组合、技能和技术方面对供需情况进行对比，这种对比使人力资源经理可以确定供需缺口，并评价匹配不当的问题最可能在哪些环节发生。

然后公司通过制订和检验备选方案，实施人力资源总体规划，最后对结果进行反馈和控制。

案例思考题：

1. 该公司人力资源规划的需求预测包含了哪些方法？
2. 本案例中出现的人力资源部和财务部的矛盾反映了需求预测的什么问题？你认为应该如何解决？

第三章
旅游企业工作分析与工作设计

工作分析是人力资源管理最基本的环节,要做好人力资源管理,一个重要的前提就是要了解各种工作的特点以及能胜任各种工作的人员的特点。工作设计与工作分析二者联系紧密、相辅相成。通过学习本章内容,说明工作分析的主要步骤,掌握工作分析的主要方法,编写工作说明书和工作规范,工作设计考虑的因素及其方法。

第一节 工作分析概述

工作分析又称职位分析或职务分析,它是人力资源管理的基础。工作分析始于"科学管理之父"泰罗(Tylor)于1895年提出的工作时间与动作研究,它应用于人力资源管理领域已经百余年,是现代企业人力资源管理众要素中最基本的要素。做好了工作分析,就为企业设计组织结构、制订人力资源规划、招聘、培训、考评、薪酬等工作提供了一个依据。

一、工作分析的含义

工作分析,是运用科学的方法,并借助一定的分析手段,来确定工作的性质、结构、内容、职责权限、工作关系、业绩标准、人员要求等基本因素的过程。

工作分析概括来说主要包括两大方面的内容:一是关于工作本身的描述(工作说明),包括职位名称、隶属关系、工作职责、业绩标准、工作关系等内容;二是关于任职资格方面的内容(资格说明),包括承担该项工作人员的某些个人特征、学历、经验、知识、技能等内容。

1. 工作分析的两个阶段

第一,对工作岗位进行分析,即对岗位的工作任务、要求、人的行为、使用的机器和辅助工具、工作标准、环境等进行分析。

第二,制定出岗位的工作要求和任职资格,即以工作任务、工作责任、工作绩效作为工作说明部分和以岗位任职所要求的知识水平、技能和相关的能力作为工作规范部分,并形成文件。

2. 工作分析的两个主要目的

(1) 弄清楚企业中每个职位都在做些什么工作——职务描述。职务描述规定了对"事"的要求,如任务、责任、职责等。

(2) 明确这些职位对员工有什么具体要求——职务资格要求。职务资格要求规定了对"人"的要求,如知识、技能、能力、职业素质等。

二、与工作分析相关的基本概念

由于工作、职务、职位、职责、职级、岗位等有关工作分析的专业术语在生活中经常使用,且容易混淆,因此理解并掌握它们的含义,对进行科学有效的工作分析十分重要。

工作分析涉及的基本概念分两大部分,第一部分即个人层面的相关概念,即工作要素、任务、职责、职位、职务、职业等;第二部分即组织层面的相关概念,即职群(职组)、职系、职等、职级等。

1. 个人层面的相关概念

(1) 工作要素,是指工作中不能再继续分解的最小活动单位,工作要素是形成职责的信息来源和分析基础,并不直接体现在工作说明书之中。例如,酒店前台服务员接听电话。

(2) 任务,是指工作活动中为达成某一目的而形成的一系列工作要素的组合,是工作分析的基本单位,它常常是对工作职责的进一步分解。例如,导游员回答游客的咨询。

(3) 职责,是指个体在工作岗位上要完成的工作任务的集合,它常常用任职者的行动加上行动的目标来表达。例如,对客人提供优质服务,以提升酒店在竞争市场中的地位。

(4) 权限,是指为了保证职责的有效履行,任职者必须具备的、对某事项进行决策的范围和程度。它常常用"具有批准……事项的权限"来进行表达。例如,客房部总监具有批准减免客人房费的申请的权限。

(5) 职位,有时也称岗位,是指某个工作周期内,任职者承担一系列相互联系的工作职责的集合,它是组织的基本构成单位。例如,一个客房服务员需要承担整理工作车、打扫客房、对客服务、打扫客用及员工用电梯口的卫生等数项职责。职位与任职者是一一对应的,如果存在职位空缺,那么职位数量将多于任职者数量。

(6) 职务,是指组织中承担类似职责或工作内容的若干职位的集合或统称。如经理这个职务,可以由酒店管家部经理、公关部经理、餐厅经理等一系列的职位构成。一个职务可能由一个或一个以上的职位组成,职务与任职者不是一一对应的关系。

（7）职业,是指不同时间、不同组织中工作性质类似的职务的总和。例如,司机、公务员、教师、导游员等就是不同的职业。

2. 组织层面的相关概念

（1）职级,是指同一职系中,工作责任大小、工作复杂性与难度,以及对任职者的能力水平要求近似的一组职位的总和,它常常与管理层级相联系。例如酒店中餐厅经理、西餐厅经理、酒水部经理就处于同一职级。

（2）职等,是指不同职系之间工作责任大小、工作复杂性与难度,以及对任职者的能力水平要求十分相似的一组职位的总和。如酒店行政职系的总经理秘书、营销职系的宴会销售部主管、园艺职系的花房主管,就可能处于同一职等。

三、工作分析的作用

工作分析已成为人力资源管理工作的基础性工作,在整个人力资源管理系统中占有非常重要的地位,发挥着非常重要的作用。工作分析在人力资源管理中的作用如图3-1所示。

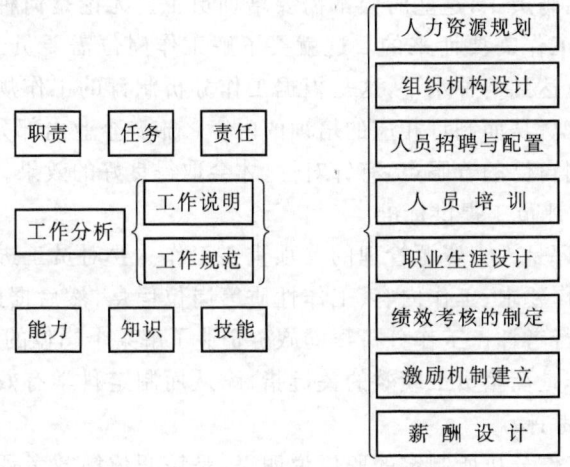

图 3-1　工作分析框架

具体地说,工作分析在人力资源管理工作中有以下几个方面的作用。

1. 为招聘工作提供客观标准

旅游企业在招聘员工时需要把握两大方面的问题：一是需要招聘员工的工作岗位是什么？二是本岗位对员工的要求是什么？通过工作分析,招聘人员可以了解需招聘员工的工作岗位的特点,从而确定要招聘的人员应具备的条件。不仅如此，应聘人员也需要了解自己应聘岗位的工作要求，以衡量自己是否适合应聘。即使应聘者有过某个岗位的工作经验，但由于各旅游企业赋予相同职位的权限、责任有所不同，所以也不能一概而论，仍需要详细了解所应聘企业具体岗位的工作要求。因此，工作分析就为员工招聘提供了客观标准。

有些旅游企业之所以出现招聘进来的出色员工在工作中没有发挥相应的作用，原因之一就是没有以工作分析为标准来招聘员工，而是搬用了其他旅游企业的招聘标准或过分看重学历证书、等级证书等社会标准造成的。

2. 为合理任用、配置员工提供依据

旅游企业员工时常进行内部流动，从一个部门到另一个部门，从一个岗位到另一个岗位，包括平级调动、晋升等形式，这种内部流动是适应企业经营需要的必然结果。但这种内部流动不是盲目的，旅游企业需要在工作分析的指导下了解某个职位需要哪些知识和技能，哪些人具有这些条件，并辅以心理测评和工作考评，选拔和任用符合工作要求的合格人员，从而实现把最合适的人安排到最恰当的工作岗位上的目的，实现人与工作的匹配，同时避免工作中各职能部门之间或各职位之间不必要的冲突。

3. 为有效培训员工提供依据

培训是旅游企业的一项常规工作，提高员工服务水平、员工晋升、岗位流动、新技术的引进、新招聘员工，这些时候都需要培训员工。无论是何种形式的培训，归根结底都是根据工作需要而来的。这就要了解工作岗位需要员工具有怎样的知识、技能、素质，应达到何种水平，这是根据工作分析制订的工作规范，然后对比员工目前的相应状况，从而制订相应的培训的内容。旅游企业内部分工细致、工作繁多，培训必须找到自己的着眼点，有针对性，才会取得良好的效果。

4. 为科学考评员工提供标准

员工绩效考评是人力资源管理的一项重要工作。要对员工进行考评，首先需要了解员工的工作要求、工作内容、工作性质等岗位信息，然后据此制定绩效考评标准来对员工进行考评。工作分析帮助旅游企业了解某个岗位的员工其核心工作是什么，哪些工作是衡量员工绩效的关键指标，从而制定科学有效的考评标准，实现对员工的科学考评。

因此，根据工作分析所制定的职位说明书，是该职位绩效考评的主要依据，也是考评该职位的客观标准。

5. 为确定薪酬分配制度提供依据

薪酬分配的依据是该岗位的员工承担了何种重要程度的工作，这一工作需要员工具备怎样的受教育程度、工作能力、工作经验、该工作的责任风险有多大等因素，而这些因素的获得同样是根据工作分析得来，工作分析的结果客观上为每一种工作提供了相对价值的信息，成为薪酬分配的基础信息。

薪酬分配的核心是保证其公平性,既要实现与外部旅游企业同样岗位薪酬比较的公平性,又要实现旅游企业内部各岗位薪酬比较的公平性。因此,合理确定岗位薪酬差距、判断不同岗位员工能力差异就成为薪酬分配公平性的重要工作,而这些问题的解决必须借助于工作分析。总之,工作分析越准确,薪酬分配的依据才越有力,从而使薪酬分配更为合理。

6. 为员工职业生涯规划提供帮助

旅游企业员工职业生涯规划对于稳定员工队伍、提高员工工作积极性、增强员工自尊心、自信心、自豪感具有不可忽视的意义,同时也关系到企业的持续、健康、稳定发展。职业生涯规划的基本内容就是把员工的技能、愿望与企业的发展目标、企业现在和将来会出现的机会匹配起来。这一匹配过程需要旅游企业和员工了解每一种工作的性质、技能要求,对于员工尚未掌握的技能,员工可以提前预知并学习起来。工作分析就为企业和员工提供了现在、未来工作所需了解的信息。

7. 为人力资源规划提供科学依据

人力资源规划是旅游企业的重要工作内容。作为劳动密集型和员工流动性较大的企业,旅游企业更要注意做好人力资源规划的工作。人力资源规划可以对企业未来的人员需求作出预测,确定科学的人员定额,及时为企业提供合适的人员供应,保证企业的正常经营活动。旅游企业人力资源规划不是一成不变的,随着知识经济、信息的发展,企业人员结构、职位需求都会发生新的变化。因而进行工作分析,了解企业未来人员需求与供给,就为企业人力资源规划提供了依据。

四、工作分析的程序

工作分析是一项技术性很强的工作,事前需要做周密的准备,由于涉及较多内容,因此需要具有科学、合理的操作程序。工作分析通常按以下程序进行:

1. 准备阶段

(1) 建立工作分析小组。小组成员通常由旅游业专家、在职人员、企业管理人员等组成。小组成员确定之后,要提供他们进行工作分析活动的便利条件,以保证分析工作的协调和顺利进行。

(2) 明确工作分析的总目标、总任务。根据企业的总目标、总任务,对企业现状进行初步了解,掌握各种数据和资料。

(3) 明确工作分析的目的。有了明确的目的,才能正确确定分析的范围、对象和内容,规定分析的方式、方法,并弄清应当收集什么资料,何时去收集,到哪儿去收集,用什么方法去收集等事项。

(4) 建立良好的工作关系。为了搞好工作分析,还应向员工做好宣传工作,解释工作分析的作用和意义,使其有一定的心理准备,并与之建立起友好的合作关系。

(5)确定调查和分析对象的样本,同时考虑样本的代表性,以保证分析结果的准确性。如要调查酒店的级别、每一级别酒店的数量等。

(6)将各项工作分解成若干工作元素和环节,确定工作进度,明确工作重点和难点以及解决办法。

2. 收集信息阶段

准备工作完成之后,就进入工作分析的信息收集阶段。信息收集是工作分析的基础内容。

(1)选择收集信息的方法。这由工作分析人员根据企业的实际需要灵活运用。较常用的方法有问卷调查法、观察法、人员访谈法等。根据不同的分析内容,工作人员应选取不同的方法。如观察餐厅服务员上菜的流程是否规范,通过问卷调查员工对工作的满意程度等。

(2)对不同信息进行归类。无论这些信息来源与种类如何,分析人员应予以编排,也可用图表方式表示。在对信息进行归类时应注意:一是不同层次的信息提供者提供的信息存在不同程度的差别;二是工作分析人员应站在公正的角度听取不同的信息,不要事先存有偏见;三是使用各种职业信息文件时,要结合实际,不可照搬照抄。

3. 分析阶段

分析阶段的主要任务:对收集的资料、数据进行综合分析,归纳、总结工作分析所需要的材料和要素;对于新出现的因素要引起重视。具体的分析工作可以从以下四个方面进行:

(1)职务名称分析,包括职务名称的选择与表达、职务名称的标准化等内容。职务名称务必准确地说明职务的性质和内容,使人一看到职务名称,就可以了解其工作内容,不至于产生歧义。

(2)工作规范分析,指对某种工作的责任大小、具体操作要求、工作强度及个人必备的任职条件的分析。

(3)工作环境分析,指对工作的物理环境、安全环境以及所处社会环境的分析,也包括对工作涉及的上下左右关系的分析。

(4)工作人员必备条件的分析。包括对工作必需的知识、经验、技能和心理素质的分析。

4. 描述阶段

分析工作完成后,还必须把获得的信息加以整理并写出报告。通常工作分析所获得的信息可通过工作说明书、工作规范、职位说明书、资格说明书、业绩指标、薪酬标准、工作分类依据等形式来表示,其中职位说明书是重点。

5. 运用阶段

工作分析是否具有可行性和有效性,必须经过实践的检验。把工作分析结果运用到实践中去,以检验其效果。这一阶段要注意：第一,培训工作分析的运用人员。这些人员在很大程度上影响着分析程序运行的准确性、运行速度及费用,对他们加以培训可以增强管理活动的有效性和规范性。第二,根据工作分析结果着手编制各种具体的应用文件,如职位说明书、薪酬福利制度、考核制度等。

6. 反馈与调整阶段

企业面对的是一个开放的世界,为适应环境的变化,其生产经营活动也在不断变化。这些变化会直接或间接地引起组织分工协作体制发生相应的调整,从而引起工作的相应变化。根据这样的变化和反馈信息,企业的职位职责也需要在适当的情况下进行调整。因此,经过工作分析形成的职位说明书等成果并不是一成不变的,必须根据环境的变化而不断调整,它是一个动态的过程。尤其在组织发生重大变革的时候,更是需要不断获取各种反馈意见,修正工作分析的成果。

第二节 工作分析内容与方法

工作分析涉及的内容较为具体,作为工作分析的结果与表现形式,如工作描述、工作说明书、资格说明书、职务说明书等,它们之间具有一定的关联性。工作分析方法如问卷法、访谈法、观察法等都是实践中较常应用的方法。

一、工作分析的具体内容

工作分析要说明一项工作所包含的内容以及对任职者的要求,并与其他岗位的工作和任职要求相区别,实际上就是要对某项工作的内容、要求、任职条件等要素作全面、详细、系统的描述和记载。具体来说,工作分析可以围绕以下七项基本内容进行。

1. 某项工作需要什么样的体力和智力劳动

旅游企业各类工作岗位由于工作性质和内容大不相同,因此对员工体力和智力劳动的要求也不一样,有的工作侧重体力劳动,对员工智力活动要求不高,如饭店餐厅传菜员;有的则侧重智力劳动,如饭店培训专员以及各高层领导岗位;而有些岗位则是体力与智力活动并重,如饭店前台接待、导游员。从体力和智力两个方面对工作进行分析可以大体把握这项工作的地位、性质。

2. 工作要在什么时候完成

工作完成的时限规定是保证工作有意义的基本条件。为了提高工作质量和效率,必须对完成工作的具体时间进行调查和计算。同时,对这一问题的研究,也是正确执行国家劳动法有关方面的规定和保证员工身体健康的需要。旅游企业是服务性企业，而且大多是劳动密集型企业，需要详细掌握员工工时和工作排班情况。

3. 工作将在哪里完成

这是指了解工作完成的地点和工作环境等方面的情况。例如，导游员一般是在旅途当中，在交通车（船）上，给大家讲故事、讲笑话，跟大家做游戏，而在旅游景点则要给大家讲解旅游景点的相关知识。如宴会的分吃菜肴，是在厨房出菜时就在厨房分好，还是在上菜后在餐桌上再分。还有厨房烧烤间在夏天如何降温，以给员工良好的工作条件。这都是对工作地点和工作环境的研究，目的是有利于工作的顺利进行。

4. 员工如何完成此项工作

这是指员工完成工作必须掌握的工作方法和具体操作步骤，是工作分析最重要的内容，也是工作规范、质量、效率的保证。如果员工不能掌握好这些内容，就容易在工作中出问题。如客房服务员在清理客房卫生间时，应先从何处下手，使用何种类型清洁剂和消毒水，使用何种抹布，都有一定的规范，如果员工拿擦恭桶的抹布来擦洗面盆，势必影响服务质量。

5. 为什么要完成此项工作

这是要了解某项工作的重要性以及与其他工作的关系及衔接问题，也就是要掌握该项工作与上一个环节是如何联系的，对下一步工作有何意义，为下一步工作的开展打下基础、提供依据。

6. 完成工作需要哪些条件

从工作分析的角度讲，完成工作所需要的条件主要包括三大方面的内容：一是承担工作的员工应该具备的素质和技能；二是完成工作所需要的设备和工具，以及其他辅助性工作；三是完成该项工作所需支付的费用、报酬等。

7. 这项工作要向谁负责

确定该项工作的隶属关系，明确工作内容之间的联系，包括工作要向谁请示和汇报、向谁提供工作结果、可以指挥和监督何人等。

回答好这些基本问题，才能形成工作分析的书面材料——职（岗）位说明书，它一般包括两方面的内容：工作说明、岗位规范。因此，工作分析实际上给出了一项工作的职责、与其他工作的关系、所需的知识和技能和完成这项工作所需的工作条件。

二、工作说明书

工作说明书通常又被称为工作描述或职务描述，是根据工作分析的结果编制而成，以书面的形式对组织中各个职位的工作性质、目的、职责、任务、权限、工作关系、工作环境、工作负荷等进行描述。工作说明书是工作分析的一个重要结果,它实际上要说明的是任职者的工作是什么、为什么做、如何做以及何处做等。一份合格的工作说明书必须能清楚地表达以上内容与其他工作相区别。

1. 工作说明书的基本内容

(1) 工作标识,它是关于职位的基本信息,是该职位区别于其他职位的基本标志。工作说明书中的工作标识部分包括工作名称、部门、汇报关系和工作编号。工作名称应该准确、真实地反映工作内容的性质,但在实践中,工作名称有时与工作内容并不相符。如饭店总经理助理一职,在有些酒店,它从事的是秘书的工作,而在另一些酒店,它的地位相当于副总,分管重要工作,还有一些酒店,助理就是协助总经理工作。要尽量做到工作名称与工作内容相符合,使人知道你的职位,就了解你的工作内容。

(2) 工作概要,它又被称为工作目的,是指用非常简洁和明确的语言说明工作依据、工作对象、工作条件、工作目的和物理环境等。

(3) 工作职责,它是对工作概要的细化,涉及工作内容的方方面面,既有对某一职位的宏观要求,也有对某一方面工作的具体表述,还有对工作任务和工作关系的说明。大体涵盖了以下内容:

第一,工作活动内容,即逐项列举工作活动内容及完成程度。

第二,工作权限,即界定任职者在工作活动内容上的权限范围,如决策、人员任免、对他人实施监督、经费预算的权限。工作权限常被用于管理职位。

第三,工作绩效标准,又被称作结果,说明任职者的工作结果,一般应该有定量化的表述。绩效标准不是简单的等同于绩效考核中的考核指标,它主要告诉我们应该从哪些方面和角度去构建该职位的考核指标体系,而没有提供具体的操作性的考核指标。

第四,工作关系,又被称为工作联系,包括两部分内容:一部分是该职位在组织中的位置,它有直接或间接的上级、同级和下级;另一部分是该职位任职者在工作过程中,与组织内部和外部各部门、各单位之间的工作联系,包括联系的对象、联系的方式、联系的内容和联系的频次等。

(4) 工作压力因素与工作环境。工作压力因素主要指由于工作本身给任职者带来压力和不适的因素。这在薪酬中应有一定的补偿。

工作环境条件,主要指工作的物理环境在多大程度上会对员工造成身体上的不适或影响其身体健康,涉及工作场所的卫生、安全,工作的危险程度,工作的均衡性,工作时间安排的合理性,工作环境的舒适性等。

2. 工作说明书的编写要求

在编写工作说明书时应注意以下各点:

(1) 内容详尽、完整、清晰明了。工作说明书的内容应详尽、完整,但要避免琐碎,做到文字繁简得当、结构清晰明了,使任职人员读过以后,可以明白无误地了解其工作内容、工作程序与工作要求等,无需再询问他人或查看其他说明材料。

(2) 用词准确,易于理解。尽量使用通俗易懂的语言,用词准确且易于理解,同时对较专业且难懂的词汇必须解释清楚,以免在理解上产生歧义,使任职者能够清楚地理解这些职责。

(3) 讲求逻辑性,明确职责层次。一般说来,一个岗位通常有多项工作职责,在工作说明书中要将这些职责按照一定的逻辑顺序来编排,这样才有助于理解和使用工作说明书。同时,工作岗位存在职责大小、重要性与次要性之分,因此在实际编写中,可结合各项职责的重要程度、难易程度和任职者花费的时间等进行具体分析和编排。

三、任职资格

任职资格指的是与工作绩效高度相关的一系列人员特征。具体包括:为了完成工作并取得良好的工作绩效,任职者所需具备的知识、技能、能力以及个性特征等要求。工作分析中的任职资格,又称工作规范或岗位规范,是全面反映工作对从业人员的品质、特点、技能以及工作背景或经历等方面要求的书面文件,它是工作分析结果的另一个重要方面,主要用于招聘及职业培训活动。有时候,工作说明书和工作规范书分成两份文件来写,有时候则合并在一份工作说明书中。

1. 工作规范的一般性内容

制定工作规范时,要列举并说明具体任职者的个人特质、条件、所受教育和培训等方面的详细情况。

(1) 资历要求。第一,教育背景,如对任职者学历、专业的要求,以及任职者所受相关培训所获相关职业证书的要求等;第二,工作经历,即对任职者相关工作经历的要求和具体工作岗位工作年限的要求等。

(2) 心理要求。第一,技能要求,指对任职者基本技能、专业技能和其他技能的要求,如对任职者的组织协调能力、人际沟通能力等方面的要求。第二,心理素质,如对任职者情感好恶、兴趣习惯、气质性格类型等方面的要求。第三,职业品质,指对任职者是否热爱本职工作,是否诚实、能否主动工作及富有责任感,是否具有敬业精神,是否恪守职业道德、遵守职业纪律等方面的要求。

(3) 身体条件,指对任职者身体健康状况的要求,及身高、体重、力量、耐力等方面的要求。

2. 编制工作规范的注意事项

(1) 要根据胜任工作所需资格条件制定。可分两种情况:

第一,若现存人员能够胜任某项工作,本着优化配置现存人力资源的原则,就直接按照其个人资格条件(如学历、培训、资格证书等)列举各项条件。第二,若岗位属新设,则要预测影响该项工作绩效的个人条件是什么,进而确定胜任此项工作必需的资格条件。

(2) 要兼顾企业实力来确定任职资格。有些岗位,对任职资格要求有一定弹性,比如,同一岗位,本科生可胜任,大专生也可,研究生也可能处于同一岗位,这时要根据企业实力,本着节约人力成本的原则,选择合适的人员。因为学历层次、经验水平不同,往往对报酬的要求也不一样。

(3) 要重视被选拔人员的个性特征。人心如面,各不相同,不同性质的工作对员工的个性要求是不相同的。对于销售人员,要求性格外向,善于与人沟通,而对于财务人员则要求工作细致,有耐心和毅力。因此,在制订工作规范时,要把胜任工作所需的个性条件表述清楚。

四、工作分析的方法

工作分析作为组织人力资源管理的一项基础工作,在百余年的发展中,从理论到实践都有了相当的进展,形成了较为成熟的方法体系。大致来说,工作分析的方法可以分为定性和定量两大类。

常用的定性分析方法主要有问卷法、访谈法、观察法、工作日志法、文献分析法、主题专家会议法(Subject Matter Experts)等,这些方法主要用来收集与工作相关的信息。这类方法具有灵活性强、易操作、适用范围广等显著优势,但也存在着随意性强、缺乏稳定性等特点。

常用的定量分析方法主要有职位分析问卷法(Position Analysis Questionnaire Scales)、能力需求量表法(Ability Requirement)、职能工作分析法(Functional Job Analysis)等。这类方法具有高度结构化的特征,能够较为准确和全面地刻画出工作的性质、特点,缺点是不够灵活和高效。因此,在实际的工作分析中,可以针对不同的工作分析目的,有选择地采用某一种方法,或将几种不同的方法综合起来运用。

1. 问卷法

问卷法是工作分析中广泛运用的方法之一,是以书面的形式,对任职者或相关职位人员进行调查,以取得工作要素信息的方法。一般是由工作分析专家开发设计问卷,由任职者或相关职位人员填写,然后对问卷进行归纳分析,对分析结果进行量化处理,并据此对工作分析结果进行描述。

问卷法的优点是:形式多样,既有适应于各种工作职位的问卷,也有针对某一特定工作职位的问卷;既有标准化的问卷,也有非标准化的问卷;既有结构性问卷,也有非结构性问卷。另外,问卷法也便于借助计算机系统对一些定性问题的结果进行量化分析。问卷法收集信息完整、系统,操作简单、经济,尤其在工作量大、时间和成本有限的情况下,采用这种方法是比较有效的。

问卷法的缺点是:由于问卷需要专业人员进行设计,技术性要求较高,需要花费的时间、人力、物力也较多,问卷的设计质量对调查结果有较大影响。问卷受被调查者主观性影响较大,无法与被调查者的真实行为进行对照,缺乏一定的真实性。由于问卷本身不具有强制性,被调查者随意性强,导致问卷的回收率往往低于预期设想。

2. 访谈法

访谈法是目前国内企业运用广泛的工作分析方法。访谈法又称面谈法,是通过面对面的谈话来获取工作要素信息,主要用于确定工作任务和责任、工作流程配合等方面。访谈的对象可以是任职者本人,也可以是上级主管人员或下级人员。访谈的形式可以是个别访谈,也可以是群体座谈;既可以是结构化访谈,也可以是非结构化访谈。实际运用中,往往将结构化访谈与非结构化访谈相结合,即以结构化访谈提纲作为访谈的一般性指导,访谈过程中根据实际情况就某些关键领域进行深入探讨。

访谈法的优点是:谈话具体灵活,由于任职者或相关人员熟悉自己的工作内容,在回答问题时就可以做到具体、准确,工作分析人员可以就捕捉到的信息灵活提问,从而得到意想不到的收获。谈话由于是双向沟通,因此比较便于分析人员向任职者解释工作分析的必要性和功能,从而得到良好的配合。同时,这种沟通和解释也有利于消除任职者一些工作上的压力。如果双方配合默契,取得信任,分析人员还可能获取任职者一些诸如工作满意程度、工作动机等深层次的信息。

访谈法的缺点是:对工作分析人员的语言表达能力和逻辑思维能力有较高的要求。要能够控制谈话的局面,既要防止谈话跑题,又要使谈话对象思想放松,侃侃而谈。由于种种因素的影响,从访谈对象那里获得的信息不一定真实,可信度也不高,因为一次访谈涉及的人员不可能太多,因此要得到较完整的信息往往需要花费大量时间。访谈法获取的信息涉及面较宽,开放度较大,因此,对访谈结果的整理和分析变得较为困难。

3. 观察法

观察法是工作分析人员在工作现场运用感觉器官或其他工具,对特定对象的职位活动绩效进行系统观察而获取职位要素信息的方法。通过系统观察,可以收集有关工作内容、工作时间、人与工作的关系以及工作环境、条件等方面的信息,并用文字和图表等形式记录下来,进行分析、归纳和总结。

观察法的优点是:工作分析人员可以与被观察对象直接接触,不需要其他中间环节,观察到的结果、所获得的信息资料,具有真实可靠性,是第一手资料。观察一般是在自然状态下实施的,对被观察对象不产生作用与影响,即无外来人为因素的干扰,不会产生反应性副作用,能获得生动朴素的资料,具有一定的客观性。观察法能够及时捕捉正在发生的现象,因此所获信息资料及时、新鲜。另外,由于观察法可以对被观察对象作较长时间的反复观察与跟踪观察,因此,可以对被观察对象的行为动态演变进行分析。在观察分析中,工作分析人员可利用多种手段,既可以借助感官对被观察对象进行直接观察,也可以借助各种测量仪器和记录设备,如声级计、照相机、录音机、摄像机,来提高观察的精确度和效率。

观察法的缺点是:适合于以外显动作为主的职位,可以用来收集强调人工技能的那些工作信息,如客房服务员铺床技能。对那些以脑力劳动为主要内容的工作来说,效用不大。观察法只能适合于活动范围不大的职位,而活动范围大的职位由于分析工作所消耗的人力、物力和时间较大,故在实践上难以实施。对于一些在特殊环境中活动的职位,也难以运用观察法进行分析。运用观察法也难以获得有关任职者资格要求的信息。观察法同样也受观察者个人主观因素的影响。

4. 工作日志法

工作日志法是由任职者按时间顺序,用工作日记的方式记录自己在一段时间内的工作内容和工作过程,经过归纳提炼,取得所需工作信息的一种工作分析法。日志的形成可以由任职者按自己的思路写作,也可以由任职者依照工作分析人员提供的工作日志单填写。

工作日志法的优点是:由于工作信息是逐日即时记录的,因此所获得信息的可靠性很高,适用于获取有关工作职责、工作内容、工作关系、劳动强度等方面的信息,所需费用也较低。

工作日志法的缺点是:使用范围较小,不适用于工作循环周期较长、工作状态不稳定的职位,且信息整理量大,归纳工作繁琐。工作日志的写作水平受任职者素质、态度影响较大,影响工作分析结果的真实性。

一般来说,工作日志法很少作为唯一的、主要的信息收集途径,常常与其他方法相结合。实际工作中,工作分析人员通常会把日志作为问卷设计、访谈提纲或对某项工作作初步了解的文献资料使用。

5. 关键事件法

关键事件法(简称 CIT),是美国心理学家约翰·福兰纳根于 1954 年提出来的。关键事件法就是对实际工作中影响工作绩效的关键事件或行为进行记录,并选择其中最重要和最关键的部分进行评定的方法。其实质就是找出使工作成功或失败的行为特征或事件,在对这些关键行为或事件进行分析后,总结出工作的关键特征和行为要求。

关键事件法的优点是:能够找出影响员工绩效的关键性因素。关键事件法能够反映任职者特别有效的工作行为或特别无效的工作行为,从而为确定每一行为的价值和作用、提高员工工作绩效提供了帮助。关键事件法由于对关键事件有详细的记录和分析,因此能够准确描述岗位行为和建立准确的工作行为标准。同时,关键事件法也适用于工作周期较长以及任职者的行为对组织任务的完成具有重要影响的情形。对任职者关键行为的描述也可以为人力资源主管部门对员工进行绩效考评提供参考。

关键事件法的缺点是费时,需要花大量的时间去搜集那些关键事件,并加以概括和分类。关键事件法针对的是对工作绩效有效或无效的行为或事件,对中等绩效的员工就涉及不到,这样就遗漏了平均绩效水平。而对工作来说,最重要的一点就是要描述"平均"的工作绩效。关键事件法不能对工作提供完整的描述,因此就无法描述工作职责、工作任务、工作背景等情况,因而全面的职务分析工作就不能完成。

6. 职位分析问卷法

职位分析问卷法(Position Analysis Questionnaire,PAQ)是一项基于计算机的、以人为基础的系统性职位分析方法,是目前最普遍和流行的人员导向职务分析系统。它是1972年由普渡大学教授麦考密克(E.J.McComick)设计开发出的结构化的职位分析问卷。设计者的初衷在于开发一种通用的、以统计分析为基础的方法来建立某职位的能力模型,同时运用统计推理进行职位间的比较,以确定相对报酬。目前,国外已将其应用范围拓展到职业生涯规划、培训等领域,以建立企业的职位信息库。

(1) 职位分析问卷的项目。PAQ包含194个项目,其中187项被用来分析完成工作过程中员工活动的特征(工作元素),另外7项涉及薪酬问题。所有的项目被划分为信息输入、思考过程、工作产出、人际关系、工作环境、其他特征6个类别,PAQ给出每一个项目的定义和相应的等级代码。

信息输入——包括工人在完成任务过程中使用的信息来源方面的项目;

思考过程——工作中所需的心理过程;

工作产出——识别工作的"产出";

人际关系——工作与其他人的关系;

工作环境——完成工作的自然和社会环境;

其他特征——其他工作的特征。

(2) 职位分析问卷的评分标准。PAQ给出了6个评分标准:信息使用度、耗费时间、适用性、对工作的重要程度、发生的可能性以及特殊计分。

(3) 职位分析问卷法的优缺点。

职位分析问卷法的优点是:第一,同时考虑了员工与职位两个变数因素,并将各种职位所需要的基础技能与基础行为以标准化的方式罗列出来,从而为人事调查、薪酬标准制定等提供了依据;第二,由于可将职位分为不同的等级并可得出每一个(或每一类)职位的技能数值与等级,因此它还可以用来进行职位评价及人员甄选；第三，PAQ不需修改就可用于不同组织中的不同职位，使各组织间的工作比较更加容易，也使职位分析更加准确与合理。

职位分析问卷法的缺点是：第一，由于没有对职位的特定工作进行描述，因此职位行为的共同性使得任务间的差异较模糊，所以不能描述实际工作中特定的、具体的任务活动。第二，可读性不强，只有具备大学文化水平的人才能理解其中的项目，使用范围受到限制。第三，花费时间多，成本高，程式繁琐。

第三节 工作设计

工作设计与工作分析不同，工作分析是对现有工作的客观描述，而工作设计则是利用工作分析的信息，对现有工作规范的认定、修改或对新设工作的完整描述。工作分析的中心任务是为企业人力资源管理提供依据，明确各职位的工作职责及任职条件，保证事（工作）得其人、人（员工）尽其才、人事相宜。工作设计是优化组织结构的过程，其目的是明确工作的内容和方法，明确组织、技术、环境和员工对职位的要求。

一、工作设计的含义

工作设计，就是根据工作分析的结果，在确定组织工作的任务、责任、权力以及在组织中与其他职位关系的基础上，使工作与人更加匹配，以调动员工的工作积极性，提高工作效率的过程。工作设计有助于对现有工作规范的认定、修改和对新设职位的完整描述。科学管理时代，工作被看成是不可变的固定物，工人被牢牢地固定在工作岗位上，工人必须适应工作要求，若不能适应则被剔除。行为科学时代，科学家则试图通过改进对工人的挑选和培训来适应工作，其结果仍然是要人服从于工作。而在今天现代管理时代，则改变了这一传统，认为工作本身可以对员工产生激励作用，并对员工工作满意度和生产效率的提高有较大影响。

工作设计要达到以下目的：

第一，提高组织效率。工作设计较多考虑员工的需要，有助于发挥个人的才能，提高企业组织效率。

第二，符合组织的总目标。工作设计明确组织的任务、责任、权力，有助于达成组织的总目标。

第三，工作与人相适应。工作设计努力赋予工作以乐趣，调整岗位之间的关系，有利于改善人际关系，达到人与工作的适应和匹配。

第四,责任体系与总目标相符。工作设计使职责分明,使责任体系与总目标相一致。

二、工作设计的内容

工作设计要求明确工作的内容和方法,确定从技术和组织上能够满足的工作与员工及社会和个人方面所要求的工作之间的关系。因此,工作设计必须考虑两个方面的要求,即组织的要求和员工的要求。工作设计的内容包括:

1. 工作内容

工作内容包括两种形式:一是工作所包含的需要员工完成的特定任务、员工的义务和责任;二是工作所要求的员工的行为。

合格的管理者必须能够将员工的本职范畴、责任及考核界定清楚。

2. 工作职能

它是指每件工作的基本要求与方法,包括工作责任、工作权限、信息沟通方式、工作方法以及协作配合等方面。

在管理中,划清每个员工和每个小团队的责任界限是非常重要的。

3. 工作关系

它是指个人在工作中发生的人与人之间的关系,包括在工作中与其他人相互联系及交往的范围,建立友谊的机会,以及工作班组中的相互协作和配合等方面。

管理者一个很重要的职能就是科学分工,根据实际动态对人员进行最佳配置。只有每个员工都明确自己的岗位职责,各司其职,才不会产生推诿、扯皮等不良现象。

4. 工作结果

它是指工作的绩效与效率的高低,包括标志工作完成所要达到的具体标准(如产品的产量、质量和效益等),以及工作者的工作感受与反应(如满意感、出勤率和离职率等)。

5. 结果反馈

结果反馈包括两个方面:一是对工作本身的客观反馈;一是来自别人对工作结果的反馈,如同事、上级和下级对工作的评价。

三、工作设计需要考虑的因素

现代人力资源管理在人与工作匹配的问题上,已经从"人服从工作"转向工作本身,即如何改变工作以与人的要求相适应,改变工作带给人的单调和枯燥感。旅游行业是一个与社会发展、环境变化密切相关的敏感行业,需要根据内外条件的变化经常对工作进行革新和重新设计。具体进行工作设计时必须考虑下列因素。

1. 环境因素

企业在进行工作设计时要考虑企业内部环境和社会环境因素。如内部人力供应和社会期望状况等。如饭店在接待 VIP 客人时,是否服务的员工越多越好、工作分配越细致越好?从饭店人力分配情况看,接待 VIP 客人占用过多员工,势必造成其他方面人手的不足,影响服务质量;从客人角度看,过多员工的服务可能会让客人眼花缭乱,造成接待空间的狭小感和客人的紧张感,对客人来说是一种干扰。工作分配过细往往会造成工作衔接上的问题,容易使服务走形。因此,企业必须根据内外环境考虑工作设计在现实中的适应性问题。

2. 组织因素

工作设计的最终目的是为企业带来更大的效率和效益,因此必须认真考虑组织对工作设计的要求。在具体设计时要注意工作的专业化、均衡性程度。工作整体的配合,使整个企业的工作就像串联起来的流水线,每个人既各司其职,又井然有序、配合默契。旅游接待实际上就是牵动企业方方面面神经,大家齐心协力做好工作,这项工作做得好,就是一门艺术,这其中,工作设计功不可没。

3. 行为因素

它是指工作设计要考虑带给员工的感受,对员工行为的影响,能否满足员工对多样性、整体性、重要性、自主性和反馈性等方面的要求。旅游企业员工的需求是多方面、多层次的,随着物质生活水平和文化程度的不断提高,员工的需求层次也在不断提高。他们除了追求合理的经济报酬外,对工作环境、工作本身提出了更高的要求。工作设计的目的之一就是让员工在工作中得到快乐和满足,使其有进一步上升的空间,满足员工成长和自我实现的需要。工作设计如果能让员工在工作中得到更多的收获,不再是一件迫不得已而为之的事情,那么就会吸引更多的员工留在企业。

四、工作设计的方法

工作设计的实质就是对工作范围和工作深度的合理规划。工作范围是指工作承担者完成工作任务的数量和种类。如果工作范围窄,就会导致劳动者经常重复一项或几项工作任务,容易造成工作的单调乏味。工作深度是指工作承担者是否可以自己计划和组织工作,与其他员工进行协调沟通,并调整自己的工作进度的自主权。缺乏深度的工作可能导致员工责任心不强,对工作不满意。为避免工作范围和深度的设计对员工带来不满意感,可采取以下方法:

1. 工作专业化

工作专业化是指企业通过动作和时间研究，将工作分解细化为若干单一化、标准化和规范化的操作内容与操作程序，然后把分解了的工作作为一个整体分配给员工的岗位设计方法，并对员工进行培训和适当激励，以达到提高生产效率的目的。这一工作设计方法可以去除不必要的操作动作和步骤，使工作趋于标准化和规范化，从而避免不必要的人力浪费。比如，客房服务员铺床，怎样包床、铺床单，怎样套被子、套枕头，由床头至床尾走几步、怎样走法，每一步骤需要几秒钟，整个过程需要几分钟，工作完成后的验收标准，都有一个规定，这样就把铺床这一工作分解细化成若干操作单元，去掉了多余的动作，就可以提高工作效率。

工作专业化设计方法的核心是充分体现效率的要求。它的特点是：

第一，由于将工作分解为许多简单的高度专业化的操作单元，因此可以最大限度地提高员工的操作效率。

第二，由于对工作进行了分解，对员工的技术要求变低，因此可以利用廉价劳动力，并可节省培训费用，有利于员工在不同岗位之间的轮换。

第三，由于具有标准化的工序和操作规程，便于管理者对员工工作数量和工作质量进行控制，保证工作任务有质有量地完成，而不考虑员工对这种方法的反应。因此，工作专业化所带来的高效率有可能被员工的不满和厌烦情绪所造成的消极怠工或辞职所抵消。

在实行工作专业化时，应遵从下列5条原则：

(1) 增加工作要求。应该以增加责任和提高难度为出发点来改变工作。员工需要在有限的时间内更有效地完成工作，增加了工作的责任和难度。

(2) 赋予员工更多的责任。在管理者保留最终决策权的条件下，应该让员工拥有对工作更多的支配权。

(3) 赋予员工工作自主权。在一定的限制范围内，应该允许员工自主安排他们的工作进度。

(4) 反馈。将有关工作业绩的报告定期、及时地反馈给员工，而不是只反馈给他们的上司，让员工看到他们的工作成绩。

(5) 培训。应该创造有利的环境来为员工提供学习机会，以满足他们个人提高技能和其他发展的需要。

2. 工作扩大化

工作扩大化是指横向（水平方向）扩展工作内容，即扩大工作范围或增加工作的多样性，使员工有更多的事情可做，增加对工作的兴趣。通常这种新工作与原来的工作在技能上非常相似。增加的工作部分与原来的工作一起变成了一个完整的、有意义的操作过程，可以使员工在心理上得到安慰，增加工作的成就感。同时由于新的工作内容的增加，也要求员工掌握更多的知识和技能，从而唤起员工学习的欲望。一些研究报告表明,工作扩大化的主要好处是增加了员工的工作满意度,提高了工作质量,降低了劳务成本,使生产管理活动更具有灵活性。如负责饭店前台接待的每位员工除了办理入住登记等工作外,还增加了收银工作,使每位客人在一个员工那里就可以办好入住的全部手续,这就是工作扩大化的结果,增加了员工的工作成就感,提高了工作效率。

实施工作扩大化的方法要注意加强对员工的正确引导,使其认识到这一方法将对他们产生的促进作用,否则员工会因为工作任务、工作范围、工作多样性的增加而感到厌烦。要注意对员工进行新的培训和激励,提高其学习新知识、新技能的兴趣和能做更多工作的成就感。工作专业化的目的在于提高工作效率,而工作扩大化的目的在于克服工作专业化过强、工作多样性不足带来的单调感。

3. 工作丰富化

工作丰富化指纵向工作的深化,是工作内容和责任层次上的改变。通过员工们更加完整、更加有责任心的工作,使员工得到工作本身的激励和成就感。工作丰富化与工作扩大化的根本区别在于,后者是扩大工作的范围,而前者是对工作内容和工作方式的深化,意味着工作内容、工作方式的变化。

工作丰富化的理论基础是赫茨伯格的双因素理论。工作丰富化的目的在于充分发挥工作本身对员工的激励作用,增加员工的工作满意度,以实现企业的目标。在实际操作中,要鼓励员工参与对其工作的再设计,员工可以提出对工作进行某种改变的建议,以使他们的工作更让人满意,同时也要说明这些改变是如何更有利于实现整体目标的。运用这一方法,既可吸收每个员工的经验和智慧,使员工的个人价值得到承认和实现,又强调了组织使命的有效完成,从而提高了员工的参与意识和主人翁感,对组织和员工都有益。

工作丰富化的核心是体现工作本身对员工的激励作用,因此,实现工作丰富化可以从以下几个方面做起:

(1) 增加员工责任。员工不仅要完成明确的工作任务,而且对无形的、难以衡量的工作任务也要做好,这样就使工作变得更完整、更有意义。对于饭店餐饮部服务员来说,工作不仅是做好餐饮服务工作,还要热情回答客人与工作无关的问话,关心公共区域的卫生、安全,努力满足客人的需求,使每个来过的客人感到舒心、满意。客人不仅需要功能服务,更需要心理服务、情感化服务。员工的工作责任不仅是完成功能服务,更重要的是做好心理服务,从而赢得客人满意。客人满意,员工就能从工作中得到快乐,觉得工作有意义。因此,增加员工责任可以起到激励员工的作用。同时,增加员工责任意味着降低管理控制程度。

(2) 赋予员工一定的工作自主权和自由度,给员工充分表现自己的机会。员工感到所做的工作依靠他的努力和控制,从而认为工作的成败与其个人职责息息相关时,工作对员工就有了重要的意义。实现这一良好工作心理状态的主要方法是给予员工工作自主权。同时工作自主权的大小也是人们选择职业的一个重要考虑因素。比如,丽嘉酒店集团给基层员工 2 000 美元的支配权用于解决客人的相关问题,这一做法大大提高了员工的工作自主权,增强了员工的自信心和工作责任感,同时改善了宾客关系。

(3)反馈。将有关员工工作绩效的数据及时地反馈给员工。工作绩效是形成工作满足感的重要因素,如果一个员工看不到自己的劳动成果,就很难得到高层次的满足感。反馈可以来自工作本身,也可以来自管理者、同事或顾客等。360 度反馈是了解工作绩效的一个重要途径。例如,导游员了解到自己为旅行社带来的利润以及旅客对自己的满意评价,会激发他对工作的更大热情。

(4)考核。对员工进行考核可以使员工了解自己的工作水平,以便员工改进或加强工作。依据考核结果的报酬与奖励要与员工实现工作目标的程度相一致。

(5)培训。要为员工提供培训等学习的机会,以满足员工提升自我的需要。

(6)成就。通过提高员工的责任心和决策的自主权以及有效的反馈等方法,提高员工工作的成就感。

工作丰富化的工作设计方法与常规性、单一性的工作设计方法相比,虽然要增加一定的培训费用、更高的工资以及完善或扩充工作设施的费用,但提高了员工的工作满意度,加强了工作本身对员工的激励作用,对员工工作效率与工作质量的提高,员工离职率和缺勤率的下降带来了积极的影响。况且企业培训费用的支出本身就是提高人力资源素质的一种不可缺少的投资。

4. 工作轮换

工作轮换是为减轻员工对原工作的厌烦感、扩大员工工作适应能力、满足员工发展需要而采取的一种工作方法。这种方法并不改变工作设计本身,而只是使员工定期从一个工作岗位转到另一个工作岗位。这样就使员工具有更强的适应能力,因而能面对更大的挑战。工作轮换应该在保证旅游企业正常运转的前提下进行。

工作轮换的优点是:第一,能使员工比日复一日地重复同样的工作更能保持对工作的兴趣;第二,使员工了解不同工作岗位的特点和作用,有利于员工更全面地看问题;第三,使员工增加了对自己的最终产品的认识;第四,使员工从原先只能做一项工作的专业人员转变为能做许多工作的多面手。

员工到一个新的工作岗位,往往具有新鲜感,能激发出员工更大的工作热情。旅游企业注重岗位轮换,这对于员工了解其他工作、避免工作责任的相互推诿、实现有效沟通起了重要的作用,对管理人员的培养也发挥了很大的作用。但在实行工作轮换时要注意不要安排相似、重复的工作任务,否则就失去了工作轮换的意义,另外,工作轮换会增加培训的费用,员工在适应新工作期间,工作效率也会下降。

复习与训练

一、主要概念

职位　工作分析　任职资格　工作设计　关键事件法

二、阅读理解

1. 工作分析的作用是什么？
2. 工作分析的具体内容包括哪些方面？
3. 什么是职位分析问卷法？
4. 工作设计需要考虑的因素有哪些？
5. 工作设计的方法有哪些？

三、判断题

1. 工作规范应对任职者的资历、心理、身体条件等作出明确说明。（　　）
2. 观察法的缺点是，对那些以脑力劳动为主要内容的工作来说，效用不大。（　　）
3. 问卷法的缺点是，由于问卷本身不具有强制性，被调查者随意性强，导致问卷的回收率往往低于预期设想。（　　）
4. 工作扩大化增加了员工工作量，引起了员工的不满。（　　）
5. 工作专业化是必要的，工作轮换则没有必要，它降低了工作的专业性。（　　）

四、选择题

单选题

1. 工作分析是企业人力资源管理的（　　）。
   A. 核心　　　B. 基础　　　C. 重点　　　D. 关键
2. 下列分析方法中属于定量分析方法的是（　　）。
   A. 访谈法　　　　　　　B. 工作日志法
   C. 观察法　　　　　　　D. 职位分析问卷法
3. 工作中不能再进一步分解的最小动作单元是（　　）。
   A. 工作要素　　B. 职位　　　C. 任务　　　D. 职务

多选题

4. 工作说明书的基本内容是（　　）。
   A. 工作标识　　　　　　B. 工作概要
   C. 工作职责　　　　　　D. 工作压力

E. 工作环境
5. 工作设计的目的是(　　)。
   A. 提高组织效率
   B. 责任体系与总目标相符
   C. 工作与人相适应
   D. 符合组织的总目标
   E. 提高薪酬水平

五、案例分析

(资料来源：夏兆敢主编《人力资源管理习题集》，上海财经大学出版社，2006.8)

案例：人力资源经理卢娜，刚从某外企跳槽到一家民营企业，发现企业管理有些混乱，员工职责不清，工作流程也不科学。她希望进行工作分析，重新安排组织架构。一听是外企的管理做法，老板马上点头答应，还很配合地作了宣传和动员。

卢娜和工作分析小组的成员积极筹备一番后开始行动。不料，员工的反应和态度出乎意料地不配合。"我们部门可是最忙的部门了，我一个人就要干三个人的活。""我每天都要加班到9点以后才回去，你们可别再给我加工作量了。"

经多方了解后，卢娜才知道，她的前任也做过工作分析，不但做了工作分析，还立即根据分析结果进行了大调整。不但删减了大量的人员和岗位，还对员工的工作量都作了调整，几乎每个人都被分配到更多活。有了前车之鉴，大家忙不迭地夸大自己的工作量，生怕工作分析把自己"分析掉了"。

案例思考题：
1. 员工对卢娜的工作分析不予配合的原因何在？
2. 面对现实，卢娜应当采取什么措施解决问题？

第二篇　旅游企业人力资源管理

　　　　人力资源管理实质上就是要寻找企业人员在数量、结构和质量各方面与企业的需要相互配合。与人事管理相比，人力资源管理更加强调将员工作为一种具有潜能的资源，强调对组织中人员的激励与发展；同时，人力资源管理也不只是将对人员的管理作为企业管理中的一项单一职能，而是更重视有效的人力资源管理对整个组织与运营活动的支持与配合作用。人力资源管理实务包括招聘、绩效考评、薪酬与福利管理、劳动关系管理等重要环节，也是对企业运营支持配合，使企业产生良性循环的重要工作。本篇中阐述的人力资源管理艺术，旨在探讨适应知识经济时代对人力资源管理的新思路。

第四章

旅游企业员工招聘管理

面对全球化的人才竞争以及旅游业人才短缺的现实,旅游企业员工招聘工作变得异常重要。为客人提供高质量的服务是旅游企业在激烈的市场竞争中生存和取胜的法宝,而高质量的服务是与高素质的员工分不开的;同时,招聘工作作为人力资源管理的源头,直接影响着企业人力资源管理其他环节的开展。因此,旅游企业非常重视员工招聘工作,做好员工招聘工作已成为关系企业长远、健康发展的前提和保障。宝洁公司前任首席执行官曾经说过:"在公司内部,我看不到比招聘更重要的事了。"招聘与选择工作即录用的最终目的是将合适的员工放在适当的工作岗位上。

第一节 员工招聘的原则与渠道

员工招聘是一项重要而严肃的工作,也是一个复杂、完整、连续的程序化操作过程,它包括招和聘两个主要环节,同时涉及旅游企业内部招聘政策的制定、招募渠道的选择、求职申请表的设计以及人员甄选方法的选择等环节。

一、招聘的含义

招聘是指企业为了生存和发展的需要,根据人力资源规划和工作分析的要求,结合旅游企业的经营状况,及时、足够多地吸引具备工作资格的个人补充企业空缺职位的过程。员工招聘工作主要由招募、选择、录用和评估等一系列环节构成。

1. 招募

招聘的第一个主要环节是招,即招募,招募就是使潜在的合格人员对旅游企业的特定工作岗位产生兴趣,并应征该职位的过程。招募的主要工作内容包括:招聘计划的制订与审批、招聘信息的发布、接受应聘者的申请等。

2. 选择

招聘的第二个主要环节是聘,即甄选,甄别选拔出最合适的人来担当某一职位,并使之接受这一工作的过程。选择的主要工作内容包括:评价求职者的申请和工作简历、面试、测试、个人材料的审查与调查、体检等。

3. 录用

录用是最终决定雇用应聘者并分配其具体工作的过程。录用的主要工作内容包括:录用决策、通知被录用人、对落选者的回复等。

二、招聘的原则

招聘的工作环节多,需兼顾的面广,是一项科学性与艺术性相结合的工作。为造就优秀的员工队伍,以达到旅游企业理想的经营目标和经济利益,在招聘中一定要严把质量关,必须坚持"公开招收、自愿报名、全面考核、择优录用"的原则。此外,应根据旅游企业工作性质、工作时间及行业的特殊要求来招聘合适的员工。具体来讲,招聘时应遵循以下原则。

1. 开放性原则

在招聘前,人力资源部门应确定招聘的条件、种类、数量、应聘方法等,并通过公开的途径向全社会发布,保持招聘信息、招聘渠道的开放性,以保证有需求的应聘者能充分获取信息。开放性原则也包括在招聘中坚持公开、公平、公正地筛选、考核、评价应聘者,减少招聘工作中的任人唯亲、主观臆断等现象。

2. 择优录用原则

改革使旅游企业人事管理的自主权逐步扩大,员工招聘渠道越来越广泛,企业对应聘者的选择余地增大,为确保所招收员工的质量,必须遵循择优录用的原则,而要招到合格的员工,必须确定具体而又切合饭店实际需要的用人标准。标准过高,会让人望而却步;标准太低,则有可能出现滥竽充数的局面。因此,编制具体的、切合实际的用人标准直接关系到未来员工的素质,必须考虑众多的因素。要根据饭店实际情况,因地、因店、因工种条件制定用人标准。比如饭店招聘员工,既要依照饭店的规模、星级标准、接待对象、工种性质和质量要求的不同情况,还要考虑到饭店内部的部门和具体工作内容、劳动方式和业务能力等要求而分别处理。在制定用人标准的基础上,严格按照标准择优录用。

3. 先调剂后招收的原则

当旅游企业各部门岗位需要增加人员时,应当首先考虑在现有的旅游企业工作人员中调剂解决,调剂提拔解决不了的再进行招聘。这样既可以解决人员短缺问题,同时又可以调动员工的积极性,使旅游企业内部的人员都有一个竞争机会。这种做法对于挖掘旅游企业在职职工的潜力,节约劳动力和旅游企业资金,促进旅游企业发展都有积极作用。

4. 先专业学校，后社会招收原则

旅游企业要求员工专业化、年轻化，所以，招收、录用人员时首先要考虑招收专业院校、职业学校旅游专业的毕业生为最佳。一是他们受过专业训练，熟悉旅游企业业务，能够更快更好地进入旅游企业工作状态。二是他们思想稳定，因为这些学生都是自报学校、自选专业，热爱旅游企业工作、思想安定。据调查，旅游专业学生的稳定率在80%左右，比从其他渠道招收、录用的人员水平高，且素质好。三是他们基础扎实，他们经过二三年的文化、外语、专业理论和业务知识的学习和实习训练，基础比较扎实，进入旅游企业后能够很快适应工作，充分发挥作用。如果他们好学上进，积极参加旅游企业活动，会很快成为旅游企业管理人员的后备力量。

5. 互动性原则

在招聘中，招聘人员应就岗位招聘的条件向应聘者作详细的解释，以避免应聘者理解不清楚而盲目应聘，同时通过双向交流帮助应聘者分析其可以胜任的岗位，避免人才高消费现象。双向交流可以提供给双方更多自己关心的信息，为招聘者找到满意的职位及招聘人员招到合适的人才提供了一个有效的平台。

三、招聘的渠道

员工招聘的第一步是掌握员工的来源渠道，并加以分析比较，以便有效地招聘员工。招聘渠道通常有内部渠道和外部渠道两大类。

（一）内部招聘渠道

内部招聘就是从企业内部或集团公司内部现有的员工中选拔合适的人才来补充空缺或新增的职位，这实际上是组织内部的一种人员调整。在进行人员招聘时，应先对企业内部员工进行调整，尤其在招聘高级职位或重要职位时更应重视内部招聘。

1. 内部招聘具备的条件

通常条件下，在进行人员招聘时一般先考虑内部招聘，但这并不是任何时候都如此，是否考虑内部招聘还要根据企业自身的实际情况和职位的实际需求来决定。一般来说，企业要进行内部招聘应具备以下基本条件：

（1）充足的人力资源储备。一个有着宏伟目标的企业平时一定会注重人才的培养、重视员工的梯队建设，这样企业一旦有需求，就能马上得到补充，从而减少意外情况发生或人才流失给企业带来的损失。旅游企业属于员工流动率较高的企业，储备人才成为旅游企业管理工作的一项重要内容。同时在进行人才储备时一般已对员工的综合素质和能力进行了考察，不仅在人员数量上有足够的准备，在人员质量上也必须达到企业的要求。

（2）完善的选拔机制。公开、公平、公正的内部选拔机制有助于企业选拔出符合实际需要的员工，同时也有助于树立企业积极向上的风气，激发员工的工作积极性。

（3）健全的档案记录。旅游企业人力资源管理部门都备有员工的个人档案，员工档案能帮助企业了解并确定符合某空缺职位要求的人员，它对内部人员晋升来说是非常重要的。

现在，旅游企业人力资源部门可以利用电脑去存储内部员工的信息，建立员工信息栏目，具体包括有关员工的诸如传记性资料、受雇日期、教育、专门化技能、现有职位、绩效评分、所受培训、发展需要、拥有的执照和证书、薪金信息、出勤资料等等。员工信息对填补空缺岗位来说是必不可少的，可以为内部招聘系统服务。健全的档案记录可以在整个组织内发掘合适的候选人，同时档案可以作为人力资源信息系统的一部分。

2. 内部招聘的形式

（1）内部的调动与晋升。调动，如旅游企业组织结构调整、设立新的部门，部分员工可能被调到新的部门工作；或员工对原工作岗位失去兴趣，为了调动他们的工作积极性，可采用调职的方法，重新安排员工到他们感兴趣的工作岗位上去；或发现有些员工出现较为严重的人际关系问题，为了给他们创造新的工作环境，应对这些员工进行调动。

晋升是旅游企业内部招聘管理人员的一个主要途径。得到升迁的员工会认为自己的才干得到组织的承认，因此他的积极性和绩效都会提高，而且因为他熟悉旅游企业的经营状况，具有实践工作经验，能很快适应职位和工作要求。

（2）内部员工推荐。通过旅游企业内部员工推荐他们熟悉而又符合企业招聘要求的人参加应聘。这是因为员工了解企业情况与所需职位人员的要求，他们会推荐适合招聘职位要求的人选前来报考。

这一途径的主要优点是，推荐人对企业较熟悉，对空缺职位的职责、要求等也较了解，并在推荐某人之前，对某人的能力和愿望都作了考虑和了解，因而成功的可能性较大，且能节省部分费用。如招聘专业人才和初级人才，员工推荐比较有效。

从心理学与社会学角度看，旅游企业员工所结交的朋友，其素质层次会同员工的素质水平相同或接近，比较符合旅游企业的招聘要求，因此员工推荐介绍的人员可能成为空缺的理想候选人。维也纳马里奥特宾馆就比较重视通过内部员工介绍新员工这一做法，在它的宾馆工作申请表上，第一栏就是请您回答谁介绍您到宾馆来工作的。

（3）工作告示。一般企业都有自己的宣传媒体，如广播、报刊或杂志、宣传栏、墙报等。工作告示是将企业空缺岗位的性质、职责及其所需要的条件等信息以告示的形式公布在组织中一切可利用的布告栏、内部报刊及内部网站上,尽可能让全体员工都获取信息,并号召有才能、有志向的员工前来应聘的一种招聘形式。对岗位感兴趣的员工可直接去人力资源部门申请,用人部门和人力资源部门经过公正、公开的考核择优录用。这是内部招聘最常用的方法,至少对非管理层是这样。这种途径既为有才能的员工提供成长、发展的机会,又体现了公平竞争的原则。

3. 内部招聘的优势

企业内部招聘能够提高招聘的效率,减少招聘的人力、财力、物力成本,加快了员工对新岗位的适应性。具体来说,内部招聘的优势体现在以下几个方面:

(1) 节省时间和成本。内部招聘可以节省招聘广告费、招聘中介机构的代理费和部分岗前培训费等费用,同时也节省了招聘宣传时间、人员筛选时间和部分培训时间,提高了招聘的效率。

(2) 选择的人员较可靠。由于对内部员工有较为充分的了解,使得选择的人员更加可靠,胜任工作的把握性加大。

(3) 员工对新岗位适应性较好。内部招聘的员工因为对企业内外环境较熟悉,对企业文化具有较高的认同,因此可以减少对企业的某些抵触情绪,能较快融入新的角色,提高了工作的效率,对企业的信任度和忠诚度也较高。

(4) 有利于激励员工。内部招聘给员工以成长和发展的空间,给员工以希望,员工在看得见的奋斗目标指引下,能够更加努力地工作,充分发挥个人的积极性、主动性和创造性,提高工作效率和工作质量。在这种情况下,企业的规章制度和政策就能够很好地被贯彻执行,从而实现企业与员工的共同成长。

4. 内部招聘的不足

内部招聘也有其不足之处,主要表现在以下几个方面:

(1) 易形成墨守成规的习惯。内部招聘因为无新鲜血液的输入,容易形成墨守成规的习惯,不利于创新、不利于发现问题、不利于改革。

(2) 易形成帮派体系。内部招聘因为员工之间有着千丝万缕的联系,容易发展成不正常的关系,形成帮派体系,内耗组织能源,削弱组织效能。

(3) 可能影响团结。内部员工竞争的结果必然有胜有败,未竞聘成功的员工难免有各种情绪反应,影响工作积极性,甚至与其他员工产生矛盾。

(4) 选择空间不大。内部招聘可供选择的人员范围较小,有时不能满足组织的要求。尤其是企业在创业阶段和飞速发展时期,内部招聘往往不能满足组织需要,这就需要借助组织外的劳动力市场和人才交流中心,采取外部招聘的方式获得组织发展所需的人才。

(二) 外部招聘渠道

外部招聘是指从组织外部获得所需的人员。当组织内出现职位空缺而没有合适的内部应聘者,或内部人力不能满足招聘人数,或组织引入新的机器和设备来不及培养内部人员适应新的技术需要时,就需要向组织外部招聘。

外部招聘适用的条件有以下几点:
- 企业出现职位空缺,内部人员数量不足,需要尽快补充。
- 企业获取内部员工不具备的技术、技能等。
- 企业欲打破内部员工形成的惯性思维、惯性工作方式,开拓新局面。
- 积累储备人才,为企业战略服务。
- 和竞争对手竞争市场稀缺人才,增强自身实力。

1. 外部招聘的优势

(1) 外部招聘比内部培养更快捷、高效。内部培养需早做准备,需要企业内部管理的连续性和一致性,过程较长;外部招聘渠道广、挑选余地大,能招聘到大量优秀人才,尤其是一些稀缺的复合型人才,可以省却培养过程,节省培养时间和费用,比内部招聘更快捷、高效。

(2) 外部招聘能为企业带来新的观念、思路和方法。新鲜血液的输入,能为企业带来活力,提供给企业新的观念、思路和方法,有助于拓宽企业视野,有利于企业改革的进行。伴随优秀人才的注入,企业将得到新的技术知识、管理技能、客户群体,这对企业的发展至关重要。

(3) 外部招聘能给内部员工带来压力,激发其工作的积极性。外部优秀人才的进入,无形中加强了竞争,对内部员工形成压力,当员工把这种外部压力转变成内在动力时,其工作积极性就得到了激发,从而使企业保持旺盛的活力。

(4) 外部招聘较少受到现有企业人际关系的影响,相对公平。

2. 外部招聘的不足

外部招聘同样存在不足之处,具体表现在:

(1) 比较内部招聘而言,要花费较大的人力、物力、财力成本。

(2) 新招聘的员工对企业文化的适应需要一个过程,可能出现"文化休克",甚至最终导致离职。

(3) 由于招聘时缺乏足够的了解,新招聘的员工可能不能适应岗位要求,可能影响内部未被选拔上的员工的积极性,挫伤其自信心,也可能引发内外部人才之间的冲突。

(4) 可能使企业无意中成为别有用心的人的"跳板",甚至会泄漏企业的一些商业机密。

3. 外部招聘的主要方法

(1) 广告招聘。广告招聘是通过报纸、杂志、电视、广播等新闻媒体向外界传播招聘信息,以吸引社会大众前来应聘,满足企业人员需求的过程。媒体广告是最广泛适用的招聘方式。不同的广告媒体具有不同的特点。当企业需要大量招聘人才或招聘特殊人才时,会在特定地区的电视或广播电台上发布消息。这种方式有助于宣传企业形象。报纸由于其刊登费用低廉,也常被应用,比较适用于某个特定地区的招聘,短期内需要得到补充的空缺岗位以及候选人数量较大的岗位,对于高流失率的旅游企业比较适用。旅游企业在招聘专业人才时也常在专业报纸杂志上刊登招聘信息。不同媒体各有其优缺点,企业需要根据自己的实际情况加以选择。

(2)人才招聘会。人才招聘会是主办方通过向企业收取一定的中介费,从而为企业提供场地、展位,供企业现场招聘的一种方式。招聘会搭建了求职者和用人单位之间沟通的桥梁,实现了二者的双向沟通和选择。企业参加招聘会时需要了解招聘会的档次、对象、组织者、影响力等信息,以考虑是否适合自己参加。这种招聘方式的优点在于:能够实现企业与应聘者之间面对面的交流,双方能够获取对方更多的信息;缺点在于:招聘时间不能自己做主,需要付出较多的人力、财力和物力。

(3)校园招聘。校园招聘是旅游企业常用的招聘方式之一,而且这种方式由于具有较强的针对性,正越来越受到旅游企业的青睐。专门的旅游院校及职业学校日益成为旅游企业招聘足够数量的高素质人才的广阔市场。各旅游企业为了能吸引更多的优秀毕业生,往往会在第一时间到校宣传,学校也会选择合适的时间举办招聘会,给各旅游企业一个公平竞争的机会。目前各地"大学城"发展较好,大学城的几个学校联合进行招聘的形式较为多见,这为旅游企业招聘所需人才提供了更广阔的舞台,同时也节省了成本。

还有一些企业,由于各种原因,并不直接到校参加招聘会,而是利用校园广播、网络、公告栏或学院推荐等方式进行招聘,有意向的学生可以根据企业所留联系方式向企业投递个人简历,企业对简历进行筛选后联系毕业生到企业进行面试。有些旅游企业为扩大知名度、给学生留下良好印象,往往会赞助学校组织的各类文艺活动、学术活动或设立奖学金,以加强与学校的联系,以便在招聘中获取主动地位。

校园招聘的缺陷在于:受时间限制,一般一年只能招聘一次,当企业急需人才时,这种方法难以满足;另外,由于学生缺乏工作经验,需经一定培训才能发挥较好作用。

(4)网络招聘。利用网络进行招聘正越来越广泛地被企业所采用。这种方式快捷、高效、廉价。互联网不仅是一个在网上发布招聘广告的媒体,而且还是一个具有多种功能的招聘服务系统。通过互联网招聘的途径有:

● 专业招聘网站。专业招聘网站同时为企业和个人服务,提供大量招聘信息,也为他们提供网上招聘管理和个人求职管理服务。

● 网上人才库。网上人才库汇集了大量求职者信息,招聘单位可以通过检索网上求职者简历获取自己需要的人才。

● 企业网站的招聘专栏。很多旅游业求职者习惯从自己有意向的酒店、旅行社网站的招聘专栏上寻找空缺岗位,一旦空缺岗位符合自己的需要,就前去应聘。

企业在自己的网站上制作精美的招聘网页,不仅有助于宣传企业形象,而且从招聘角度来讲,省时省力,尤其适用于企业不需要大规模招聘人才时。

(5) 猎头公司招聘。猎头公司是为企业寻找高级人才的服务机构。猎头公司同时为企业和个人服务,它一方面为企业搜寻紧缺和特殊的高级人才,另一方面为各类高级人才寻找合适的工作。猎头公司往往对企业及其人力资源需求有较详细的了解,对求职者的信息掌握较为全面,因其在供需的匹配上较慎重,因此成功率比较高。但其收费也非常高,一般收费标准为录用后的1~3个月的工资。即使企业最终没有聘用猎头公司提供的候选人,企业也需支付一定的费用。这种招聘方式在旅游企业应用较少。

第二节 员工招聘的程序

根据旅游企业的外部招聘计划,即可进行对外招聘和选择员工的工作。员工招聘程序都有一个规范的模式,一般有这么几个步骤:制订招聘计划、确定招募途径、应聘者填写求职申请表、核查应聘者个人资料、初次面谈、测试、任用面谈、体格检查、审查批准、录用报到等。总体来讲主要是由招募、选拔、录用和评估等程序构成。

一、人员招募

1. 制订与审批招聘计划

招聘计划,是根据人力资源规划和工作分析的具体要求,对招聘的岗位、人员数量、岗位的具体要求、时间限制等因素作出详细的计划。制订招聘计划的目的在于使招聘更趋于理性、便于操作。

一般来说,招聘计划由用人部门制订,人力资源部门汇总并审核,并对人员需求量、费用等项目进行严格复查,签署意见后交上级主管部门领导审批。

2. 发布招聘信息

(1) 招聘信息发布形式。招聘信息往往是以招聘简章的形式出现,招聘简章是根据招聘计划制订的,它比招聘计划更具体,招聘对象的条件要表述清楚,语言简练诚恳,要在突出企业特色的同时,充分显示企业对人才的渴求和吸引力。

(2) 招聘信息发布方式。招聘信息的发布一般是通过报纸、杂志、电视、广播、网络、布告栏和新闻发布会等方式。组织应结合自身的实际情况和岗位特点来确定信息的发布方式。不管采取何种方式,信息的发布一定要及时,它直接影响招聘的效果。

发布招聘信息应注意的问题有：第一，发布信息的范围应尽量广，这样接收到信息和前来应聘的人员就越多，可供企业选择的余地就越大；第二，在允许的条件下，招聘信息应尽早向外界发布，这样有利于缩短招聘时限；第三，为提高招聘的有效性、节省招聘成本，可根据招聘岗位的要求和特点，有针对性地向特定层次的潜在应聘者发布招聘信息。

3. 实施招聘活动

实施招聘活动时要注意选择合适的招聘人员。招聘活动不单单是招聘，也是一次企业形象的推介会，是提高企业知名度、美誉度的一条重要途径。在招聘活动中与应聘者直接打交道的是招聘人员，因此，招聘人员负有通过自身宣传企业形象、展示企业文化的重任，选择素质良好的招聘人员是招聘成功的重要一步。

实施招聘活动要注意确定好招聘时间。从制订招聘计划到最终录用员工需要一定的时间，为保证空缺岗位得到及时填补，应准确估计从应聘者应聘到录用之间的时间间隔，确定合理的招聘时间。

实施招聘活动还要选择合适的招聘地点。这要根据招聘的具体情况而定。若企业刚成立，需要大量人员，可在人才市场或劳动力市场进行招聘，应聘者可立即提出应聘申请，填写招聘单位应聘表，这种方式成本较低。若企业只是需要少量人员，可在企业办公地点进行招聘，这样可以使应聘人员对企业有直观的了解，便于沟通解释。若企业需要招聘高级管理人才，招聘地点则可以更加灵活，甚至可以在酒店、咖啡馆等休闲场所进行。

二、选拔

选拔也称人员甄选，是组织通过一定的技术和手段，对已招募到的应聘者进行鉴别和考察，并根据其个性特点和知识技能水平，预测其工作绩效，确定是否录用；或通过协商，安排其他工作岗位的过程。为了尽可能全面和深入地了解应聘者的知识、能力、个性及特长等个人情况，组织应采取多种方式和手段，以选拔出组织合适的人选。选拔是招聘工作最关键、最重要也是技术性最强的一个阶段，因而其难度也最大。

选拔的过程一般由人力资源部门和用人部门共同完成。现代人力资源管理中，在人员选拔方面，人力资源部门只是起服务、辅助的作用，用人部门则起决定性作用。选拔需经过以下程序：

1. 资格审查与初选

在招聘活动结束后，人力资源部门就要对应聘者的个人资料，如简历、应聘申请表、资格证书等资料汇总并进行资格审查，把符合岗位要求的应聘者名单与个人资料移交到用人部门,由用人部门再进一步审查,选出参加测试人员,这就完成了初选。初选是根据应聘资料对应聘者的初步考察,为避免应聘资料的不完善而造成优秀人才漏网的现象,初选人员应尽量面广量大,以使其有机会参加下一步的选拔。

2. 测试

测试是指通过一定的方法,对应聘人员的个性、能力、职业倾向和个人素质方面等进行考察,并以具体的分数进行量化的过程。这种方法能够较客观和全面地了解应聘者的个人特征,在考虑人与工作的匹配性方面起了较大的作用。

信度与效度是组织决定采用何种方法测试时所依据的两个非常重要的指标。信度又称可靠度,是指测试方法不受随机误差干扰的程度,即相同或类似的测试方法在不同时间、不同地点对同一个人进行测试时其结果的一致程度。效度是指测试结果与未来工作绩效的相关程度。如果一个人在测试中表现良好,在工作中也很出色,或一个人在测试中表现低下,在工作中效率也较低,那么我们就可以说这种测试方法的效度较高。有的旅游企业为使测试结果更具有针对性,还专门请相关咨询公司设计开发一套适合于自身情况的测试软件供招聘使用。

目前常用的测试方法有能力测试、个性测试、心理测试等。这部分内容将在第三节中详细介绍。

3. 面试

经过测试,招聘人员从应聘者个人的知识、能力、性格、职业倾向、个人素质等多方面加以评定和甄选,然后会同用人部门从中选出优良者,进入面试候选人的范围。

面试是由应聘者口头回答面试者的提问,以了解应聘者的心理素质和潜在能力的一种测试方法。面试是招聘选拔的一个重要环节。通过面对面的交流和沟通,双方能够从对方的言语、动作和表情中获得更多的信息,增强感情交流,并加强互信,使双方协调一致的可能性提高。

参加面试的招聘人员应由三部分人员组成:人力资源部门人员、用人部门人员和独立评选人。由不同部门人员参与面试,能够较为客观地评价面试者。

尽管岗位不同,需要面试考察的信息和内容也不相同,但一般来说,面试大致包括了以下内容:

(1)工作动机。为什么要应聘该岗位,对该岗位的了解程度,个人觉得胜任工作的程度。

(2)工作经历。个人从事过的工作及时间段,曾担任的职务,主要职责是什么,待遇如何,离职原因是什么。

(3)教育背景。如接受过何种教育、培训等。

(4)个人特长爱好。有何专长,兴趣爱好等。

(5) 个人优缺点。
(6) 特殊问题。如能否接受加班、出差等。
(7) 个人要求。何时可到岗,班次要求,住房及其他方面的要求。

4. 面试的方法

面试方法按不同方式划分,可分为以下几类,面试考官应根据具体情况选择最合适的方法组织面试。

(1) 按面试的内容结构划分,可分为非结构化面试、结构化面试、半结构化面试和情景面试。

● 非结构化面试,指面试考官事先并不就面试内容做充分准备,面试时随机提问,与应聘者展开交流,就应聘者的回答作进一步的追问,以获得更深入的信息的过程。这种方法没有固定的格式,也没有统一的评分标准,所提问题因人而异,对人的评价也比较主观。它的优点在于灵活,可以对面试者的某些方面作更深入和全面的了解;缺点是由于面试考官主观性、随意性较强,可能影响面试的信度和效度。

● 结构化面试,指面试前做充分准备,预备好各种问题和可能的答案,要求应聘者回答。结构化面试要求所有到场的应聘者回答同样的问题,对面试内容有统一的评分标准,便于分析和比较,但由于是非个性面试,所以一般适用于初次面试。这种方法的优点是由于有充分的准备,所以不会遗漏重要问题,面试结果的评价也较为客观;缺点是不能深度了解应聘者,只能对应聘者作一般了解。

● 半结构化面试,是介于结构化面试与非结构化面试之间的一种面试方法。招聘者一般事前就面试的主要内容拟订大纲,面试时作参照。面试官可以完全按大纲进行,也可以视情况提问大纲以外的内容。这种面试方法较为自由和个性化,又不会遗漏重要问题,是面试时常用的方法。

● 情景面试,是结构化面试的一种特殊形式,它的面试题目主要由一系列假设的情景构成,通过评价应聘者在这些情景的反应情况,对应聘者进行评价。情景面试的问题多来自工作,或是工作所需的某种素质的体现,通过模拟实际工作场景,考察应聘者是否具备工作要求的素质。这种面试方法也常被用到。

(2) 按照面试的过程划分,可分为一次性面试和序列面试。

一次性面试指对应聘者只进行一次面试就作出是否通过的决策。实力不太强的企业往往采取一轮面试的方法。

序列面试指通过一系列面试、步步淘汰的办法选拔合适人才。实力雄厚的企业为选拔优秀和合适的人才往往下大力气,采取几轮面试的方法选拔人才。如上海波特曼丽嘉酒店在选拔新员工时一般采取 6 轮面试的方法。

(3) 按面试的组织方式划分,可分为一对一面试、集体面试、小组面试等方法。

一对一面试,指一个面试考官和一个应聘者单独交流,有问有答的面试方式。

这种方法有利于双方建立亲密的关系,简单易行,比较常用;缺点是容易受到面试考官主观因素的干扰。

集体面试,指多个面试考官对多个应聘者进行面试的方法。这种方法主要用来考察应聘者群体交往能力和人际关系处理能力,也可以节省面试时间。

小组面试,指由几个考官同时对一个应聘者进行面试的方法。面试成员由人力资源部门、用人部门及其他人组成。这种方法既可以多角度地考察应聘者,又可以节省每个部门单独进行面试的时间,对面试结果的评价可以商榷,减少了主观随意性。其不足之处在于较大的阵势容易给应聘者带来压力,影响面试者水平的发挥。

5. 体检与资料核实

体检对于涉外旅游企业来说,是一项重要的内容,按照国家相关规定,体检要特别注意应聘者有无传染性疾病,这属于健康检查范围。除此之外,还可对其进行身体运动能力测试,因为旅游企业体力劳动强度较大,要求员工具有较好的耐力、控制力、坚持力,需要员工具有较高的灵敏度和协调性,这对员工胜任工作很有帮助。

资料核实是指核实应聘者申请材料及个人简历等是否与实际情况相符,以获得应聘者更全面、更可靠的信息。资料核实的内容主要包括应聘者的受教育程度、工作经历、工作业绩、个人品质等方面。目前,社会上假文凭、假学历、假证书并不鲜见,需要招聘者认真核实。工作经历、工作业绩及个人品质等信息可以通过电话、信件、暗访等方式向相关单位咨询,一般由人力资源部门实际操作,也可以委托中介机构进行调查。对应聘者个人资料进行审查,一方面可以直接反映应聘者是否讲诚信,另一方面可以避免弄虚作假的投机分子混进企业,对企业的发展造成不利。

三、录用

经过招募、选拔阶段,对符合条件的应聘者要实施录用。录用程序包括发放录用通知书、试用、正式录用等步骤。

1. 发放录用通知书

在决定录用之后,有些企业常等待一段时间后再发出录用信息,认为太快给出信息往往会让应聘者觉得工作来得太容易而不珍惜这份工作。事实上,是否珍惜目前工作涉及很多因素,如工作是否适合自己、待遇、人际关系状况等,企业没有必要人为地如此安排。既然要招聘人才,还是尽早到岗为好。因此,企业要尽快通过电话、面谈、电子邮件等方式通知应聘者已被录用,并对到职日期及有关细节及时达成协议,然后发放录用通知书。

2. 试用

新员工收到录用通知书后,携带相关证件、材料,按照双方达成的协议准时报到,就已进入试用期。企业会与新员工签订试用合同,以对双方进行约束和保障。

试用合同主要包括以下内容:试用的岗位、期限、报酬与福利、在试用期应接受的培训、工作绩效目标与承担的责任和义务、应享受的权利、员工转正的条件、试用期企业解聘员工的条件与承担的责任和义务、员工辞职的条件和义务、员工试用期被延长的条件等。

试用是对员工的能力与潜能、个性特点、个人品质与心理素质等方面的进一步考核,同时,员工也可对企业的实际情况作进一步了解,以决定去留。

3. 正式录用

新员工经试用期考察合格后即正式录用。人力资源部门要与新员工签订劳动合同,为其建立人事档案。

四、招聘评估

招聘评估是招聘过程的最后一个环节,也是必不可少的一个环节。招聘评估主要是人力资源部门的工作,包括招聘结果成效的评估,如成本与效益评估;录用员工数量与质量的评估;招聘方法的成效评估,如信度与效度评估。

招聘评估有利于节省招聘成本。企业通过成本与效益的核算,能够得知哪些花费产生效益较大,哪些花费产生效益较小,因此可以缩减甚至取消某些花费,从而为以后的招聘积累经验,节省招聘成本。

录用员工数量的评估是直接反映招聘工作有效性的一个重要指标。通过应聘人数与最后录取人员数量的比较与分析以及录用员工的数量对需求的满足程度的分析,找出招聘各环节存在的问题,以改进工作。

录用员工质量的评估是对员工工作绩效、工作潜能、团队协作意识、心理素质等方面的评估,它是检验招聘工作有效性的另一个重要指标。对招聘员工质量进行评估,不仅有利于招聘工作的改进,而且对把握员工现状、对员工进行进一步培训以及绩效评估都有很大的帮助。

信度与效度评估是对招聘所采用方法的正确性与有效性进行的评估。这种评估对于企业招聘各环节选择正确的方法提供了借鉴,有助于提高招聘工作的质量。

第三节 员工招聘的评价方法

面试是旅游企业招聘中最普遍、最常见的评估手段,同时也是争议最多的测试技术。争议焦点主要集中在测试技术中基础指标信度与效度水平上。面试是招聘人员与应聘者近距离的接触交流,因此面试结果会受到双方互动的诸多因素的影响。

一、面试的组织技巧

面试是一项较为复杂的工作,招聘主管人员在正式面试之前,应做好面试的组织和准备工作。面试的组织工作较为繁杂,因此要注意技巧方法的运用,才能起到事半功倍的效果。所以,对于企业来说,做好面试的组织工作无疑对面试结果具有很大的促进作用。

1. 面试前的准备工作

(1) 确定面试考官。确定面试考官时,寻找面试经验丰富、有专业背景的考官是必要的,他们对面试效果负有重大责任。面试考官一般由人力资源部门人员、用人部门人员及其他人共同组成。有责任心、具有较强的沟通能力、熟悉企业情况是对他们的基本要求。

(2) 准备面试材料。面试前要准备的材料主要是面试评价表和面试问题提纲。面试过程是对每位参加面试的应聘者的评价,因此,应根据岗位要求和每位应聘者的实际情况,设计面试评价表和有针对性的面试问题提纲。

(3) 选择合适的面试方法。面试方法有很多种,实践证明在面试中多种方法综合运用效果较好。

(4) 选择合适的面试场所。面试场所的布置及周围环境会对面试结果造成一定的影响。面试场所的布置要使人感到放松、色调柔和、空间明快。面试场所的周边环境不应过分嘈杂,否则会影响面试双方的注意力,使人思路分散,无法专心思考。

2. 面试座位的安排

面试的座位安排有几种不同的方式。面对面的座位比较正式,而肩并肩的座位会创造一种更随意、更合作的气氛。

如果是面对面的面试,中间最好放一张桌子,因为应聘者的膝部暴露在招聘者的视线之内会使他们感到尴尬(参见图4-1)。

图4-1(A):大方桌或长桌比小圆桌更正式。

图4-1(B):与应聘者挨边而坐的面试座位安排,意味着协作。围着一张大圆桌面试可创造一种随和的氛围。

图4-1(C):让应聘者隔着长方形桌子与面试小组相对比较严肃,这种面试座位安排比较正式。

图4-1(D):安排在办公室面试也属于非正式面试,这让应聘者感觉放松。对内部应聘者一般采取这种安排。

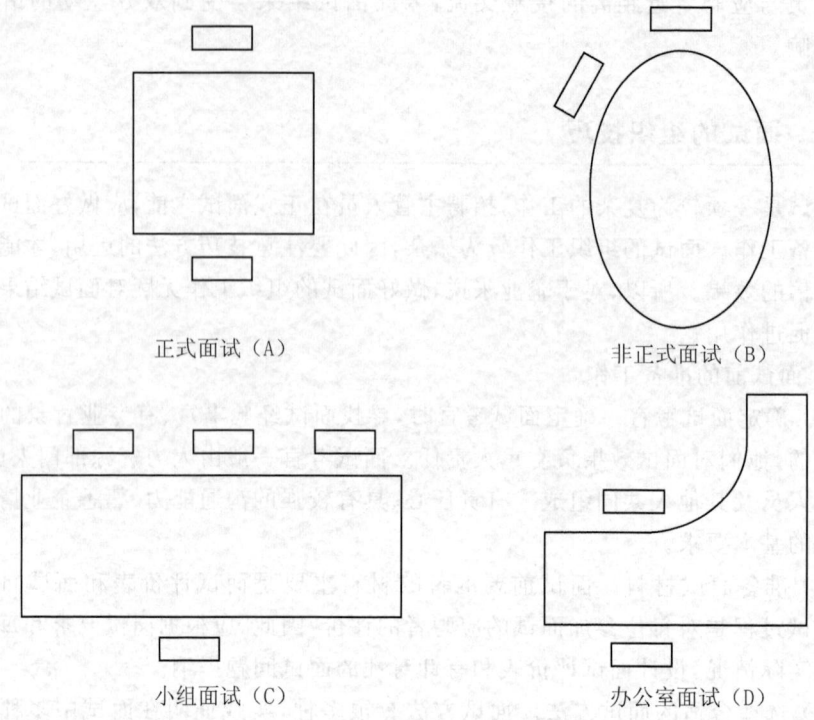

图 4-1 面试的座位安排

3. 良好气氛的保证

为了使应聘者能在最短时间内调整心理,缓和紧张情绪,招聘主管人员应将应聘者亲自接引进来,首先同应聘者握手表示友好热情的欢迎,并称呼对方姓名。主考人应避免严肃地端坐在自己的办公桌前,阅读着应聘者的资料,而由秘书引领应聘人来晋见,这虽然使主考官显得很有威严,但破坏了面试气氛,会造成应聘者紧张的心理。然后,招聘人进行自我介绍,并开始随意就一些小问题进行交谈。花几分钟问一些类似交通、家庭简况来开始面试可极大地缓解应聘人的紧张情绪,切忌采用"单刀直入"式的提问。为了保证面试的良好气氛,作为招聘人不应有匆忙、焦急和不耐烦的表情,并且不要以高人一等的姿态同申请者讲话或给予忠告,不要显示权威或进行说教,更不要同应聘人争论,因为招聘人的态度和说话的语气、腔调都会对应聘人产生影响。

二、面试的提问技巧

面试过程主要依靠面试考官的面试技巧来有效地控制面试的实际操作。因此,面试考官的面试提问技巧非常重要。

1. 如何提问

面试提问应围绕应聘者的实际情况进行,以此考察应聘者的兴趣、应聘动机、工作经历、发展方向,从中大致分析出应聘者是否适合该岗位。在提问中要注意应聘者对"为什么"的回答。如"为什么要应聘这份工作,为什么要舍弃以前薪水挺高的工作"等,应聘者对此类问题的回答,能够显示其应聘工作的真实意图,面试考官可据此判断企业能否满足其要求,判断应聘者若被录用会不会很快离职等问题。对于应聘者在回答问题时是否说谎,可通过其神态、说话速度、是否出现口吃等现象加以观察。一般来说,应聘者说谎的几率很小,但会回避某些问题,因此,面试考官也需要注意应聘者的说话语气、神情和回答内容,对其进行启发。多进行开放式提问,给应聘者足够的谈话空间,避免仅得到"是"与"否"的简单答复。

2. 提问技巧的把握

正确地把握提问技巧,不仅可以有针对性地了解应聘人某一方面的情况或素质,而且对于驾驭面试进程,形成良好的面试心理气氛,都有着重要影响。

通常,应聘者求职材料上写的都是一些结果,描述自己做过什么,成绩怎样,比较简单和宽泛,而面试考官更需要了解应聘者是如何取得这些业绩的。面试中使用STAR式提问,可以较深入地了解应聘者的知识、经验、技能的掌握程度,以及工作风格、个性特点等信息。STAR是背景(Situation)、任务(Task)、行动(Action)和结果(Result)四个单词的首位字母组合。

(1) 背景。面试考官需要了解应聘者的业绩是在一个什么背景下取得的,通过对这个问题的深入提问,可以判断应聘者取得的业绩有多少是与应聘者个人因素有关,多少是和环境因素有关。

(2) 任务。面试考官要弄清楚应聘者为取得所述业绩,都完成了哪些工作任务,每项任务具体内容是什么,从而弄清楚应聘者取得了多少与所聘工作相关的经验,并判断其是否能胜任所聘工作。

(3) 行动。面试考官需要弄清楚应聘者为完成工作任务都采取的哪些行动,这些行动是怎样帮助他完成工作的,从而了解应聘者的工作方式、思维方式和行为方式。

(4) 结果。面试考官需要知道应聘者采取行动后的结果是什么,并分析造成这种结果的原因。

通过以上问题的提问,可以把应聘者的陈述转向深入,从而全面了解应聘者的工作能力、工作潜能、个性特质,为企业选拔人才提供充分的依据。STAR式面试方式是企业面试的技巧之一,不仅有利于企业招聘到合适的人才,而且也为应聘者提供了一个多层面、多角度展示自我的平台。

一般在面试考官正式提问后,应给应聘者留出时间问些问题,并自由发表一些评论。

面试的结束应采取轻松的方式。其目的是：一是使应聘者感觉受到重视和尊敬，这可以引起应聘者对企业的好感，提升企业的形象；二是正式面试结束后的轻松谈话可真实反映出应聘者的个性和某些特点。

3. 面试中常见错误分析

面试过程中，为保证对应聘者作出公正、全面的评价，面试主持人应防止出现一些带有倾向性的偏向。面试中常见的错误倾向如下：

(1) 面试时间控制不好。有些较大型企业在招聘时，由于岗位待遇颇诱惑人，或门槛较低，因而应聘者云集，而面试考官时间不多，因此分配给每位应聘者的时间非常有限，以至于不能对应聘者作出客观判断。

(2) 面试考官说得太多。面试的过程是面试考官对应聘者进行了解、判断的过程。但有些面试官不善于倾听，也没有掌握倾听的技巧和艺术，在面试时滔滔不绝，不容应聘者有开口的机会，这样就不能从应聘者那里获得足够多的需要了解的内容，这是和面试的目的背道而驰的。面试中，应该有 80% 的时间是听应聘者讲话，而只有 20% 的时间是面试考官讲话。

(3) 忽视身体语言。面试过程中，双方信息交流的方式不仅限于语言，也包括姿态和行为。如果对方一连串的表情、姿势与他语言表达的内容一致、协调，那么就可以充分相信对方的陈述，否则就需要对应聘者表达的内容仔细进行判断。有些面试考官一边在与应聘者谈话，一边却在对部下批示或布置工作，或者接电话，面试过程经常被打断，使应聘者感到不受重视而愤懑、恼火。

(4) 晕轮效应与首因效应。晕轮效应是指人们常从对方所具有的某个特征而泛化到其他一系列的特征上，也就是从知觉到的信息推及未知觉到的特征，从局部的信息形成一个完整的印象，从而对人产生以偏概全的看法。

首因效应是指初次见面形成的第一印象会产生一种心理倾向，影响人的进一步知觉。人与人见面约 5 分钟后就会产生第一印象，面试考官应尽量克服晕轮效应和首因效应的影响，以对应聘者形成正确的认识。

(5) 刻板印象。刻板印象是指社会上一部分人对某类事物、人物所持的共同的、固定的、概括的、笼统的看法和印象，就像刻在木板上一样难以改变。比如，看到女孩子抽烟，就认为其品质有问题，见到男孩穿衣花哨就认为他是个小混混。这种刻板印象往往会影响面试考官客观、准确地评价应聘者。

(6) 与我相似。与我相似是指当听到应聘者某种背景和自己相似时，就会对他产生好感和同情的一种心理活动。这种心理倾向也会影响面试考官对应聘者真实情况的判断。

(7) "光环(Halo)"效应和"触角(Horn)"效应。光环效应是指由于面试考官喜欢或受应聘人的吸引，从而对他们持肯定态度。结果使得面试考官"爱屋及乌"，对应聘人回答的问题采取很宽容的态度，而不是客观评价答案本身的内容。

触角效应与光环效应相反,面试考官会从应聘者所说的话中挑刺。如果有多个面试官参加面试(如面试小组形式),则这种个人好恶偏见的影响可以消除。

三、招聘测验的方法

测验是一种间接的测量手段,在挑选和安排员工的过程中能起到一定的辅助作用。由于知识水平可通过应聘者的学历证书、各种技术证书等得到证实,所以企业较少对他们进行知识方面的测试,而对应聘者的能力与心理的测试又是非常重要的一个环节。因此,测验目的是考察应聘者的知识水平和工作能力,以及与工作能力相关的心理因素。

1. 能力测试

能力是个人顺利完成某种活动所必备的心理特征,它直接影响一个人的活动效率。能力测试可分为普通能力测试、专业能力测试和能力倾向测试。

普通能力测试即一般能力测试,主要考核应聘者的思维能力、想象能力、记忆能力、语言能力、推理能力、判断能力、协调能力等。一般通过词汇、相似、相反、算术计算和推理等类型的问题进行评价。

专业能力测试是根据岗位要求设计测试内容,由应聘者进行实际操作,由考核者进行评价的过程。如饭店招聘一名厨师,就会组织以厨师长为主要考核成员的考核小组对应聘者进行实际操作的考评。

能力倾向测试是测定应聘者从事某种特殊工作所具备的潜力即能力的一种心理测试。人才选拔中的能力倾向测试主要包括语言理解能力、数字敏感度、逻辑思维能力、空间想象力和综合分析能力等。常用的方法有明尼苏达操作速度测试、克劳福德小零件灵巧性测试等。它既可以反映一个人不易受环境影响的能力特点,又可以反映一个人的现有水平,并对其未来作出预测。

2. 心理测试

心理测试是指运用心理学的相关理论和方法,来测试应聘者的智力水平、情商和个性特征的一种测试方法。

(1) 智力测试。即我们常说的智商测试(IQ),它是对人的一般认知功能的测量。智力测试一般包括知觉、空间意志、数学能力、记忆力和语言能力等,要求被测试者通过分析、排列、推理、比较、归纳、判断、联想等技能来解答测试题目。

(2) 情商测试。即情绪智力测试(EQ),跟智商测试相对,主要考核应聘者认识自身情绪的能力、控制自身情绪的能力、自我激励的能力、认知他人情绪的能力以及人际交往的能力。对于旅游行业员工来说,具备较高的情商对做好工作是非常重要的。

(3) 性格测试。性格是个性的核心,它是指一个人对于客观现实的稳定态度以及与之相适应的、习惯化了的行为方式。对性格的测试能较好地反映一个人的个性。通过了解应聘者的性格、情绪、态度等方面的特征来判断应聘者的性格特征是否符合工作要求、是否与工作相匹配。性格测试常用的方法主要有自陈式量表法和投射式量表法。

● 自陈式量表法。它的依据是假设个人对自己最了解,因此可通过被测试者完成的问卷调查以及真实回答有关个人行为、态度等方面的问题来对应聘者的性格进行判断。卡特尔16种个性特征测试是被常用的问卷测试方法。该测试由187个问题组成,最后可得出个人的个性特征剖面图,还可进一步分析个人的心理健康、专业能力、创造力和成长能力等情况。

● 投射式量表法。它依据于:人们对外界的刺激反应是有原因的,并非偶然的,而且人们的反应主要取决于人们各自的性格特征。根据应聘者对刺激物的反应来推测应聘者的内心真实想法和性格特征。常用的方法是罗夏赫墨测试(Rorschach Inkblot Method,RIM)、主题统觉测试(Thematic Apperception,TA)等。

(4) 职业兴趣测试。即对应聘者的个人兴趣、爱好进行测试,将被测试者的兴趣与不同职业从业者的兴趣进行比较,进而确定其适合的职业领域。职业兴趣测验的目的是发现应聘者的兴趣所在,是否适合应聘的工作,主要用于员工甄选和员工职业生涯两个领域。实践证明,越是热爱的工作,越有可能做得出色。如果一个人对某种职业根本不感兴趣,而是由于其他原因来应聘,那么其成功的希望就十分渺茫。常用的职业兴趣测验是霍兰德(John Holland)的职业兴趣测验(SDS)和爱德华的个人偏好测量表(Edward's Personal Preference Schedule,EPPS)。

(5) 心理健康测试。在今天社会竞争日益加剧的条件下,人们感受到的紧张与压力越来越大,心理健康问题也日益受到人们的重视,因为它直接关系到工作的成效。诊断心理健康的工具和方法很多,企业可以根据自己的实际情况和职位的需要合理进行选择。

3. 情景模拟测试

情景模拟测试又称评价中心测试,即根据应聘者可能担当的职位,创设一个模拟的管理系统或工作场景,将应聘者安排在模拟的、逼真的工作环境中,要求应聘者处理可能出现的各种问题,对应聘者采用多种评价技术和手段,测试其在处理问题时表现出的心理素质、实际工作能力和潜在能力。

情景模拟测试主要是针对应聘者的明显的行为、实际的操作以及工作效率,可使用多种方法进行测试,重点测试应聘者的领导能力、交际能力、沟通能力、合作能力、理解能力、解决问题能力、创造能力、决策能力等书面测试中不易准确测试到的能力。这种测试方法准确度高,但设计复杂、耗费较大,因此只有在招聘高层管理人员时才使用。

第四节　员工招聘实务操作

旅游企业人力资源部为做好招聘工作,为了对应聘者的知识、能力、个性等因素进行评价,判断其是否能胜任工作岗位,应该事前设计好招聘广告以及供甄选用的规范表格,包括求职申请表、面试评分表、录用通知书、辞谢通知书等。

一、招聘广告的写法和范例

企业外部招聘主要采取广告的形式,一般利用广播电视、报纸、杂志、互联网等宣传媒介发布招聘信息。选择哪种或哪些宣传媒介,要考虑企业的招聘预算、招聘的职业类型以及潜在应聘者的地域等因素。

1. 招聘广告的基本要素
(1) 用人单位的法定名称全称或者简称。
(2) 营业执照或其他法人证明材料核准的详细地址。
(3) 工作性质和特点的招聘岗位名称。
(4) 所需人数以及招聘条件。
(5) 薪资与待遇(有些企业出于保密原则,不对外公开,实行面议)。
(6) 报名的时间、地点、方式及所需的资料。
(7) 其他有关注意事项。
2. 招聘广告要注意的问题
(1) 题目新颖,具有吸引力,力争引起求职者的兴趣。
(2) 要遵循实事求是的原则,对所招聘岗位的各项内容,均应如实写出,既不夸大也不缩小。
(3) 各项内容,可标项分条列出,使之醒目,也可用不同的字体列出以求区别。
(4) 语言要简练得体、庄重严肃又礼貌热情。
(5) 内容要符合《中华人民共和国广告法》、《中华人民共和国劳动法》等法律的规定。
3. 范例
以下是一则网上招聘广告:

上海世茂国际广场有限责任公司世茂皇家艾美酒店分公司招聘信息

　　欢迎加入上海炙手可热的上海世茂皇家艾美酒店。一个拥有别致的欧洲风情的全新五星级豪华酒店落户于素有东方巴黎之称的上海,已于2006年隆重开业。上海世茂皇家艾美酒店坐落于繁华的南京东路,是一座地标性建筑,并为浦西最高的酒店之一。这座极为现代并奢华的酒店独有770间豪华客房及套房和众多令人心动的餐饮设施。现诚邀广大积极热诚的酒店业精英及所有立志于酒店业的同仁们加入我们的团队,共同打造我们自己的未来。

有意者可将个人简历及照片寄至上海世茂皇家艾美酒店人力资源部办公室。上海市南京东路789号　人力资源部　邮编:200001

来函应聘者请务必在信封左下角注明应聘职位,未获面试通知及暂不录用者的简历概不退还,将保存于酒店的人才资料库中,以备后用。凡本酒店任何招聘活动皆不收取押金。

公司网站：http://www.starwoodhotels.com

地　址：上海市南京东路789号　邮政编码:200001

联系人：人力资源部

电子邮箱：hr.shanghai@lemeridien.com

表4-1　招聘信息

招聘职位	工作地点	招聘人数	学历要求	更新日期
人力资源部协调员（Human Resources Coordinator）	上海市	1	本科	2008-5-18
预订部经理（Reservation Manager）	上海市	1	本科	2008-5-17
在线分销协调员（Online Distribution Coordinator）	上海市	1	本科	2008-5-17

（点击招聘职位中的人力资源协调员可出现以下内容）

人力资源部协调员（Human Resources Coordinator）

工作地点：上海市

学历要求：本科

职位来源：前程无忧

职位月薪：面议

工作经验：1年

该职位已申请人数：1人

更新日期：2008-5-18

发布日期：2008-5-14

职位职责：学士学位以上学历；中英文听说读写流利；电脑技能熟练；有文秘行政工作经验者优先；能承受较强的工作压力；拥有良好个性、协调能力、善于团队协作。

二、工作申请表格的设计

一般而言,面试环节中申请表的重要性被视为仅次于面试,但申请表的潜在影响力却远超过面试,因为它是筛选求职者的第一个关卡。精心设计的工作申请表可以让这一工具为招聘工作的有效实施发挥更大作用。

工作申请表一般由组织设计,由工作申请人填写,并由组织的人力资源部门保存,它可以在组织出现职位空缺时用来选择员工。一张填好的申请表应该有三个作用:一是确定申请人是否符合工作所需的最低资格要求;二是帮助招聘者判断求职者是否具有某些与工作有关的属性;三是为招聘者进行面试提供重要的参考信息。

工作申请表没有统一的格式,典型的工作申请表除了记录工作申请人的姓名、地址、联系电话等基本信息以外,还罗列了一系列问题来了解申请人的个人特征与空缺岗位相互配合的情况,包括年龄、性别、身体特征、婚姻状况、教育情况、训练背景等,有些问题是开放式的,以给应聘者更大的空间。

以下是常见的工作申请表格式。表4-2内容较多,常用于外部人员招聘;表4-3较简单,常用于内部人员招聘。

表4-2 应聘报名申请表

应聘报名申请表

1. 姓名＿＿＿＿ 2. 性别＿＿＿＿ 3. 出生年月＿＿＿＿
4. 籍贯＿＿＿＿ 5. 民族＿＿＿＿ 6. 婚姻状况＿＿＿＿
7. 学历和专业＿＿＿＿＿＿＿＿＿＿＿＿＿＿＿＿＿＿＿＿＿＿＿＿＿＿
8. 现工作单位及地址＿＿＿＿＿＿＿＿＿＿＿＿＿＿＿＿＿＿＿＿＿＿
9. 职业与职务＿＿＿＿＿＿＿＿＿＿＿＿＿＿＿＿＿＿＿＿＿＿＿＿＿
10. 家庭住址＿＿＿＿＿＿＿＿＿＿＿＿＿＿＿＿＿＿＿＿＿＿＿＿＿
11. 联系电话＿＿＿＿＿＿＿＿＿＿
12. 个人简历(如需要,可附页)
＿＿＿＿＿＿＿＿＿＿＿＿＿＿＿＿＿＿＿＿＿＿＿＿＿＿＿＿＿＿＿＿
＿＿＿＿＿＿＿＿＿＿＿＿＿＿＿＿＿＿＿＿＿＿＿＿＿＿＿＿＿＿＿＿
＿＿＿＿＿＿＿＿＿＿＿＿＿＿＿＿＿＿＿＿＿＿＿＿＿＿＿＿＿＿＿＿

13. 接受培训状况
＿＿＿＿＿＿＿＿＿＿＿＿＿＿＿＿＿＿＿＿＿＿＿＿＿＿＿＿＿＿＿＿
＿＿＿＿＿＿＿＿＿＿＿＿＿＿＿＿＿＿＿＿＿＿＿＿＿＿＿＿＿＿＿＿

14. 主要社会关系
＿＿＿＿＿＿＿＿＿＿＿＿＿＿＿＿＿＿＿＿＿＿＿＿＿＿＿＿＿＿＿＿
＿＿＿＿＿＿＿＿＿＿＿＿＿＿＿＿＿＿＿＿＿＿＿＿＿＿＿＿＿＿＿＿

续　表

15. 身体状况
(1) 身高_____cm (2) 体重_____kg (3) 血型_____
(4) 健康状况：很好/较好/一般/较差 (5) 病史_____

16. 经济状况
(1) 月收入_____(2) 期望收入_____

17. 主要工作成就和曾经获得的奖励情况
_____
_____
_____

18. 外语掌握情况
_____
_____
_____

19. 本人性格特点
_____
_____
_____

20. 业余爱好和兴趣
_____
_____
_____

21. 请简述你对公司和应聘职位的认识和理解
_____
_____
_____

22. 请写出上述应聘职位外其他可以适应的工作
_____
_____
_____

23. 相关工作经历
_____
_____
_____

24. 为什么愿意到本公司工作
_____

续 表

25. 其他需要说明的情况

表4-3 求职申请表

申请职位:
你从哪里了解到这一职位空缺的

姓名:	部门:
职称:	科室:

进入公司后的工作经历(请从当前职位写起):

部门	开始时间	结束时间	工作名称与描述	薪水

公司培训

课程	开始时间	结束时间	参加考试科目	考试成绩

业余爱好(请描述一下你在业余生活中都做些什么)

进取心(请在这一栏目中告诉我们你为什么要获得这一工作)

三、面试用表格的设计

1. 结构化面试问题构成表（范例）

表 4-4　结构化面试问题设计

姓名_____　　　申请部门_____
申请职位_____
1. 工作兴趣
   你认为这一职位涉及哪些方面的工作？
   你为什么想做这份工作？
   你为什么认为你能胜任这方面的工作？
   你对待遇有什么要求？
   你怎么知道我们公司的？
2. 目前的工作状况
   如果可能，你什么时候可以到我们公司上班？
   你现在在什么工作单位？担任何种工作职务？
3. 工作经历
   简述你就业以来的工作经历，主要指工作内容和职务。
   你工作的最大收获是什么？
   哪些工作给你成就感？为什么？
   你的工作特长是什么？你认为自己最能胜任哪些方面的工作？
   你最初的薪水是多少？现在的薪水是多少？
   简述你先后辞职的原因。
4. 教育背景
   你认为你所受的哪些教育或培训将帮助你胜任你申请的工作？
   对你受过的所有正规教育进行说明。
   你觉得自己还需要哪些方面的培训？
5. 工作以外的活动（业余活动）
   工作以外你喜欢什么活动？有何收获？
6. 个人问题
   你愿意出差吗？
   你最大限度的出差时间可以保证多少？
   你对加班怎么看？
   休息时间不固定你能接受吗？
7. 自我评估
   你认为你最大的优点是什么？
   你认为你最大的缺点是什么？
8. 其他问题
   你理想的薪水是多少？
   你对申请的职位的最大兴趣是什么？
   你对我们公司的印象怎样？包括规模、特点、竞争地位等。
   你最看重我们公司的哪些方面？
   你与你的上下级及同事的关系怎么样？
   你认为你有哪些有利的条件来胜任将来的职位？
   你更喜欢独自工作还是协作工作？
   介绍一下你的家庭情况。

2. 面试评分记录表

表 4-5　面试评分记录表

姓　名			应聘职位			
用表提要		请主持面谈的人员在适当之格内画"/"，无法判断时，请免画"/"				
评价项目		评　分				
		5	4	3	2	1
仪容仪表		极佳	佳	平平	略差	极差
态度礼貌		极佳	佳	平平	略差	极差
体格、健康状况		极佳	佳	普通	稍差	极差
领悟、反应能力		特强	优秀	平平	稍慢	极劣
对应聘岗位及有关事项之了解		充分了解	很了解	尚了解	部分了解	极少了解
所具经历与公司的配合程度		极配合	配合	尚配合	未尽配合	未能配合
前来本公司服务的意志		极坚定	坚定	普通	犹疑	极低
社会交际能力		极强	优秀	普通	稍差	极差
外语能力		极佳	佳	一般	稍差	极差
总评	拟予试用					
	列入考虑			面谈人		
	拟再复试					
	不予考虑			日期		

填表日期：

3. 面试评价记录表

表 4-6 面试评价记录表

姓　　名		应聘部门		应聘岗位	
初试评价记录					
评价项目	评　价　记　录			说　　明	
教育背景	佳	较好	一般	较差	
专业相关性	对口	较对口	相关	无关	
业务能力	很强	较强	一般	较差	
工作经历	吻合	较吻合	相关	无关	
学习能力	很强	较强	一般	较差	
形象谈吐	佳	较好	一般	较差	
英语水平	六级＋	六级	四级	四级一	
理解能力	很强	较强	一般	较差	
反应能力	敏锐	灵活	正常	迟钝	
承受能力	很强	较强	一般	较差	
领导潜力	很强	较强	一般	较差	
合作性	很强	较强	一般	较差	
价值观	吻合	较吻合	认同	抵触	
总体评价					
建议复试考察内容	主考官签名				
初试结论	□ 可以试用　　□ 可以复试　　□ 可以考虑　　□ 不予考虑				
复试评价记录					
评价意见	主考官签名				
复试结论	□ 建议录用,岗位_____　　□ 可以试用　　□ 不予考虑				

4. 录用通知书（范例）

_____先生/小姐：

您应聘本公司_____职，经考试及面试合格，恭喜您成为本公司的一员，请您于_____年_____月_____日_____时携带以下证件及物品准时到本公司报到。

- 身份证
- 毕业证书
- 学位证书
- 职称资格证书
- 暂住证
- 体检表
- 二寸半身照片_____张

依国家及本公司相关规定，新进员工试用期为_____个月，试用合格后转为正式员工。

祝您在本公司工作愉快！

×× 公司人力资源部（盖章）
年 月 日

5. 辞谢通知书（范例）

_____先生/女士：

值本旅行社招聘职工之际，很感谢您的应聘。

您的学识、修养和气质给我们留下了深刻的印象，但限于人数有限，此次我们只能割爱。您的资料已列入我们的人才储备档案，期待有机会我们共谋发展。

非常感谢您对我社的信任！

×× 旅行社人事部（盖章）
年 月 日

复习与训练

一、主要概念
招聘　结构化面试　STAR 式提问　心理测试　晕轮效应

二、阅读理解
1. 员工招聘的原则是什么？
2. 内部招聘有何优势和不足？
3. 外部招聘的方法有哪些？
4. 招聘过程中如何运用好心理测试？
5. 求职申请表由哪些要素组成？

三、判断题
1. 内部招聘强于外部招聘。（　　）
2. 对于不予录用的应聘者，企业不必写辞谢通知书。（　　）
3. 人力资源部门与新员工签订劳动合同为其建立人事档案是在员工试用期。（　　）
4. 信度与效度评估是对招聘所采用方法的正确性与有效性进行的评估。（　　）
5. 校园招聘是旅游企业常用的招聘方法之一，这种方法具有较强的针对性。（　　）

四、选择题
单选题
1. 企业招聘员工常用的方法是（　　）。
   A. 笔试　　　　B. 面试　　　　C. 背景调查　　　　D. 情景模拟
2. 招聘工作的起点是（　　）。
   A. 发布招聘信息　　　　　　　B. 制定招聘计划
   C. 确定职位空缺　　　　　　　D. 实施招聘活动
3. 招聘活动要依据的人力资源职能是（　　）。
   A. 薪酬管理　　B. 工作分析　　C. 员工关系管理　　D. 绩效管理

多选题
4. 企业要招聘高层管理人员，适宜选用的招聘渠道有（　　）。
   A. 发布广告　　B. 猎头公司　　C. 学校招聘　　　　D. 职业介绍所
   E. 网上人才库

5. 面试常见错误有（　　）。
 A. 刻板效应　　　　　　　　B. 面试考官说得太多
 C. 缺少语言艺术　　　　　　D. 首因效应
 E. 面试时间控制不好

五、案例分析

（资料来源：中国酒店招聘网——http://www.hoteljob.cn）

案例：杭州开元名都大酒店的招聘

　　酒店在招聘人才时，为了避免录取不适合的应聘者，一般都会在聘用前进行测试。若招聘失误，让不适合的人进入酒店，他不但无法展示自己的价值，还会影响酒店整体的员工绩效，直接或间接地破坏酒店的对外形象。因此，有效地挑选人才，已成为酒店管理者的一个重要课题。

　　根据所招聘岗位的特点，在面试中可以有选择地应用一些科学的测评工具，如心理测试、气质和性格测评、案例分析、情景模拟、团队讨论等。这些测评得到的结果不能作为最后录用与否的绝对依据，但可作为录用决策的参考信息。杭州开元名都大酒店举行的数场别开生面的招聘会显示了其独具匠心的创新招聘策略。通过这些创新的评量式、游戏式的招聘方式，吸引了更多优秀人才的参与，让应聘人员感受到了招聘酒店浓郁、深厚的企业文化底蕴。

　　一、让招聘成为互动性的活动

　　互动性会使求职者和招聘者之间的直接沟通机会大大增加。可以让应聘者参加一个简单的测验，以确定他们是否了解该职位或拥有从事该职位所需的技能。

　　以下是开元名都大酒店在招聘销售人员时的实地活动：数十名应聘者排成一排，让每人拿出1~20元的任意零钱，拿在手上，在接下来的3分钟（视人数多少，一般50人），见人就换（用强劲的背景音乐如《命运》等），在音乐停止时请应聘者坐下来。招聘人员提问：请问有多少人赚了？赚了多少？有多少人赔了？赔了多少？

　　在这个活动中，需要阐明的是：你有什么样的想法就会有什么样的结果。因为在这个活动中一定会有人赚到了钱，也一定会有人亏钱。体验是：因为大家在参与之前一般不会多想，完全是凭潜意识在做游戏，从中可以看出应聘者对人生的心态各异。这不仅仅是让其对赚钱观念的体验，还可以悟到建立人际关系、组织协调、激励队员等等。

　　二、模拟管理与创新策划

　　应聘者均有机会以一个公关部经理的身份来运作一家豪华五星级酒店的开业策划，要设计一套崭新的营销策略，来吸引众人眼球。许多精彩的创新思路脱颖而出，有多名优秀选手通过该活动最终加入了"开元名都"，走向公关部管理人员的岗位。这就是"开元名都"的策略竞赛，主要考察各应聘人员对酒店运作、战略制订与实施、市场开拓和培育、服务创新及市场变化的综合分析和随机应变能力。这些虚拟的策划活动不但为应聘者提供了全方位运作一家酒店营销的经历，也为招聘经理提供了一个发现和招募优秀人才的渠道。

三、环境和氛围的营造

应聘人员面试时，"开元名都"的招聘人员都与应聘者握手、微笑，这可以帮助应聘者放松心情，让其在面试中充分发挥。毕竟酒店大多数岗位都与"现场表现"无关，也并不要求所有的员工都在陌生人面前表现自如。接下来，对应聘职位的介绍和对招聘目的的重申，可以在选择应聘者的同时，帮助应聘者判断这家酒店是否适合自己的发展。

在面试房间的布置方面，要尽可能地营造出一种平等、融洽的氛围。例如，用圆桌代替方桌；在位置的安排上，与应聘者保持一定的角度，而不是面对面等，这样都可以减少应聘者的压力。

同时，"开元名都"的招聘方针是让应聘者也参与到面试工作中来，招聘方的工作方式和态度，对应聘者作出是否加入酒店的决定产生了重大的影响。

四、建立必要的人才储备库

在招聘实践中，常会发现一些条件不错且适合酒店需要的人才，因为岗位编制、酒店阶段发展计划等因素限制无法现时录用，但确定在将来某个时期需要这方面的人才。作为人力资源部门，应及时将这类人才的信息纳入酒店人才储备库（包括个人资料、面试小组意见、评价等），不定期地与之保持联系，一旦出现岗位空缺或酒店发展需要，即可招入麾下，这样既提高了招聘的速度，也降低了招聘成本。

众所周知，"选人"是人力资源管理选人、育人、用人、待人、留人的五大职能之首，是人力资源管理的第一步，如果起点的质量不高，那么不仅后续的人力资源管理工作会事倍功半，更会影响到酒店决策的执行。作为承担着"选人"职能的招聘部门，在埋头于招聘的同时，也要抬头看看别人是怎么做的，要借鉴国内外企业的成功经验，吸收精华为我所用，探索出适合本企业的有效的招聘方法，提高招聘的效用。

案例思考题：
1. 你认为招聘时对员工进行的各种测试对选拔人才能起到多大的作用？
2. 对本案例，你受到什么启发？

第五章

旅游企业员工绩效考评管理

员工绩效考评管理是旅游企业人力资源管理工作的重要一环，它为企业制定员工调配或晋升政策进行薪酬管理、实施员工激励、开展员工职业生涯管理以及员工培训提供充分的依据。科学、有效的绩效考评管理可以提升员工和组织的绩效，提高工作效率。有效运用好对员工的绩效考评管理，也是各级管理者必须掌握的基本技能之一。

第一节 绩效考评概述

如果说工作分析、招聘、培训等环节是告诉员工应该干什么、怎么干，那么绩效管理则是告诉员工他们干得怎么样、存在哪些问题、以后应如何改进，而薪酬管理则是以绩效考评管理的结果为依据对员工行为进行反馈。正确理解绩效和绩效考评的含义、目的、遵循的原则、内容等，是搞好这项工作的前提。

一、绩效与绩效考评

我们知道效率强调结果，效能强调过程的有效性，那么如何理解绩效和绩效考评的意义，它们的内涵到底是什么？

1. 绩效

绩效（Performance），对于旅游企业来讲，指的是经营或管理任务在数量、质量以及效率等方面完成的情况；而对于员工个人而言，则是指员工的上级、下级、同事以及本人对自己工作状况的评价结果。

从员工层面讲，绩效一般包括两方面的含义：一方面指员工的工作结果；另一方面指影响工作结果的工作行为。从工作结果的角度进行定义，绩效是特定时间内员工对本职工作的完成程度及完成效果；从工作行为的角度定义，绩效是指员工所做的与工作结果相关的、可观测的行为的有效性。因此，我们可以说，绩效是指员工在一定时间和条件下为实现工作目标所采取的有效工作行为以及实现的有效工作成果。它主要包括以下三个方面的内容：

（1）工作效果，指对工作成果的数量和质量，以及工作实现预定目标的程度。工作效果涉及的是工作的结果。

（2）工作效率，指工作中对时间、财物、信息、人力等方面的利用效率。工作效率涉及的是工作的行为方式。

（3）工作效益，指工作所取得的经济效益、社会效益、时间效益等。工作效益涉及的是对组织的贡献。

2. 绩效考评

绩效考评（Performance Appraisal），也称绩效考核或绩效评价，是通过收集、分析员工在其工作岗位上的工作行为表现和工作结果方面的信息，对其工作作出评价并反馈的过程。

绩效考评的目的主要表现在：

（1）为员工薪酬管理提供依据。目前薪酬与物质奖励仍是激励员工的重要工具。大多数的旅游企业把员工绩效考评的结果作为薪酬管理的主要依据。绩效考评结果与薪酬直接挂钩。

（2）为员工培训提供依据。通过绩效考评能发现员工工作中存在的问题，找出员工目前的工作状况与岗位要求、组织目标之间的差距，制订具体的培训措施与计划，从而使培训更具有针对性。

（3）为员工晋升、调迁、辞退决策提供依据。一般来说，员工晋升是通过竞争来实现的，绩效考评就成为员工晋升的一个重要竞争要素。同样，员工工作调动，无论是同级还是降级调动，或者辞退员工，都要以绩效考评结果为依据。

（4）为员工奖惩提供依据。通过绩效考评，可以获得员工工作的真实信息，以对绩效突出、表现优异的员工给予物质和精神上的奖励，对表现不佳、绩效低劣的员工给予惩戒。这样可以强化优秀员工的良好表现，并使其他员工向其学习，防止不良的行为扩散蔓延。绩效考评结果是管理者进行奖惩的重要依据。

（5）为员工职业发展规划和下一年度目标的制订提供依据。通过考评，了解员工发展潜力和实际工作水平，可以针对性地为员工职业发展进行规划，并为企业或部门下一年度目标的制订提供依据。

（6）绩效考评结果需要向员工反馈，并听取员工的意见，这就为管理层与员工之间的双向沟通提供了机会，以进一步融洽双方的关系。

（7）绩效考评使优秀员工的成绩得到肯定，增强了其工作的干劲；使部分员工发现了自身存在的不足，从而努力进取，这都能促进员工的自我成长。

（8）绩效考评的结果可提供给生产、供应、销售、财务等其他职能部门，以供有关决策者参考。

二、绩效考评的原则

绩效考评关系到员工的薪酬、影响到员工工作的积极性、有助于员工的自我成长、关乎企业文化的弘扬，因此，绩效考评必须公正。在绩效考评中应确立以下基本原则。

1. 明确化、公开化原则

企业的人事考评标准、考评程序和考评责任都应当有明确的规定，而且在考评中应当遵守这些规定。同时，考评标准、考评程序和对考评责任者的规定在企业内部应当对全体员工公开。这样才能使员工对人事考评工作产生信任感，对考评结果也易持理解、接受的态度。

2. 客观考评原则

人事考评应当根据明确规定的考评标准，针对客观考评资料进行评价，尽量避免个人主观性和感情色彩。也就是说，首先要做到"用事实说话"，考评一定要建立在客观事实的基础上；其次要做到把被考评者与既定标准作比较，而不是在人与人之间进行比较。

3. 全视角考评原则

我国的一些企业在进行绩效考核时，大多由上级主管人员来完成。这种考核方式由于其信息反馈面较窄，难以保证考核的客观性和公正性。事实上工作是多方面的，工作业绩也是多维度的，不同个体对同一工作得出的印象是不相同的。因此，可以由上级主管、同事、下属和顾客等从不同的角度来对员工进行考评，全方位、准确地考核员工的工作业绩。

4. 反馈原则

考评的结果（评语）一定要反馈给被考评者本人，否则就起不到考评的教育作用。在反馈考评结果的同时，应当向被考评者就评语进行说明解释，肯定成绩和进步，说明不足之处，提供今后努力方向的参考意见等。

5. 差别原则

考核的等级之间应当有鲜明的差别界限，针对不同的考评评语，在工资、晋升、使用等方面应体现明显差别，使考评带有刺激性，激励员工的上进心。

6. 定期化、制度化与程序化原则

绩效考评是贯穿员工工作过程的一件大事，是一个连续、长期的过程，因此必须使考评定期化、制度化。绩效考评不仅是对员工目前工作能力、工作水平的评价，也是对他们未来行为表现的一种预测，因此，只有程序化、制度化地对员工进行绩效考评，才能及时了解员工的工作状况、发现存在问题，从而实现对员工的有效管理。

当然，对考评承担者进行充分培训，使其尽量排除主观因素，并能够对考评标准有准确的、统一的理解,也是非常重要的。

三、绩效考评的内容

不同的旅游企业,由于考评的对象、目的各不相同,所以考评内容也较为复杂,但就其基本方面来说,不外乎德、能、勤、绩四个方面。

1. 德,包括政治素质、工作作风、社会道德水平及职业道德水平等方面。政治素质主要指员工的政治倾向、理想志向、价值取向。工作作风是员工工作中所表现出的风格,如是否准确、及时地为客人服务;是否尊重别人。社会道德水平是指员工在处理个人与社会关系方面的倾向,如是否自私自利、是否维护公共利益等。职业道德是指员工在本职工作中表现出的道德倾向,例如,是否欺骗客人、是否按操作流程操作等。

2. 能,指一个人从事工作的能力。主要包括动手操作能力、认识能力、思维能力、表达能力、研究能力、组织协调能力、决策能力等。不同的岗位对能力的要求有所侧重,如对导游的思维表达能力、组织协调能力有较高的要求;而对客房服务员动手操作能力的要求较高,对其决策能力、组织协调能力要求较低。能力是绩效考评的重点和难点。

3. 勤,主要是指员工工作态度。体现在员工日常工作表现中,如工作的积极性、主动性、创造性等方面,以及出勤、纪律情况。积极性决定着人的能力发挥程度,只有将积极性与能力结合起来进行考评,才能更准确地衡量一个员工的工作状态。

4. 绩,指工作业绩,即员工的工作效率及效果,包括完成工作的数量、质量、效益等。由于企业性质及岗位的不同,所以对员工业绩的评价要有所侧重,要针对不同岗位制定不同的业绩评价标准。对员工工作绩效的考查是绩效考评的核心环节。

四、绩效考评人员的选择

绩效考评标准制定后,由谁来执行,是绩效考评的一个重要问题。它直接关系到考评的信度和效度,也是维护考评的公正性和权威性的决定性因素。一般来说,与员工有工作接触的对象都有可能成为考评人员(如图 5-1 所示)。

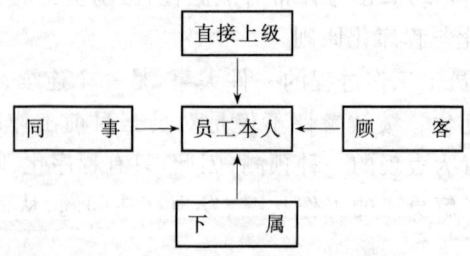

图 5-1 绩效考评人员选择

（1）直接上级，由直接上级对员工进行考评，是企业普遍的做法。因为直接上级相对来说最了解被考评者的实际工作表现，也最能够反映真实情况。但只通过上级来进行考评，信息来源单一，可能会受到上级个人主观偏见的影响。为避免这种不良情况的出现，许多企业建立了被考评者的申诉制度。

（2）同事，主要是本部门的同事，还包括与被考评者接触密切的其他部门的同事。同事可以观察到直接上级不易发现的被考评者的一些思想动态、工作态度，以及是否按要求操作等情况。同事考评是对员工进行考评的另一个重要渠道，可以弥补直接上级考评中存在的信息单一的不足。尤其是在以团队工作为主的组织中，同事考评显得尤为重要。

（3）顾客，是员工服务的对象。通过顾客评估可以使被考评者更加关注自己的工作结果，提高服务质量。在饭店等旅游企业，是否受到顾客表扬或投诉是评价员工工作绩效的一个重要方面。

（4）下属，由下属来考评上司，是近年来企业绩效管理的一个重大突破，这在传统人事管理中是不可思议的事。这种考评方式可以使上司了解自己工作及管理上的优缺点，有助于上司发现和开发员工的潜能。如果上司发现自评与下属的评价差距较大，则可以深入了解事情原委，有助于自身管理能力的提高。但这种考评方法会因为下属顾及上司的反应，不敢真实反映情况；也会使上司害怕下属对自己评价不高而不敢批评下属，放松管理。

（5）员工自评。自我评价有利于加强员工对企业绩效考评的认同，减少逆反心理。自我评价通常会降低自我防卫意识，从而愿意反省自己的不足，并在以后的工作中加以提高。但由于考评结果往往与员工的实际利益挂钩，并对自己的"面子"有影响，所以即使员工认识到自己的不足也不会表达出来，从而使自我评价的分数偏高。因此，自评一定要与其他考评方式结合使用。

企业人力资源部负责绩效考评整个流程的运行，它在其中起组织者和指导者的作用。人力资源部门为考评制订计划、确定考评人选和考评标准、提供考评所需的表格和资料，并对考评者进行培训，提高他们的考评技巧。在考评过程中，他们还负责检查绩效考评系统的运行情况，以确保绩效考评活动公正、有效。

第二节　绩效考评的程序和方法

绩效考评的效果很大程度上取决于考评系统的设计、考评方法的选择和实施过程的安排。员工绩效考评的一般程序是指按考评工作的先后顺序形成的步骤或环节,绩效考评管理是否能发挥作用不仅取决于各个环节是否科学,而且取决于各个环节是否衔接和匹配。而开发适合本企业发展状况的企业员工绩效考评方法,能激发员工的工作热情,促使企业的绩效考评水平不断提高。

一、绩效考评的一般程序

一般而言,绩效考评工作大致要经历制订绩效考评计划、确定考评标准、实施考评、绩效反馈、结果运用5个阶段。

1. 制订绩效考评计划

为了保证绩效考评的顺利进行,企业人力资源部门必须事先制订有关计划,在明确考评目的和对象的前提下,选择适当的考评内容、时间和方法。

不同的考评目的,有不同的考评对象。例如,为选拔饭店员工参加某市举办的铺床技术比武比赛,其考评对象就是饭店从事客房服务工作的一线员工。而不同的绩效考评目的和对象,重点考评的内容也不相同。对于一个试用期结束要转正的一线员工,考评的重点在于其态度和一般能力,业务水平是否熟练及能否随机应变需要在工作中加以锻炼。而对于提升重要职务的考评,则德、能、勤、绩都需重视。

不同的考评目的、对象和内容,考评的时间也不一样。如对饭店总经理业绩是否达到要求的考评,一般一年一次;而对餐饮、销售等部门业绩的考评,一般一月一次。

同样,对一线员工的考评,应着重于技能,考评方法是现场操作;对于管理人员管理能力的考评,则可能采用问卷调查、面谈等方法。

2. 确定考评标准

绩效考评必须有标准,一般可分为绝对标准和相对标准。绝对标准如出勤率、餐具损耗率、文化程度等,是以客观现实为依据,而不以考评者或被考评者的个人意志为转移的。所谓相对标准,如在评选先进时,规定10%的员工可选为各级先进,于是采取相互比较的方法,此时每个人既是被比较的对象,又是比较的尺度,因而标准在不同群体中往往就有差别,而且不能对每一个员工单独作出"行"与"不行"的评价。

一般而言,考评标准采用绝对标准。绝对标准又可分为业绩标准、行为标准和任职资格标准三大类。绩效考评标准内容要根据工作说明书和工作任务确定,不能随意制定。考评标准必须准确化、具体化、定量化,并且这种标准必须得到考评者和被考评者的共同认可,是通过努力可以实现的。

3. 实施考评

在考评标准制定好后,就要以考评标准为依据,通过各种方法,收集相关事实,并根据事实作出判断,不能主观臆断。在收集事实过程中,管理人员要帮助员工发现问题、解决问题、提高绩效。通过具体的事例,让员工意识到自己所犯的错误是什么,真正原因是什么,从而达到解决问题的目的。事实收集完毕,要根据考评标准作出绩效评价。

4. 绩效反馈

在绩效考评过程中,绩效反馈是一个非常重要的环节。第一,要让员工知道考评结果是什么;第二,要根据考评结果与员工沟通,沟通的过程是员工认同考评结果和找出自己优缺点的过程。考评不仅是薪酬分配和晋升等方面的依据,更是以后改进工作、提高绩效的重要手段。因此,要非常重视绩效反馈这一环节(这部分内容将在下一节中具体阐述)。

5. 结果运用

绩效考评的结果一方面运用于人力资源管理各环节,如奖金发放、解聘等;另一方面用于制订绩效改进计划,即如何改变不良工作行为,提高绩效。另外,绩效考评结果对于修订绩效目标也很有帮助。

二、员工绩效考评的方法

选择和应用可行的员工绩效考评方法,实现员工信息的收集和对收集到的信息的有效利用,得到客观、公正的考评结果,是企业进行员工考评的根本目的。因此,对不同的旅游企业而言,选择合适的考评方法是非常重要的。因为任何一种考核方法都有其优点和缺点,有其特定的使用范围。

1. 评分法

评分法就是先把考评的项目逐一列出来,由考评者根据员工表现,在分值栏给出相应分数,然后把分数汇总,就得出了一个员工的绩效考评分数。需要注意的是,每项评估项目都不应是对员工个性的评估,而是对员工工作行为的评估。这种方法相对简单,所以应用广泛。其缺点在于划分等级较宽,难以把握尺度,受考评者主观随意性因素影响较大。如表5-1所示。

表5-1 评分法表式

员工姓名 工作部门	职务 工号		评估日期 评估人	
	很差:1分	较差:2分	中等:3分	较好:4分	很好:5分
工作质量					
工作数量					
工作纪律					

续　表

	很差：1分	较差：2分	中等：3分	较好：4分	很好：5分
设备维护和物耗					
创新意识与行为					
评估意见 员工签名 员工意见	评估人签名 人力资源部 门审核意见 负责人签名			很差：不能完成任务 较差：勉强完成任务 中等：基本完成任务 较好：完成任务较好 很好：完成任务特别杰出	

2. 排序法

排序法是根据员工的工作行为，在对员工进行相互比较的基础上对员工进行排序，提供一个员工工作的相对优劣的评估结果的方法。排序有简单排序法和交错排序法两种。

简单排序法就是评估者将员工按照工作情况的总体情况从最好到最差进行排序。这种方法所需要的时间成本很少，简便易行，一般适合于员工数量比较少的评价要求。当组织员工的数量比较多时，可以采用交错排序法。即第一步把最好的员工列在名单开首，表现最差的员工列在名单末尾；然后在剩下的员工中挑选最好的列在名单开首第二位，把表现最差的列在名单倒数第二位。依此类推，直到将所有员工排列完毕，就可以得到对所有员工的一个完整的排序。

排序法的优点在于简单易行、速度快，结果一目了然，可以使每个员工知道自己所处的位置。缺点是不同部门或岗位难以进行比较，因而考评结果不适合应用在跨部门的人力资源调整和变动上。

3. 强制分布法

强制分布法，即按照企业管理者想要达到的员工分布曲线效果进行评定，就是事先确定员工在每一个绩效等级上所占的比例，如优秀占10%，良好占20%，合格占40%，较差占20%，不合格占10%，然后按这一比例把员工分布到各个等级上去。这实际上是将员工绩效按照组别进行排序的方法。这一方法的理论基础是数理统计中的正态分布概念，认为员工的绩效应该遵从正态分布情况。当然，具体到各个部门，比例可以有一定的浮动。这一方法的优点是能形成清晰的绩效等级差别，避免评价结果的"居中现象"，能比较容易发现工作特别优秀的员工。缺点是，如果部门员工都比较优秀，这种考评方法就会挫伤员工的工作积极性（详见表5-2）。

表 5-2 员工绩效组别排序表式

评估标准：	工作综合表现				
等级	较好	高于标准	平均标准	低于标准	较好
百分比 %	10%	20%	40%	20%	10%
名单	1 2 3 4 5 6 7 ⋮	1 2 3 4 5 6 7 ⋮	1 2 3 4 5 6 7 ⋮	1 2 3 4 5 6 7 ⋮	1 2 3 4 5 6 7 ⋮

4. 行为对照表法

行为对照表是最常用的评估员工工作行为的方法之一。在应用这种评价方法时，人力资源管理部门要给评价者提供一份描述员工规范的工作行为的表格，评价者将员工的工作行为与表中的描述进行对照，找出准确描述了员工行为的陈述。这一方法得到的评价结果比较真实可靠。根据员工的行为表现进行选择后，将员工各项得分加总就是这一员工的总分。

行为对照表法需要改进的地方在于，表中每个评价项目并不列出对应的分数。评价者从行为对照表中挑选出他认为最能够描述和最不能够描述员工工作的陈述，然后汇总到人力资源部门，由人力资源部门根据不公开的评分标准计算每位员工的总分，建立更加客观的评估体系。

5. 关键事件法

关键事件法是管理者在开展绩效考评阶段，为每一位员工建立一份绩效记录，通过对员工工作行为和工作结果的观察，记录每位员工表现出的非同寻常的良好行为或非同寻常的不良行为或事故，以此作为对员工考评的依据。例如，饭店安全部员工在夜晚巡逻客房时发现一非住客房没有关门，他立即报告值班经理进行处理，避免了可能的损失，这就是一个成功的关键事件。再如，饭店预订部员工在安排客房时出现失误，把两位客人同时安排在一间客房，而他们的要求是每人一间客房，此时预订已满，有一位客人无房可住，这就是一个失败的关键事件。使用这种方法进行考评时，考评者应对员工的行为进行密切观察，一旦发现关键事件发生，就要立即记录在案。关键事件是考评者在考评期间应重点收集的信息。这种方法比较费时，而且，将关键事件整理并分析归纳成最终需要的考评结果，也对考评者提出了较高的要求。但这种方法优点也比较突出，它为考评者向员工解释绩效结果提供了确切的事实依据,使抽象的评价变得有血有肉,有助于员工理解和接受,也有利于以后工作绩效的改进和提高。

6. 民意测验法

民意测验法就是请被考评者的同事、下级及有工作联系的人对被考评者从多方面进行评价,从而得出被考评者绩效的考评结果。民意测验法的优点在于能较清楚地了解被考评者的群众基础;缺点在于,如果群众素质不高,可能会影响测验结果的真实性。民意测验法常用于考察员工晋升和对管理者绩效进行考察。

7. 配对比较法

配对比较法就是将被考评者进行逐对比较,比较中认为绩效更好的得1分,绩效不如比较对象的得0分。在进行完所有比较后,将每个人的所得分加总就是这个人的相对绩效,根据这个得分来评价出被考评者的绩效优劣次序。这种考评方法的优点是,由于考评者在考评过程中很难判断每个被考评者的最终成绩,因而能克服考评者的主观因素的影响,客观性和正确性较高。缺点是考评手续烦琐、工作量较大,所以较适合小范围内的考评,最适合对晋升候选人的考评(详见表5-3)。

表5-3 配对比较法表式

	张三	李四	王五	赵六	陈七
张三		-	+	+	+
李四	+		-	-	-
王五	-	+		-	+
赵六					
陈七		+		+	
对比结果	差	中	差	最好	中

三、绩效考评中的问题及改善方法

在企业绩效考评管理中,即使绩效考评标准体系合理公正,但由于评价者主观上的误差,员工的绩效考评也经常会出现评价不公正、不客观等问题。为避免这些问题的出现,在进行考评之前,应对这些问题及克服方法有所了解。

1. 绩效考评中的常见问题

做好绩效考评这项工作非常不易是因为它涉及很多环节,任何一个环节出现问题,无论主观原因还是客观原因,都会影响考评结果。如考评项目是否得当、各项目之间所给分值是否恰当、考评者主观因素影响、考评程序是否严格、是否对考评者进行过培训，以及考评目的明确与否等，都可能影响考评结果的准确、公正。绩效考评中常见的问题有以下几种。

（1）标准误差。不同考评者对标准掌握的宽严度不同、对标准的理解不同，作出的考评结论便也会不同。如果一批考评对象被分成几组进行考评，然后打破组别进行排序，就会出现不公平和差距拉大的现象。

（2）晕轮效应。晕轮是指宗教画像中神灵头上的光环，是神灵伟大和法力无边的象征。绩效考评中晕轮效应是指评价者放大员工的某一特征来评价员工，就是说考评者往往会因为被考评者在某一方面表现优秀或很差，就断定他在其他方面也表现优秀或很差，从而产生以偏概全的印象；或因为整体印象的好坏而推知个别特性的好坏，从而影响考评的真实性。这种现象往往发生在考评者与被考评者之间有明显友好或不友好关系时，尤其是在对那些量化标准不易把握的因素（如服务态度、人际关系、工作积极性）进行考评时，晕轮效应会表现得更加明显。由于考评者与被考评者关系不友好，考评者通常会在一些难以量化的方面给予被考评者不良的评价；反之亦然。要克服晕轮效应，就要让考评者意识到问题的存在，端正考评态度。

（3）中心化倾向。它是指考评者对一组被考评者给出的考评结果都非常接近，或都集中于考评尺度的中心附近（如给大多数被考评者"一般"的评价），致使被考评者成绩拉不开距离。发生这种现象的原因是，考评者不愿作出"极好"或"极差"的评价。这类评价的出现，是因为考评者对被考评者不十分了解，只好"中庸"一点；或考评者自身水平不够，对自己作出的结论没有信心；或考评要素不完整或方法不明确。要避免中心化倾向，就要明确考评要素的等级定义，使用恰当的评价方法，加强对考评者的培训，增强其信心。当考评者与被考评者接触时间较短难以作出评价时，应延期考评。

（4）过分宽松或过分严格倾向。与中心化倾向相反，考评者在考评过程中，给所有被考评者的评价都很高或很低。这种过分宽松或过分严格的现象在使用评分法考评时较为严重。因为在这种考评形式下，考评者没有被要求避免给所有被考评者过高或过低的评价，如果一定要分出等级，可结合采用强制分布考评法。产生这些现象的原因有，考评者对考评要素的标准把握不够；考评者不愿严格地评价部下，以免部下产生敌对情绪，或考评者对部下过于严格，从而都给予了过低的评价。克服这些现象的措施是，考评者认真把握考评标准，坚持按标准进行考评；加强对考评者的思想教育，去除影响考评结果的思想因素。

（5）对比效应。对比效应可以分为两种：一是历史对比，即随着时间的推移，考评者对同一考评对象的评价可能产生逐年升高的趋势，这与人们的思维习惯有关，人们习惯于越来越好，而不是越来越差。这样的评价趋势客观上可能造成绩效考评标准的降低。二是横向对比,即考评者不是根据考评标准对被考评者作出评价,而是将被考评者与周围人进行比较后,根据比较结果给出考评结果,这样就使考评标准形同虚设,或仅成为参考。克服这种现象,同样是加强对考评者的培训,要求其按客观标准作出评价。

(6) 压力性误差。考评者由于受到上级或考评对象的压力,会有意无意地作出不符合事实的结论。尤其是当考评结果对考评者意义重大时,这种情况就更容易发生。如考评结果涉及晋升、裁留时,上级和被考评者本人都会给考评者施加压力。

(7) 偏爱。每个人都有自己的好恶,考评者有时会对与自己年龄、学历、性格、爱好相似的考评对象,或与自己存在一定关系的考评对象,如同学、校友、同乡等,产生一定程度的偏爱,从而给予较高的评价。而对与自己差距较大、学历偏低的考评对象或女性考评对象产生偏见,过低地评价他们的绩效。这种现象也是造成评价结果不真实的原因。

(8) 考评对象的影响。考评者在考评过程中会受到被考评过的对象影响。如果前一个考评对象各方面表现优秀,对比之下,就会给后一个被考评者带来不利影响;相反,如果前一个考评对象表现较差,就会给后一个考评对象带来有利影响。

2. 改善绩效考评的方法

以上绩效考评中存在的诸多问题和错误,都会导致不良的影响,那么如何克服这些错误,改善绩效考评的效果呢?可以从以下几个方面着手。

(1) 尽量使考评标准客观化。考评标准客观化,可以最大限度地减少考评者主观因素的影响。有些考评项目较容易制定客观标准,如员工流失率不高于15%,但有些考评内容及考评标准较难客观化,如员工的协作意识、敬业精神等。因此,需要从多个角度对员工"软件"进行考评,使考评结果尽量客观,同时也使这类考评内容的考评标准尽量客观。如可对员工的协作意识划分为很强、较强、一般、较欠缺、很差等几个档次,由考评人员进行评定。

(2) 选择合适的考评方法。每一种考评方法均有其优缺点,要根据企业的实际情况和被考评人员的情况选择合适的考评方法,必要时也可以结合运用几种考评方法。如要晋升一名员工,可先采取评分法,找出某部门分值最高的前三位员工,然后采用共同确定法来决定到底晋升哪位员工。最合适、最有效的考评方法就是最好的考评方法。

(3) 严格挑选考评者,并对其进行相关培训。考评者的思想政治素质决定了考评者在面临诱惑时能否经得住考验,过硬的思想政治素质可以避免人为的不公正现象的出现。因此,一定要挑选思想政治素质好、有一定威望的人员担任考评者。同时要对考评人员进行培训,使其在考评过程中努力克服晕轮效应、中心化倾向、过分宽大或严格等现象。可以借助多媒体向考评者提供有关绩效考评的案例,并对案例进行分析,使考评者认识到出现问题的原因,以便在考评中加以注意,尽量避免不公正现象的出现。

第三节　员工绩效考评的反馈

绩效反馈是绩效考评工作的一个重要阶段,如果只作考评而不将结果反馈给被考评者,绩效考评便失去了它极重要的激励、奖惩与培训的功能。因此在整个考评过程结束后,旅游企业的人事部门要继续通过各方面的信息反馈,对员工考评的结果进行检验与考评,这是确保考评工作能取得预期效果的必要步骤。

绩效考评结果的有效反馈是衡量考评工作成功与否的关键,因为它关系改进员工绩效的重要问题。在绩效反馈的各种途径中,反馈面谈是最常见、最有效的绩效反馈方法。

一、反馈面谈

反馈面谈是由上级就绩效考评的结果与员工进行面对面的沟通,在员工签字认可其绩效考核结果后,主管就员工在工作中存在的问题与员工进行面谈,以共同协商解决问题的方法,并制订绩效改进计划以及下一步的努力方向。

1. 反馈面谈的目的

上级与员工进行反馈面谈,具体的目的主要表现在以下三个方面:

(1) 以提拔和制定职业发展规划为目的。对于工作业绩和表现突出,有可能被提拔的员工,反馈面谈的主要目的是与员工讨论其职业发展规划,引领其进入更高的发展阶段,并为其进入新的岗位制订培训和职业发展方面的行动计划。这类面谈,对双方来说都比较愉悦,较容易达成一致,是几种面谈类型中较容易的一种。

(2) 以维持现有绩效为目的。对于工作业绩和表现令人满意,但由于其个人能力已达到极限或岗位没有空缺,无法提升的员工,反馈面谈的目的是鼓励其保持现有绩效。这种面谈的工作难度比前一种大,进行面谈的上级要做好充分的准备。通常在无法给予提升的情况下,会通过其他刺激因素激励员工继续保持昂扬向上的工作热情。这些刺激因素要为被考评者所看重,如带薪休假时间的延长、奖金的增加、各种荣誉及物质奖励,以及在实际工作岗位上工作权限的增大、受到大家的尊重等。

(3) 以绩效改善为目的。对于工作业绩和表现都不理想、需要改进的员工,反馈面谈的主要目的是指出其自身存在的不足,指明努力的方向,并与之探讨如何改正不足,帮助其制订出切实可行的个人发展计划,给予鼓励,引导其向正确的道路发展。

对于个别绩效很差又无任何上进心的员工,在确定其没有转好可能性的前提下,可以不与之进行工作改善方面的面谈,而根据合同规定,解除劳动关系。

2. 反馈面谈的原则

在绩效反馈面谈中,上级管理人员要把握以下原则,即 SMART 原则,以保证面谈取得良好效果:

(1) S(Specific)直接具体原则。面谈交流要直接而具体,不能作泛泛的、抽象的、一般性评价。对于上级来说,无论是赞扬还是批评,都应有具体、客观的结果或事实来支持,使员工明白哪些地方做得好,差距与缺点在哪里。既有说服力又让员工明白领导对自己的关注。如果员工对绩效考评有不满或质疑的地方,可以向上级申辩或解释,但需要有具体客观的事实作依据。双方都以具体的事实为依据,考评与反馈才是有效的。

(2) M(Motivate)互动原则。面谈是一种双向的沟通,为了获得对方的真实想法,上级应当鼓励员工多说话,充分表达自己的观点。因体制的原因,上级似乎常常处于发话、下指令的地位,员工只是被动地接受。有时上级得到的信息不一定是真实情况,下属表达真实情况的意图强烈,上级不应打断与压制。对员工好的建议应充分肯定,也要勇于承认自己有待改进的地方,据此制定双方发展、改进的目标。

(3) A(Action)基于工作原则。绩效反馈面谈中涉及的是工作绩效,是工作的一些事实表现,如员工是怎么做的,采取了哪些行动与措施,效果如何等,不应讨论、攻击员工的人格。对于关键性的影响绩效的人格特征需要指出来,必须是出于真诚的关注员工发展的考虑,且不应将它作为指责的焦点。

(4) R(Reason)分析原因原则。反馈面谈需要指出员工的不足之处,但不需要批评,而应立足于帮助员工改进不足之处,指出绩效未达到的原因。出于人的自卫心理,在反馈中面对批评,员工马上会作出抵抗反应,使得面谈无法深入下去。但上级如果从了解员工工作中的实际情形和困难入手,分析绩效不良的种种原因,并试图给予辅助、建议,员工还是能接受上级的意见甚至批评的,反馈面谈就不会出现攻守相抗的困境。

(5) T(Trust)相互信任原则。没有信任,就没有有效的沟通,缺乏信任的面谈会使双方都感到紧张、烦躁,不敢放开说话,充满冷漠、敌意。而反馈面谈是上级与员工双方的沟通过程,沟通要想顺利进行,并充分理解和达成共识,就必须有一种彼此互相信任的氛围。为此,上级管理人员应多倾听员工的想法与观点,尊重对方,向员工讲清原则和事实,多站在员工的角度,设身处地为员工着想,勇于当面向员工承认自己的错误与过失,努力赢取员工的理解与信任。

3. 绩效反馈面谈技巧

绩效反馈面谈常常是考评者发现被考评者有些绩效上的缺陷而主动约见的。

因为谈话具有批评性,又与随后的奖惩措施有联系,所以颇敏感,但却又是不可缺少的。因此,掌握好此种谈话便需要某种技巧。

(1) 反馈面谈的准备。要使面谈取得理想的效果,面谈前的准备工作不可缺少。具体来说,至少要做好以下三方面的工作:

第一,上级面谈人员的心理准备和资料准备。上级管理人员在面谈前应了解将要面谈员工的性格特点、工作状况,然后综合相关情况给自己定好面谈的目的,并预计面谈员工可能出现的情绪和行为反应,准备可能的应对策略。资料准备就是收集、整理与面谈相关的数据、资料,充分掌握员工的事实"证据",以备在面谈时证明自己的观点。

第二,让员工做好准备。面谈只是上级做好准备是不够的,若要让面谈更有质量,员工也要做准备,未经准备,必然会出现思路混乱、词不达意等情况,影响面谈的效果。因此,至少应提前一周通知要面谈的员工,使其有充分的思想准备和心理准备,也使其有时间审视自己的工作,分析工作中存在的问题。必要时员工也会准备向上级提出问题。

第三,选择恰当的面谈时间和地点。面谈要寻找对双方来说都比较合适的时间,能够放松身心,进行开放式交流,时间宽裕而不紧张。一般来说,与基层员工的面谈时间应不少于30分钟,与管理人员面谈时间应不少于1小时。面谈地点应选择一个安静、优雅的环境,并避免来电及来访者干扰。

(2) 掌握好反馈面谈的操作程序。实施面谈是面谈反馈的实质性阶段,包括以下操作程序:

第一,注意营造良好的面谈氛围。在面谈时应以轻松的话题开始,或伴以亲切的称呼、幽默的语言,使对方心情放松,从而进入谈话主题。要尽量避免严肃、刻板或心不在焉,像例行公事一样宣布考评结果,以免造成员工的消极情绪,不利于沟通的进行。

第二,说明谈话的目的。向员工说明,谈话主要是为了加强与员工的沟通,总结工作成果,找出存在问题,以改进绩效。

第三,告知考评结果。要真实、清楚地告知员工考评结果,不可含含糊糊、模棱两可。在告知结果时,可采取"三明治"式的方法。首先,肯定其优点,希望以后能继续保持和发扬;其次,指出其不足之处,希望以后努力克服;最后,表示对其以后表现充满信心。谈话注意不要泛泛而谈,要拿出具体的证据支持你的结论,这样更令员工信服。

第四,积极与员工交换对考评结果的意见。鼓励员工说出对考评结果的真实看法。有些员工往往存在顾虑而不愿说出真实想法,也有些员工认为说了也不会改变现状而不愿说,鼓励员工说出真实想法有助于改进考评工作,而且能强化双方的良好关系。同时也要鼓励员工自己分析造成问题的原因,找出原因后才能对症下药,这样也能使员工对自己存在的问题认识更加清楚。

第五,制订绩效改进计划。经过双方的交流沟通,对员工下一个阶段的任务双方达成一致意见,并帮助员工编制详细的、可操作的绩效改进计划,必要时可对每一项计划标注具体的时间要求,给员工一定的压力。

第六,结束面谈。一般来说,面谈双方对考评结果及改进计划基本达成一致时,谈话就可以结束了。对于一些有争议而无法达成一致意见的问题,上级可以建议回去思考,另外再找时间沟通。结束面谈时要充分表达对下属员工的信心,鼓励其努力工作,避免对立和冲突情绪的产生。

第七,整理面谈记录,向上级管理人员汇报。汇报除总体报告面谈结果外,还可就有争议的问题征求上级意见。

(3) 面谈谈话技巧的运用。为使面谈顺利而富有成效,上级管理人员应注意以下谈话技巧的运用:

第一,对绩效结果进行描述而不是判断。在对员工进行绩效反馈面谈时,不应对结果进行判断,而是对绩效结果进行描述。例如:你某件工作没有完成,完成了多少,有多少差错,与工作目标有多大的距离,这些差错给企业造成多少损失或给其他工作带来多少麻烦。而不能给予判断性地评价,如你工作做得很差,你工作能力很差之类的话语。

第二,要具体而不笼统。面谈时要针对问题一条一条地谈,具体而不笼统。不能急于求成,急于求成导致问题说不清楚,出现事与愿违的结果。

第三,正面评价的同时要指出不足。员工和领导朝夕相处,一般很难抹开情面去说员工的不足,因此绝大多数管理人员都愿说正面评价,不愿说不足之处,这样不利于员工工作改进,也不利于组织绩效的提升。

第四,正面评价要真诚、具体、有建设性。真诚是面谈的心理基础,不可过于谦逊,更不可夸大其词。要让员工真实地感受到你确实是满意他的表现,你的表扬确实是你的真情流露,而不是"套近乎"、扯关系。只有这样,员工才会把你的表扬当成激励,才会在以后的工作中更有干劲。通俗地说,你的表扬和溢美之词一定要"值钱",不是什么都表扬,也不是随时随处都表扬,而是在恰当之处给予表扬,表扬要真诚,发自肺腑。

具体是说要对员工所做的某件事有针对性地、具体地提出你的表扬,而不是笼统地说员工表现很好就完事。比如,饭店员工利用休息时间为客人照看小孩,得到了客人由衷的感谢,此客人成了饭店的忠诚客户。这时你不能仅仅说员工很辛苦,表现很好之类的话,而是要把员工做的具体事例特别点出,比如:"小王,你利用自己的休息时间为客人服务,用心留住客人,领导对你的敬业精神很赞赏,要号召大家向你学习。"这样,小王就会感受到不仅受到了表扬,而且还成为别人学习的榜样,自豪之情油然而生。对小王产生了更大的激励作用。

建设性是说正面的反馈要让员工知道他的表现达到或超过了领导的期望,让员工知道他的表现得到了领导的认可。同时,要给员工提出一些建设性的改进意见,以帮助员工获得更大提高和改进。

负面反馈要具体描述员工存在的不足,对事而不对人,描述而不作判断。不能因为员工的某一点不足,就作出员工如何如何不行之类的感性判断,以致伤了员工的自尊心。因此,对事不对人和描述而不判断,应该作为重要的原则加以特别注意。

第五,负面评价要客观准确。要客观、准确、非指责地描述员工行为所带来的后果。你只要客观准确地描述了员工的行为所带来的后果,员工自然就会意识到问题的所在。所以,此时不要对员工多加指责,指责只能僵化你与员工之间的关系,对面谈结果无益。切忌使用极端化评价字眼,如你不行,你这项工作做得非常差。

负面评价时要善于给员工台阶下。例如,你说出了员工失误给公司带来的影响和后果时,员工已经明白了自己的错误,但碍于面子,不好当面承认错误,这时,你不要一味地追问,而是可以说你以前做得很好,这次可能是失误,我想你下次不会出现同样的错误。这时员工就有了台阶下,也会非常感激你。

第六,要注意聆听员工的心声。站在员工的角度,倾听员工本人的看法。听员工怎么看待问题,而不是一味喋喋不休地教导。多提出开放性问题,引导员工参与面谈。

第七,通过解决问题的方式建立未来绩效目标。与员工探讨下一步的改进措施。与员工共同商定未来工作中如何加以改进,并形成书面内容。

在面谈的过程中,要注意观察员工的情绪,适时进行有针对性的调整,使面谈按计划稳步进行。

在面谈结束之后,一定要和员工形成双方认可的备忘录,就面谈结果达成共识,对暂时还存有异议没有形成共识的问题,可以和员工约好下次面谈的时间,就专门的问题进行二次面谈。最后总结时以鼓励的话语结束面谈。

二、绩效改进

绩效反馈面谈后,上级管理人员就要根据与员工沟通的结果进行相应处理。对于企业自身管理上的问题或外部条件问题要进行调整、改进。对于员工存在的问题,要根据制订的绩效改进计划,敦促员工在实际工作岗位上进一步提高,对计划进行落实。那么如何改进绩效以及如何制订绩效改进计划?

1. 改进措施

(1) 明确差距。要改善员工绩效,首先要明确绩效的差距,要让员工明白自己在哪些方面存在差距,这些差距究竟有多大。然后对其提出具体的改进措施。改进的思路一般有这么几个方面:第一,从员工愿意改进之处着手改进。这可能激发员工改进工作的动机,因为员工通常不会选取他根本不想改进的地方着手。第二,从易出成效的方面开始改进。立竿见影的经验总使人较有成就感,也有助于再继续其他方面的改进。第三,以所花的时间、精力和金钱而言,选择最合适的方面进行改进。

(2) 给予正强化。当员工在工作中达到或接近制定的阶段性目标后,要立即给予肯定、认可或表扬激励,这就是正强化。从心理学角度来讲,人人都喜欢被表扬,员工也不例外。当员工有了一定的进步后,及时给予表扬,就能使员工获得足够的精神动力,把后面的工作做得更好。所以,及时的正强化有助于员工再接再厉地把工作做好,养成习惯后不用激励也会自觉保质保量地完成工作。

(3) 员工帮助计划。这种措施主要是致力于解决员工已养成的一些习惯性缺点,而这些缺点是影响他们绩效的主要因素。当员工在工作中暴露出这些缺点时,上级管理人员要及时指出并帮助其解决。管理人员要创造鼓励员工改进绩效的气氛,员工可能因畏惧失败而不敢尝试改变,这时,需要上级去协助他们,帮助他们树立信心。上级管理人员不仅要成为员工工作上的领导,也要成为员工情感上的领袖,从多方面帮助其解决困难、克服弱点、缺点,使员工心服口服,从心底里愿意跟你干,把工作干好。

(4) 相关培训。根据制订的员工绩效改进计划,有针对性地组织员工培训,以提高员工的专业知识、技能,加强绩效意识。

(5) 负强化与惩罚。当员工屡次出现不应出现的行为,管理人员要以告诫的形式制止员工的不正确行为。警示无效就要运用惩罚的手段,要根据情节的轻重给予不同层次的惩罚。惩罚要做到公平及时,不公平的惩罚会引起员工的不满,不及时的惩罚本身就失去了惩罚的意义。惩罚的目的在于"惩前毖后,治病救人"。

绩效改进重在落实,有力的措施、有效的落实,是绩效改进成功的保证。

2. 制订绩效改进计划

所谓绩效改进计划,就是采取一系列具体行动来改进员工的绩效。改进绩效也是绩效考评工作的一个主要目的。所以,主管和员工应合力制订好绩效改进计划。在制订绩效改进计划时,要符合四个要求:第一,计划内容要实际,拟订的内容必须与有待改进的绩效相关;第二,计划要有时间性,计划的拟订必须有截止日期,而且应该有分阶段执行的时间进度表;第三,计划内容要具体,应该做的事要交代清楚;第四,计划要获得认同,主管和部属都应接受这个计划并保证计划的实现,而不是说说就算了,更不是做表面文章。

3. 绩效改进计划范例

在确立一份绩效改进计划之前,首先应选取改进项目,这在考评面谈时,对部属工作中需改进的地方已经指明。其次找出问题所在,即为什么绩效未达到可以达到且应达到的水准?是部属的原因,还是主管的原因,或是环境的因素造成的?然后将所有可能改进绩效的方法列表分类:部属在绩效改进时能做什么,主管应做些什么,环境条件方面应改善的地方。最后就是制订一份详细的绩效改进计划,一份计划只针对一个项目予以改进。

绩效改进计划必须实际、具体、有时间性。它必须具体地指出应做什么,谁来做,何时做。以下是某组织一份有关训练新员工的绩效改进计划表,供参考。表5-4中涉及的陈祖安这个人为另一组组长,他在新员工的引导和训练方面做得很好。

表 5-4 绩效改进计划表式

待改进绩效:训练新进员工
员工:李明(组长) 主管:王重生(部门经理) 时间:9月1日

执 行 项 目	执 行 者	执 行 时 间
向陈祖安请教他的方法	李明	9月15日
观摩陈祖安带领训练新进员工	李明	下一次陈祖安有新进员工时
参加人事部门举办的新进员工座谈会	李明	下一次有机会时
决定新进员工报到的适当时间	李明与人事部门协商	9月20日以前
参加"任何训练新进人员研讨会"	李明	9月25日
读下列书籍:	李明	10月15日前
a. 干部与经理之自我发展		9月15日前
b. 有效的沟通		10月10日前
c. 干部与在职训练		10月12日前
观察李明训练新进员工	王重生	下一次李明训练时
与三名李明的新人谈话	王重生	下一次李明训练时
提供李明一份检查表供训练新人之用	王重生	聘雇后一星期
为李明安排专用办公室,以便训练新人	王重生	9月15日
安排永久性训练场所	王重生	9月15日

复习与训练

一、主要概念

    绩效 绩效考评 对比效应 反馈面谈 负强化

二、阅读理解

1. 绩效考评的目的、原则是什么？
2. 绩效考评的内容是什么？
3. 绩效考评的方法有哪些？
4. 绩效反馈面谈的原则是什么？
5. 怎样运用一定的技巧进行绩效反馈面谈？

三、判断题

1. 绩效考评应完全由上级对员工进行评定。（　　）
2. 绩效考评中的员工自评准确性很高。（　　）
3. 绩效考评的内容应特别侧重"德"，并在分值上体现出来。（　　）
4. 对员工工作效益的考查是绩效考评的核心环节。（　　）
5. 负强化与惩罚是一回事。（　　）

四、选择题

单选题

1. 工作效率涉及的是工作的（　　）。
　A. 工作方式　　B. 行为方式　　C. 结果　　　　D. 行为结果

2. 当员工在工作中达到或接近制定的阶段性目标后，要立即给予肯定、认可或表扬激励，这是（　　）。
　A. 负强化　　　B. 正强化　　　C. 惩罚　　　　D. 干涉

3. 将被考评者进行逐对比较，比较中认为绩效更好的得1分，绩效不如比较对象的得0分。在进行完所有比较后，将每个人的所得分加总就是这个人的相对绩效，根据这个得分来评价被考评者的绩效优劣次序。这种考评方法叫（　　）。
　A. 共同确定法　　　　　　　B. 排序法
　C. 配对比较法　　　　　　　D. 评分量表法

多选题

4. 员工个人绩效包括的内容有（　　）。
　A. 工作效果　　　　　　　　B. 工作效率
　C. 工作能力　　　　　　　　D. 工作方法
　E. 工作效益

5. 绩效考评的内容比较复杂，但基本上可归为以下几个方面（　　）。
　A. 德　　　　　B. 能　　　　　C. 勤　　　　　D. 绩
　E. 量

五、案例分析

（资料来源：中科软件园——绩效考评案例　http://www.4oa.com/office/748/933/200712/142252.html）

案例：问题出在哪里？

某公司年终的绩效考评结束了，小王的绩效考评分数低于她的同事小何。小王和小何是同时应聘进入这家公司的，两个人又被分配到同一部门，做着同样的工作。这是她们进入公司后接受的第一次绩效考评，而且这一次的绩效考评结果，可能会影响到下一年度谁能够被提升的问题。

从进入这家公司开始，小王一直勤勤恳恳努力工作，并希望自己的付出能够得到上司的认可。并且，无论从学历来讲，还是工作能力方面，小王都自认为优于小何，这一考评结果令小王产生了困惑。

这时，邻座的电话响了，电话铃声不由得使她想起了一件事情。刚刚进入这家公司后不久的一个周末，她和小何都在加班，因为有事情需要请示领导，所以小何拨通了上司家的电话。刚开始接电话的可能是上司 5 岁的儿子，上司接了电话后，小何并没有直接谈工作，而是先问"刚才接电话的是亮亮吗？真可爱，让他再和阿姨说几句话。贝贝在叫啊，是不是着急让你带它出去了？"小王觉得奇怪，她怎么会知道上司儿子的名字？贝贝又是谁？事后她才知道贝贝原来是上司家的一条宠物狗。小王当时的感觉是这件事情很无聊，也很浪费时间，如果是她挂电话，一定会直接和上司谈工作，别人家的儿子、狗和工作又有什么关系？

现在小王开始明白了，自己恐怕是在人际关系方面出了问题，不仅仅是和上司，和同事之间也是这样。因为自己过于关注工作，忽视了很多和同事之间的这种沟通，并且在工作中过于认真的态度，也可能会令同事感觉紧张，会给人不够随和的感觉。但是，人际关系和工作质量有什么关系呢？小王自认为自己的工作质量和业绩是无可挑剔的，自从进入公司以来，承担了大量的工作，并且工作一直勤勤恳恳，这也是有目共睹的，为什么最后的考评结果仍然很低呢？毕竟人际关系也只是考核内容中的一方面而已呀？是不是搞好人际关系是考评的大前提？如果是这样的话，也许自己和公司的想法是不一样的。那么究竟是应该适应公司的这种方式，改变自己的个性，还是应该考虑重新找工作的问题呢？

对绩效考评结果产生困惑的不只是小王一个人。广告部的员工对财务部员工的成绩普遍高于自己而不满，而公司里有些年纪较大的员工也认为他们的成绩低于年轻人是因为上司认为自己年纪大，绩效就一定低。绩效考评结束了，公司却开始变得不平静了。员工的这些抱怨也传到了老总的耳朵里，他在思考，究竟问题出在哪里？

案例思考题：
1. 为什么小王会得到这样的绩效考核结果？
2. 公司里其他员工对绩效考核结果的抱怨产生的原因是什么？
3. 在绩效考评中如何避免以上问题的发生？

第六章

旅游企业薪酬与福利管理

对于以劳动谋生的企业员工来说,薪酬与福利直接影响到员工基本需要的满足,而对于大多属于劳动密集型企业的旅游企业来说,员工薪酬与福利是企业运作成本的重要方面。因此,企业薪酬与福利管理就变得非常重要,它关系到员工积极性的调动和企业的盈利状况,从而影响企业的进一步发展。企业要根据自身实际情况做好薪酬与福利管理。

第一节 薪酬管理概述

薪酬是员工的第一需要,合理的薪酬对员工的激励作用巨大,是员工发挥积极性和创造性的基本保证。对于人力资源管理来说,客观、公正、公平地为作出贡献的员工提供合理的劳动报酬,既是按劳分配主体原则的重要体现,也是最大限度地激发员工工作热情和创造性的重要保证。

一、薪酬和薪酬管理

1. 薪酬

薪酬含有薪水和酬劳的意思,通常把按年计付的劳动薪酬称为"薪"(如薪金、薪水等),把一次性支付的薪酬称为"酬"。薪酬是企业对为自己企业作出贡献的员工的回报。员工为企业所作的贡献包括实际绩效、付出的努力、时间、学识、经验、技能与创造等。回报,指员工从企业获得的直接或间接的货币收入,包括工资、奖金、津贴、福利待遇等,还包括员工从工作本身得到的价值感及对以后自身发展的帮助等。薪酬反映的是企业与员工之间的一种交易关系。

2. 薪酬的构成

薪酬可分为经济性报酬和非经济性报酬。
(1)经济性报酬。经济性报酬又分为直接报酬和间接报酬。

- 直接报酬由以下几块构成:

第一,工资。工资是指企业按照国家规定和劳动合同的约定,以货币形式支付给劳动者的劳动报酬,包括计时工资、计件工资、津贴、加班加点工资以及特殊情况下支付的工资等。工资主要由基础工资、岗位技能工资、工龄工资及若干种国家政策津贴构成。

基础工资一般较低,在相当长的时间内比较固定,主要为员工提供基本的保障。岗位技能工资是企业对某岗位员工为胜任该岗位所付出的知识、经验、技能的一种回报工资。工龄工资是企业根据员工在组织中工作时间长短支付的一种报酬,工作时间越长,工龄工资越高。

津贴是为了补偿员工特殊或额外的劳动消耗和因其他特殊原因而支付给员工的一种辅助性工资,又称为附加工资或补助。主要包括特殊劳动消耗津贴、保健津贴、技术性津贴、"年功"津贴和地区性津贴等几种类型。例如:高温津贴、出差津贴等。从目前来看,企业工资在总体薪酬中的比重呈下降趋势。工资相对固定不变,我们把它称作基本薪酬。

第二,奖金。它是企业对员工的超额劳动或良好的个人绩效的一种奖励。奖金也可与团体以及整个企业效益挂钩。奖金包括全勤奖、年终奖、效益奖等。近年来企业奖金比重呈不断上升趋势。奖金可以根据经营状况上下浮动,我们把它叫作激励薪酬。

第三,年薪。这是根据高层管理人员的职责和绩效而给予的报酬。年薪也含有激励的成分。

第四,红利、股权。属于变相的金钱激励。

- 间接报酬主要是员工的福利。

福利是对工资或奖金的一种补充性报酬,可以不以货币形式支付。根据我国劳动法的有关规定,员工福利可分为社会保险福利和企业集体福利。

社会保险福利是国家统一管理的用以保障劳动者及其亲属在遭遇年老、疾病、工伤、残疾、生育、死亡、失业等风险时,防止收入的中断、减少和丧失以及应付意外的经济支出,保障其基本生活需求的社会保障制度,它主要包括养老保险、伤残保险、遗属保险、疾病保险、生育保险、工伤保险和失业保险。

企业集体福利是指企业为吸引人才或稳定员工而自行为员工设置的福利待遇,如带薪休假、医疗补助、心理咨询服务、各种保险等。福利与个人的工作或绩效关系不大,不同岗位员工的福利相差也不大。福利费用一般由企业直接支付,但有时也要求员工承担一部分。如酒店为活跃文化、满足青年员工心理愿望,常举办集体旅游、为员工集体庆祝生日等活动。

(2)非经济性报酬。非经济性报酬包括工作本身、工作环境和企业特征带来的效用三部分。工作本身带来的心理效用包括工作是否有趣味、工作的挑战性、工作的责任、工作的成就感、对个人成长的帮助等;工作环境带来的心理效用包括友好的同事关系、领导者良好的个人品质、舒适的工作条件等;企业特征带来的心理效用主要指企业是否具有良好的声望、企业在未来的发展机会与前景等。这些非经济性因素也是影响人们进行工作选择和职业选择的重要因素,并成为企业吸引、留住人才的重要工具和手段。

3. 薪酬管理

员工薪酬管理是企业在员工的薪资报酬上所实行的一系列制度规范的总称。具体来讲指企业根据自身的经营战略和发展规划,综合考虑各种因素的影响,确定本企业的薪酬水平、薪酬结构和薪酬形式,并根据企业经营状况进行动态调整和控制的过程。

薪酬水平是指企业各岗位与其他同类企业各岗位相比薪酬水平的高低,以及企业整体薪酬水平的高低,薪酬水平主要是与外界比较的结果;薪酬结构是指企业内部各岗位之间的薪酬关系,它反映了企业内部薪酬的一致性;薪酬形式是指企业以何种组合方式支付员工薪酬。为了控制成本,企业也会根据经营状况对薪酬进行调整和控制,以维持企业良性运作。

二、薪酬管理的功能

规范的薪酬管理制度可以为员工提供公平合理的工资及有吸引力的福利,对吸引和留住人才、提升员工士气、提高企业竞争力等,都有着不可忽视的作用。有效的薪酬管理对员工和对企业都具有积极的意义。

1. 对员工的功能表现

(1) 补偿功能。企业与员工通过签订劳动合同,建立了一种契约关系。薪酬的补偿功能是指员工付出一定量的有效劳动之后,包括实现的绩效、付出的努力、时间、学识、技能、经验与创造等,企业根据其提供的劳动的数量和质量,以薪酬形式对其劳动消耗给予必要的补偿。而员工付出劳动后获得企业支付的劳动报酬也是维持员工再生产、满足员工基本需要的保证。

(2) 调节功能。薪酬的调节功能是指通过调节薪酬水平和薪酬制度,从而在各地区、各行业、各企业、各部门以及各种职位之间实现劳动力的合理流动,最终促使人力资源实现合理配置。薪酬在人力资源的合理配置中,一方面代表着劳动力供给方面的特点,即劳动者可以提供的不同工作能力的数量与质量;另一方面又代表着劳动力需求方面的特点,即企业对人力资源需求的种类、数量与需求程度。因此,科学、合理地运用薪酬的调节手段,可以起到引导劳动力流向最需要的部门、企业,最大限度地提高人力资源的利用率。

(3) 传递信息功能。薪酬水平的变动,可以将企业的组织目标、发展战略以及管理者的意图等及时有效地传递给员工。比如，工资的提升意味着企业对员工所做业绩的肯定。采用绩效工资制度，或提高绩效工资(或称奖金)的比重意味着企业鼓励员工之间或部门之间的竞争。采用年功工资制度意味着公司希望员工长期在本企业效劳，希望减少员工的流动，等等。薪酬管理是企业多方位向员工传递各种信息的窗口。

2. 对企业的功能表现

(1) 控制人力资源成本。企业既要以较高的薪酬水平吸引、留住优秀人才，又要控制人力资源的成本，因为较高的薪酬水平会对企业产生成本上的压力，对企业盈利不利。对任何企业而言，薪酬水平都是一块不容忽视的成本支出。因此，企业必须在这二者之间找到恰当的结合点。

(2) 改善经营绩效。薪酬管理像一个杠杆，引导着企业员工的工作态度和行为。企业调整薪酬，使薪酬与绩效更加匹配，员工公平感增强，就会鼓励员工提高工作积极性，进一步提高绩效，从而使整个企业的经营绩效得到改善。

(3) 塑造和强化企业文化。薪酬管理影响到员工工作态度和行为的变化，这种变化对于企业文化会产生深刻的影响，要么强化已有的企业文化，要么改善原有的企业文化。因此，薪酬管理要起到导向作用，引导员工产生良好的工作态度和行为，从而有利于塑造和强化优良的企业文化。

三、薪酬管理的原则

不同的薪酬形式适应不同企业的不同需要。同一个企业，在不同工作部门和不同生产环节，往往也需要不同的薪酬管理办法。但不管什么企业，在选择薪酬形式和制定薪酬管理办法时，都需要遵循一些共同的原则。

1. 公平性原则

行为学家认为，员工会对自己的付出与收获进行比较，并与其他人比较。如果他的所得与他的付出不相符合，他的积极性就会受到打击。公平性原则就是要求企业满足以下三个方面的公平：一是外部的公平性，即不同企业类似职位员工的薪酬应基本相同；二是内部公平性，即同一企业不同职位员工的薪酬应与各自对企业的贡献成正比；三是个人公平性，即同一企业相同或类似职位员工的薪酬应与其贡献成正比。

2. 激励性原则

激励原则即组织在设计薪酬等级制度时，应考虑组织内各类、各级职位(岗位)的薪酬水平要适当拉开差距，体现贡献分配，体现薪酬的激励作用。在社会现阶段，薪酬仍是最重要的激励工具。薪酬管理通过对员工利益的调整，对正确的行为进行正强化，对发生偏差的行为进行负强化，从而发挥引导员工行为的功能。薪酬管理就是要使员工看得到绩效提高的良好结果,这样的薪酬管理就对员工形成激励,从而更大程度上发挥员工的潜能。

3. 竞争性原则

竞争性是指在社会上和人才市场上,企业的薪酬标准要有吸引力,才能在吸引人才、留住人才方面有优势,招聘到优秀的人才为企业所用。一个企业的薪酬体系与外部相比要具有竞争性,否则就无法吸引、留住优秀的员工。

4. 经济性原则

提高薪酬水平,必然导致人力成本的上升。因此,设计薪酬要考虑企业的实际承受能力,要进行成本分析与控制。应该坚持工资增长幅度不超过企业经济效益增长幅度,员工平均实际收入增长幅度不超过企业劳动生产率增长幅度的"两不超"原则。过高的薪酬固然能吸引、留住优秀员工,但超出自身承受能力必然会给企业造成沉重的负担,以致对企业的长期发展不利。

5. 及时性原则

既然薪酬是吸引、激励员工的基本要素,是维持员工正常生活的基本而不可或缺的条件,因此,薪酬的及时发放就变得非常重要。及时而有效的薪酬发放,既能满足员工的基本需要,又能充分发挥其激励作用。

6. 合法性原则

企业的薪酬管理要符合国家法律和政策的有关规定,应该不与国家的法律法规相冲突,这是薪酬管理应遵循的最基本的原则。在我国,有关薪酬水平、最低标准、薪酬差别、薪酬保障等的法律法规,是劳动法体系的重要组成部分。任何违背国家法律法规规定,损害员工基本利益的做法都是不允许的。

第二节 工资制度

建立一套公平合理的基本工资制度是员工薪酬管理的主要目标。在一个组织中,不同职位的工作任务、工作复杂程度和工作职责是不同的,对组织的贡献自然是不一样的。如何建立公平合理的工资结构,需要遵循规范科学的设计原则与方法。

一、设计工资制度的原则

1. 定岗定编原则

企业首先要根据自己的发展状况和年度经营规划,定岗定编。企业的工资制度变动不能太频繁,一般是和年度经营计划的制订结合起来,一年调整一次。企业只有制订年度的经营计划,根据经营计划调配人力资源,确定岗位设置,才能测算出人事支出费用,从而为工资制度的设计提供基础参考。

2. 市场调查原则

企业是在竞争中向前发展的,企业产品在市场上的竞争力决定了企业员工工资水平的上限,否则企业的利润就不能保证。而企业劳动力市场上的竞争为企业的工资水平确定了下限,太低的工资不能留住企业的合格人才。因此,企业要不断关注竞争对手的工资状况,做到"知己知彼,百战百胜"。同时,因为绩效的提高,经济发展水平的进步而调整工资,也要掌握合理的"度",也必须进行工资调查。

3. 人性化和科学化原则

企业可以根据自身情况灵活设计工资结构,如基础工资+学历、资历工资+工龄工资等。需要结合企业的人力状况、价值导向来设计。如强调忠诚度就多设计工龄工资,需要引进高学历人才就多加学历工资等,遵循人性化和科学化原则。

4. 体现不同职位相对价值原则

企业员工不仅会把自己的收入与其他企业相同职位的员工进行比较,还会与自己企业其他职位进行比较,从而衡量工资待遇是否公平。而与其他职位进行比较的基本要素就是工作价值。衡量工作价值的典型方法是工作评价。因此,工资制度要根据工作评价的结果来制定,不同职位具有不同的相对价值。工作评价必须准确,以避免由此带来的不公平感影响员工工作的积极性。

5. 设计不同职系的职等标准原则

企业应根据情况设计若干员工职业上升的通道,如营销职系、管理职系、技术职系、职能职系等,让员工有不同的上升空间,而不是只有管理一条通道。每个职系都有高中低之分,然后确定每个职等职级的工资状况,使之符合稳步上升、小步快跑的原则(岗位提升,工资有大幅提升;岗位不变,能力提升,薪资也有提升)。工资等级如何变动、如何对应,应该在工资制度中加以明确说明,一般建议每半年根据考核成绩、综合表现对员工进行升降一次,以达到奖优罚劣的作用。

6. 员工参与原则

企业的工资制度制定好以后,非常关键的一步就是让员工理解。因此,有必要借助员工大会等形式将工资制度制定原则、方法、具体的制度对员工进行讲解。然后由各部门经理分别和员工本人沟通工资的等级情况,真正让员工理解为什么定那个级别,自身努力的方向等,并听取员工意见。在运行三个月后可以根据收集的员工意见进行适当修改。

二、工资制度的类型

目前,企业工资制度主要有岗位工资制、技能工资制、绩效工资制、结构工资制和计时、计件工资制。

1. 岗位工资制

岗位工资制是指以岗位劳动责任、劳动强度、劳动条件等评价要素要求而确定工资的制度。员工所在岗位为支付工资报酬的根据,工资变化以岗位变化为出发点,岗位成为发放工资的唯一或主要依据。岗位工资制具有技术性、职责性和专业化的特征。

岗位工资制的主要特点是对岗不对人。岗位工资制有多种形式,主要有岗位效益工资制、岗位薪点工资制、岗位等级工资制。但不论哪种工资制,只要称为岗位工资制,岗位工资的比重应该占到整个工资收入的70%以上。实行岗位工资,要进行科学的岗位分类和岗位劳动测评,岗位工资标准和工资差距的确定,要在岗位测评的基础上,引进市场机制,参照劳动力市场中的劳动力价格情况加以合理确定。

2. 技能工资制

技能工资制是指根据不同岗位、职位、职务对劳动技能的要求,确定员工所具备的劳动技能水平,从而确定其相应工资的制度。如中国传统的技术工人八级技能工资制、与职称挂钩的工资制等都属于技能工资制。在实践中它往往以资历、学历为衡量标准,和员工真正具备的技能关联不大,影响了它在企业中的使用效果。今天企业的技能工资制主要以员工的实际能力、才干为出发点来支付不同的工资。因此,要区分能力的差异,建立一套对能力进行分层分类的体系,如任职资格体系,以员工在工作中所需要的知识、能力、态度为标准。这种工资制度,适合于企业中的知识型、技能型员工。

3. 绩效工资制

绩效工资又称绩效提薪。绩效工资是根据员工的绩效考评结果来对员工的工资进行动态调整,并将调整结果作为下一个考核周期内的工资水平的工资制定类型。它是以员工的工作业绩为基础支付的工资,支付的唯一根据或主要根据是工作成绩或劳动效率。绩效工资注重个人绩效差异,有利于发挥个人积极性。但企业如果不能建立起科学的绩效考评体系,就会使绩效工资有名无实,甚至产生较大的负面影响,因为获得提薪的员工未必是真正对企业作出贡献和创造价值的员工。有学者甚至认为,员工绩效好坏与个人关系不大,是企业的良好体制成就了员工好的绩效。因此,绩效工资的公平性值得每个企业根据实际情况认真考虑。

4. 结构工资制

结构工资制是把员工的工资分成若干组成部分,以某种标准确定每一部分应得工资,从而得到员工总体工资的一种工资制度。这种制度使员工对自己各方面所得非常明了,更易使员工看得到自己的努力方向,克服了传统工资制度中将员工工作年限长短、技术水平高低、劳动态度优劣以及贡献大小等因素混杂在一起,从而使员工不了解自己工资构成情况带来的混乱想法。结构工资制一般由以下几个部分组成：

（1）基础工资。基础工资是员工工资收入中的基本部分，是企业按照一定的周期，定期向员工发放的固定报酬，在中国，一般是按月发放。基础工资应能维持劳动力再生产所需要的费用，因为不同素质的员工劳动力再生产需要的费用不同，因此，基础工资应视实际情况而有所区别。

（2）岗位工资。岗位工资是按照各个岗位的劳动责任、劳动强度和劳动条件等基本劳动要素评价为基础而确定的工资。它是结构工作制的主要组成部分，也是体现劳动差别、贯彻按劳分配原则的关键部分。岗位工资能体现对员工价值的肯定，对调动员工工作积极性、激发员工上进心有积极的作用。

（3）技能工资。技能工资是根据员工实际能力而确定的工资。它主要是弥补岗位工资的不足，引导员工进行智力投资，提高服务技能水平，从而提高企业经济效益。因为企业经济效益的提高，不仅取决于管理者的管理水平，还取决于员工技能水平及综合素质的提升。在旅游企业，如饭店，一个技术水平高的厨师、调酒师往往能为客人带来无法用语言表达的享受，为饭店创造不可估量的价值。

（4）绩效工资。绩效工资是根据员工绩效评价的结果而确定的对以上工资的增加部分，因此它是对员工优良工作绩效的一种奖励。由于不同企业、不同类别人员的考评周期往往不同，有月度考评、季度考评、半年考评和年度考评，因此在绩效工资的发放上也存在不同。

（5）工龄工资。工龄工资是根据员工工龄的长短和每年工龄应计的工资额来确定的工资。它是鼓励员工留在企业连续工作的一种方法，也是对员工工作经验的积累和所作贡献的一种肯定和补偿。工龄工资是随着员工工作年限的增长而不断增长的。考虑到发放工龄工资的意义，可把连续服务工龄与一般服务工龄区别对待。同时也可考虑把不同年龄段员工工龄增长速度区别对待，因为研究表明，员工积累的劳动贡献会随年龄的增长呈现抛物线形变化，所以要对多贡献者多回报，少贡献者少回报。

以上5个组成部分，企业可根据自己的实际情况，作相应的调整，一切以对企业发展最有利为出发点。

5. 计件、计时工资

根据国家统计局《关于工资总额组成的规定》，计件工资是指对已做工作按计件单价支付的劳动报酬。包括：

（1）实行超额累进计件、直接无限计件、限额计件、超定额计件等工资制，按劳动部门或主管部门批准的定额和计件单价支付给个人的工资。

（2）按工作任务包干方法支付给个人的工资。

（3）按营业额提成或利润提成办法支付给个人的工资。

根据国家统计局《关于工资总额组成的规定》，计时工资是指按计时工资标准（包括地区生活费补贴）和工作时间支付给个人的劳动报酬。包括：① 对已做工作按计时工资标准支付的工资。② 实行结构工资制的单位支付给职工的基础工资和职务（岗位）工资。③ 新参加工作职工的见习工资（学徒的生活费）。④ 运动员体育津贴。

旅游企业一般把计件、计时工资作为企业的附属工资支付形式。例如，饭店把超出正常工作的时间按小时计算发给员工加班工资，或者把超出正常工作量的部分以计件的形式发放员工工资。如员工多打扫了几间客房，以每间客房多少钱计算总的支出，然后把钱发给员工。

三、影响工资制度制定的因素

企业的工资制度总是会随着社会经济发展水平、企业内部状况的变化而发生改变。企业为应付复杂的内外部环境，必须及时调整员工工资。影响工资制度制定的因素有：

1. 企业外部影响因素

（1）劳动力市场供求状况影响工资制度的制定。劳动力市场供求关系是影响工资制度制定的关键因素。旅游企业工资制度的制定主要取决于旅游市场需求和本行业劳动力供给情况。当旅游市场需求扩大，劳动力供不应求时，工资水平就要上涨。当旅游市场需求缩小，劳动力供大于求时，工资水平就要相应下降。从大的范围来说，如果其他行业工资水平上涨，就会吸引旅游行业劳动力转移；其他行业工资水平下降，就会有劳动力转移到旅游行业。工资水平就在这种制衡中，不断地、动态地发生着变化。

（2）产品销售状况影响工资制度的制定。旅游企业的产品或服务在市场的销售状况也影响了企业工资制度的制定。任何产品或服务都需要成本的支出，包括劳动力成本。为获得利润，必须控制劳动力成本，如果企业产品销售状况良好，企业的利润空间较大，则劳动力成本就有一个较大的上升空间；若产品销售状况不好，企业利润较小，企业则会加强对劳动力成本的控制，甚至下调工资。当工资下调到低于当地同行业最低标准后，企业就找不到合适的劳动力，从而倒闭。

（3）生活费用和物价水平影响工资制度的制定。由于地区经济发展不平衡，在相同的情况下，各地维护一个劳动力再生产所需的费用是不相同的，因此，工资水平也不相同。同时，由于物价上涨因素的存在，员工工资水平也要相应调整。如果员工工资水平的涨幅小于物价上涨幅度，就会导致员工实际收入的下降。因此，为保证员工的实际利益不受损失，企业会采取各种措施加以弥补，如发放实物、增发奖金、提高工资标准、工资与当地物价指数挂钩等。

(4)政府的法律法规影响工资制度的制定。政府的法律法规对企业的行为具有强制性、约束性。如政府以法律的形式规定了企业支付给员工工资的下限,企业在制定工资制度时必须考虑。

2. 企业内部影响因素

(1)企业不同发展阶段影响工资制度的制定。任何企业都有其成立、发展、成熟、稳定、衰退、再次创新时期,只是不同企业在各个阶段的时间长短不同。企业在各个不同发展时期,由于其经营状况不同,工资制度也不同,并且工资制度本身也有一个不断完善的过程。

(2)企业的经营战略影响工资制度的制定。企业的工资制度,必须服务于企业的经营战略。企业的不同经营战略,如成本优先战略、创新战略、客户中心战略,使得企业在制定工资制度时,表现出不同的倾向。如企业实行客户中心战略,那么企业在制定工资制度时必然看重顾客满意程度和顾客对员工工作或技能评价等方面的信息,并在工资中体现出来。

(3)企业决策层的工资态度影响工资制度的制定。企业决策层出于不同目的的考虑,使得企业工资水平、工资结构呈现出不同的状况。有的旅游企业为稳定员工队伍,保证较高的服务质量,宁愿减少盈利,使自己企业的工资水平处于同行业领先地位。而有些旅游企业,以盈利最大化为目的,在同行业中维持较低的工资水平,使得企业员工频繁跳槽,企业又不断大批招收新的员工,由于新员工对工作有一个熟悉的过程,所以难以保证服务质量。甚至有些企业为降低劳动力成本,大量使用实习生,使实习生的比重占员工总数的一半以上。这样做必然影响服务质量,进而影响企业的长期效益。

3. 员工个体因素

(1)员工所处的职位影响工资制度的制定。员工担任的职位与他的责任相联系,也与他的工资相联系。制定的工资是否体现员工的工作价值,是否体现公平,是工资制定必须要考虑的因素。同时,管理人员与普通员工的工资差距也是企业必须考虑的。

(2)员工工作表现影响工资制度的制定。为保证服务质量、体现效率与公平,企业在制定工资制度时必须考虑员工的工作表现。一般来说,公司会向工作表现好的员工在工资上给予倾斜,而对于表现差的员工,可能会根据相关规定扣发工资。

(3)员工服务技能水平影响工资制度的制定。拥有较高服务技能的员工会表现出较高的服务效率和服务质量,企业制定工资制度时要考虑这些给企业带来效益的有利因素,并在工资中加以体现,以鼓励员工提高自己的服务技能。

(4)工作年限影响工资制度的制定。通常企业为稳定员工队伍、补偿员工过去的投资,会在工资制定时考虑员工的工作年限,并按年限计算工龄工资,连续工作的时间越长,工龄工资就越高。这样对于保持员工队伍的稳定性、降低流动成本具有积极的作用。

第三节 员工福利

员工的福利是薪酬管理的另一项内容,与薪酬共同构成了一个企业公平而有竞争力的薪酬体系。企业福利在吸引人才、留住人才方面扮演着越来越重要的角色。

一、福利及其意义

与工资和奖金等不同之处在于,福利是企业整体薪酬体系中免费赠送的部分,它的提供似乎与员工的工作业绩无直接关系,但实际上还是有关系的,因为不同的岗位和不同的级别,所享受的福利是大不一样的。

1. 福利的含义

福利是企业支付给员工的一种间接劳动报酬。福利可分为国家法定福利和企业自愿福利两部分。国家法定福利具有强制性,它以强制的形式要求企业必须为员工提供各种保障,如养老保险、失业保险、工伤保险、医疗保险、住房公积金和法定节假日休假等。企业自愿福利是企业自主为员工提供的各种服务和保障,如心理咨询、法律咨询、国家规定以外的带薪休假、教育补助、住房补充公积金、住房和购车无息贷款、特种医疗保险等。福利待遇通常是企业所有员工都能享受到的,但目前有些企业也在对福利待遇进行改革,使之拉开差距,绩效优秀者享受更好的福利待遇,使福利也成为激励薪酬的一部分。

2. 福利的意义

在现代企业中,福利经常被视为一种工具,运用于组织招募、激励和稳定员工的工作中。福利在整个薪酬中的比重越来越大,对企业、对员工都产生了十分重要的影响。

(1) 实践企业的文化和价值观。企业文化对内的核心是关心、爱护、帮助员工,而福利恰恰是传递企业对员工关怀的一个非常有特色的途径。企业可以通过不同的福利形式,表达对员工的关心、关怀之情,塑造一种温馨的、大家庭式的文化氛围,有利于加强企业的凝聚力,同时也传递、实践了企业的文化价值观。

(2) 吸引和留住人才。福利作为薪酬的一部分,在员工选择就业时起着不可忽视的作用。由于企业福利在薪酬中的比重越来越大,所以,员工在选择工作以及决定是否留任时,会将福利作为十分重要的因素来进行考虑。因此,对企业来讲,能够向员工提供有吸引力的、给员工带来切实效用的福利待遇,就成为企业吸引和留住人才的重要因素。

(3) 帮助员工解决个人困难。员工工作状态受多种因素的影响,无论是物质因素、精神因素,还是身体健康因素以及工作上的挫折等都会影响员工工作的情绪,使之产生焦虑、灰心、精力不集中等状况,直接影响服务的质量。作为企业应尽力帮助员工克服困难,使之投入工作时精力充沛。为此,企业设立较为健全的福利待遇、给员工建立各种保障、尽力协助其克服困难,减少其后顾之忧,是保证企业健康发展的有效途径。一般的福利待遇就是建立在这种需求基础之上的。

(4) 减免税收。诚信纳税是每个公民的义务,合理避税也为国家所允许。企业在实际操作中帮助员工获得尽可能多的收入,是一贯的做法。企业发放的各种福利,如果都折合成现金计入工资中,将会使员工为此支付一笔高额的个人所得税。但如果采用福利的形式,那么员工就能够在得到这些报酬的同时,获得税收的减免,这也是福利在今天越来越受到欢迎的原因之一。

二、企业福利的内容

福利从不同的角度理解可以划分为多种形式。从福利措施的制定主题来看,可分为法定福利和企业补充福利。从福利的给付形式是否为金钱或实物来看,可分为经济性福利和非经济性福利。

1. 国家法定福利

(1) 工作日内的休息:包括中午餐的休息、午睡等。

(2) 每周休假:根据《中华人民共和国劳动法》的规定,企业应执行每周工作40个小时的工时制度,企业不得任意延长工作时间,如确实由于生产经营需要,经与员工协商后可以延长工作时间,一般不得超过1个小时,最长延长工作时间每日不得超过3小时,每月不得超过36小时。安排劳动延长工作时间的,支付不低于工资的150%的工资报酬。休息日安排劳动者工作又不能安排补休的,支付不低于工资200%的工资报酬。法定节假日安排劳动者工作的,支付不低于工资的300%的工资报酬。

(3) 年休假:国家实行带薪休假制度,员工连续工作一年以上可享受带薪年假。

(4) 探亲假:根据1981年《国务院关于职工探亲待遇的规定》,在企业工作满一年的固定员工与父母或配偶不在一起,又不能用公假团聚的,每年可享受一次探亲假。未婚员工探父母假为一年一次20天,而因工作需要两年探一次,可合并使用延长至45天。已婚员工探配偶一年一次30天,此外,还规定已婚在一起的员工可四年享受一次探望父母的假期,假期为20天,在法定节假日期间探亲的,时间不足上述规定的可以补齐,探亲期间工资照发,交通费可全部报销或按照探亲假性质部分报销。

(5) 法律规定的节假日:员工的节假日包括元旦、春节、妇女节、五一劳动节、国庆节等法律法规规定的其他节假日。

2. 企业补充福利

旅游企业根据自身特点和经营状况,自主为员工提供的国家法定福利以外的其他福利,均为企业自愿福利。企业福利多种多样,既有货币形式也有实物形式,一般是根据员工需要、为解决员工实际困难而设立的。常见的企业福利有:

(1) 为员工提供生活方便、减轻家务劳动负担而举办的集体福利设施,如员工食堂、托儿所、幼儿园、婴儿哺乳室、浴室、卫生室等。

(2) 为满足员工的不同需要,减轻生活开支而建立的福利补贴,如生活困难补贴、交通费补助、探亲往返车船费补贴、幼儿入托费补贴、房贴、取暖费、夏季高温补贴以及疗养费等。

(3) 为改善员工文化生活,建设精神文明和企业文化而建立的福利事业,如图书馆、阅览室、俱乐部、球场、游泳池、业余学校等。

(4) 为解决外地员工住宿问题而兴建的员工宿舍等。

当然,员工福利不仅限于上述内容,有的企业已经开始探索自助餐式的福利规划,等等。

3. 企业福利的形式

对企业福利进行归类,主要有以下几种形式:

(1) 额外金钱收入,比如在年终、中秋、端午、国庆等特殊节日的过节费、慰问金等。

(2) 利润分红,企业根据盈利状况,以一次性奖励的方式让员工共享企业盈利。这是企业对员工的一种额外嘉奖。

(3) 员工持股,企业以各种优惠条件让员工持有本企业股票,享受股利分红和股值增值福利。

(4) 住房、饮食、交通福利,即对员工工作期间的吃、住、行这些基本生活方面给予实物或货币补贴,甚至免费。

(5) 教育培训性福利,如企业内部的在职或短期的脱产培训,企业外公费进修,员工学历提升、购买报刊、专业书刊等方面的补贴等。

(6) 带薪休假福利,除周末、国家规定的节假日及病假、产假外,企业还根据员工业绩和工龄的不同每年给予员工若干天的带薪休假福利。

(7) 文体旅游性福利,包括有组织的集体文体活动,如晚会、郊游、野餐、体育竞赛等;企业自建文体设施,如运动场、游泳池、健身房、阅览室、棋牌室、台球室等;

免费或折扣电影、戏曲、球赛票券、旅游津贴等；免费提供的车、船、机票的订票服务等。

(8) 医疗保健福利，包括健身服务，因疾病而发生的医疗、看护等费用的补贴，免费定期体检，免费防疫注射，职业病免费防护以及免费或优惠疗养等。

(9) 离退休福利，指离退休后的吃、穿、住、娱乐及其他费用的额外补贴。

(10) 意外补偿金，包括工伤及其他意外伤害后的治疗等费用、给付性费用、死亡抚恤，等等。

(11) 其他生活性福利，如洗澡、理发津贴，降温、取暖津贴，优惠价提供本企业产品或服务等。

(参照孙海法编著《现代企业人力资源管理》，第265页，中山大学出版社，2002年版)

三、企业福利的有效管理

企业福利尽管"人各有一份"，其影响力似乎不如工资、奖金大，但并不意味着企业福利管理可以随便应付，毕竟它关系到每个人的利益。福利管理的好坏，有着不同的效果，管理得好，可以增强员工对企业的满意度，起到激励员工的效果；管理得不好，会引起员工的不满，影响员工的工作积极性。因此，制订并提供既适合组织发展水平，又保证员工的切身利益的福利计划，使福利的效用最大化就成为福利管理的主要内容。

1. 一揽子福利计划

一揽子福利计划不再把薪酬与福利当作互不相干的两项工作，而是将它们有机地结合在一起，围绕着企业的目标运转。例如，对适宜货币薪酬的营销等工作，采用货币方式支付；反之，对办公室内勤职员，则采用非货币形式支付福利等等。

2. 自助餐式的福利计划

员工内在需求多种多样，众口难调，未来企业将更重视员工的个性化需要，在这样的情形之下，具有选择性、个人化的"自助餐式的员工福利"就应运而生了。

自助餐式的员工福利顾名思义就是考量员工的职位、绩效表现以及贡献度所决定其福利金额，而该金额数量是以点数的方式呈现出来，企业每年让员工在其所能使用的点数内规划其福利自助餐。

企业在设计自助餐式福利菜单时可以参考员工的意见，根据员工自己的意愿规划其福利项目，增加员工对企业的认同感。

实行自助餐式的员工福利符合期望理论，与个人需求相联系；当人们选择福利组合时，传递出企业对员工的信任和期望，使员工的使命感增强。对企业而言，自助餐式的福利计划更具有针对性，避免提供给员工不需要的福利项目，可削减成本,实际效用增大。

自助餐式的福利计划,由于是新生事物,在实行之初,充分的沟通与取得员工的信赖是必须的,以确保此福利计划能够顺利执行。另外,由于不能批量购买相关福利产品,可能会增加部分购买成本,但相对于自助餐式福利计划的优势而言,这点是微不足道的。在实施时,可适度规范购买的额度、频率,这样可有效节省相关人员的行政成本。

然而再好的福利规划,倘若没有一套符合公平正义原则的绩效考评制度,往往立意良善,但效果会大打折扣,因此企业应该在绩效考评的设计上力求严谨,将绩效管理制度与福利制度相联系,使员工的福利额度能够与员工的绩效表现密切相关,进而留住核心人才,提升人员品质及效率。

总的来说,自助餐式的福利恰当地提供了员工所需要的福利,使员工的需要得到满足,使福利的总效应达到最大化。它作为一种新兴的、具有灵活性的福利模式正受到越来越多企业的青睐。

复 习 与 训 练

一、主要概念

薪酬　薪酬管理　工资　福利　利润分红

二、阅读理解

1. 员工的薪酬由哪几个部分组成?
2. 薪酬管理有何功能?
3. 薪酬管理遵循哪些原则?
4. 影响工资制定的因素有哪些?
5. 什么是福利?福利有哪些类别?

三、判断题

1. 薪酬就是员工的工资收入。(　　)
2. 企业员工福利加重了企业的人力成本,可以不设。(　　)
3. 企业薪酬与福利管理,关系到员工积极性的调动和企业的盈利状况,从而影响了企业的进一步发展。(　　)
4. 津贴是指为了补偿员工特殊或额外的劳动消耗和因其他特殊原因而支付给员工的一种辅助性工资。(　　)
5. 企业福利形式可以多样,以尽可能满足员工需要为出发点。(　　)

四、选择题

单选题

1. 决策的参与、工作的挑战性、工作的责任、工作的成就感、个人的发展等这些报酬的形式属于（　　）。
   A. 直接报酬　　　　　　　　　B. 间接报酬
   C. 经济性报酬　　　　　　　　D. 非经济性报酬

2. 根据员工完成工作的时间来支付相应薪酬的是（　　）。
   A. 岗位工资制　　　　　　　　B. 绩效工资制
   C. 津贴　　　　　　　　　　　D. 计时制

3. 住房福利属于（　　）。
   A. 国家法定福利　　　　　　　B. 企业自主福利
   C. 生活福利　　　　　　　　　D. 国家特定福利

多选题

4. 下面属于个人激励薪酬形式的是（　　）。
   A. 计件制　　　　　　　　　　B. 计时制
   C. 绩效工资　　　　　　　　　D. 利润分享制
   E. 技能工资

5. 影响工资制定的企业内部因素有（　　）。
   A. 企业不同发展阶段　　　　　B. 企业经营战略
   C. 政府的有关法令、法规　　　D. 企业决策层的工资态度
   E. 企业产品销售状况

五、案例分析

（资料来源：李志刚编著《饭店人力资源管理》，中国旅游出版社，2005年版）

案例：棕榈湾酒店的薪酬方案有吸引力吗？

韦恩·麦格劳热情迎接了他的下一位面试者罗伯特·彼得斯。罗伯特学习成绩优异，并且看上去就是棕榈湾饭店需要的那种人才。韦恩负责棕榈湾饭店在大学中的招聘工作，已经面试了6位加州大学毕业的学生。根据求职申请表，罗伯特似乎是那天最有希望的候选者。他22岁，平均分数3.6分（5分为满分），专业课的"管理学原理"和"财务管理"的分数均为4.0。他不仅是学生管理协会的副主席，还是一个名为卡巴·阿尔法·皮斯的社会联谊会负责活动的主席。他档案中的推荐信表明，他不仅积极参加社会活动，而且是一名非常严谨、认真的学生。其中一封来自罗伯特上一位暑假雇主的推荐信表示对罗伯特的工作习惯很满意。

韦恩知道，讨论报酬是招聘面谈的一个重要内容，但是他不知道棕榈湾饭店的报酬和福利计划哪些方面最能吸引罗伯特。棕榈湾饭店有良好的分红计

划,但80％的利润分配是延期支付的,列于每位员工退休时的账户中;其健康福利也比较好。棕榈湾酒店的医疗和牙科福利几乎支付100％的费用。员工工作满1年后可获得1周的带薪假期。最后,饭店还鼓励员工继续学历教育,并支付一定比例的学费和书费,而且允许在排班条件许可的情况下白天脱产上课。

案例思考题:
1. 棕榈湾酒店的薪酬计划中哪些方面能吸引罗伯特?为什么?
2. 整个薪酬方案对罗伯特有没有吸引力?为什么?

第七章

旅游企业劳动关系管理

旅游企业员工从进入企业工作开始,就与企业构成了一定的劳动关系。处理好这种劳动关系,对于维护员工与企业双方的权利义务关系,保证企业的正常运行,具有积极的作用。劳动关系的融洽与否也直接影响到人力资源潜力的发挥,因此,如何正确认识与维护劳动关系,是人力资源管理的重要内容,也是每个企业都应当重视的问题。

第一节 劳动关系概述

劳动关系涉及面较广,不仅涉及企业内部问题,也可能涉及企业外部问题。旅游企业的管理者需要熟知劳动关系涉及的重要方面,了解劳动关系的内涵、劳动关系的构成以及劳动关系主体的地位和权利。

一、劳动关系的概念

劳动关系是指劳动者同用人单位在劳动过程中产生的社会关系。在不同的国家,又被称为劳资关系、雇佣关系、劳工关系等。劳动关系的双方当事人是劳动者与用人单位。

从广义上讲,任何劳动者与任何性质的用人单位之间因从事劳动而结成的社会关系都属于劳动关系的范畴。从狭义上讲,现实社会生活中的劳动关系是指依照国家劳动法律法规规范的、当事人双方(劳动者和用人单位)的权利和义务关系。本章所涉及的劳动关系是指狭义的劳动关系。

劳动关系中的双方当事人,是由劳动法律规范所规定和确认的权利与义务联系在一起的,其权利和义务的实现,由国家强制力来保障。劳动法律关系的一方(劳动者)必须加入某一个用人单位,成为该单位的一员,并参加单位的生产劳动,遵守单位内部的劳动规则;而另一方(用人单位)则必须按照劳动者的劳动数量或质量给付其报酬,提供工作条件,并不断改进劳动者的物质文化生活。

劳动关系并不是劳动力与劳动报酬的简单交易,而是劳动者将其劳动力的支配权、使用权有偿让渡给生产资料所有者,并与生产资料相结合所形成的社会关系。但并非用人单位内部的社会关系都是劳动关系,如经理、党委书记、工会主席与用人单位之间就不是劳动关系,而是经营管理关系、政治关系、社团关系。

二、劳动关系的构成

1. 劳动关系的三个要素

劳动关系由三个要素构成:主体、内容、客体。

劳动关系的主体是指劳动关系的参与者,包括劳动者、劳动者的组织(如工会、职代会)和用人单位。劳动关系的内容是指主体双方依法享有的权利和承担的义务。劳动关系的客体是指主体的劳动权利和劳动义务共同指向的事物,如劳动时间、劳动报酬、安全卫生、劳动纪律、福利保险、教育培训、劳动环境等。

2. 劳动关系主体的地位

劳动关系主体双方具有平等性。劳动者和用人单位在劳动关系建立之前,双方是平等的主体,双方在自愿、平等、协商的基础上签订劳动合同后,劳动合同保证了双方权利与义务关系的对等实现。

劳动关系主体双方具有隶属性。建立劳动关系之后,劳动者除了通过履行自己的义务获得劳动报酬外,在劳动中还必须听从管理者的调度和支配,双方形成了管理与被管理、领导与被领导的隶属关系。

三、劳动关系的主要内容

在市场经济体制下,劳动关系的主体由三方构成,即企业、劳动者和工会。从广义上讲,劳动关系是企业(所有者、经营者)、普通职工及其工会组织之间在企业的生产经营活动中形成的各种责、权、利关系。

1. 劳动者的权利

劳动者的权利是指劳动者依照劳动法律行使的权力和享受的利益。根据《中华人民共和国劳动法》第3条规定,劳动者享有的权利包含以下内容:

(1) 享有平等就业和选择职业的权利。平等就业权包含三层含义,一是任何公民都平等地享有就业的权利和资格,不因民族、种族、性别、年龄、文化、宗教信仰、经济能力等而受到限制;二是在应聘某一职位时,任何公民都需平等地参与竞争,任何人不得享有特权,也不得对任何人予以歧视;三是平等不等于同等,平等是指对于符合要求、符合特殊职位条件的人,应给予他们平等的机会,而不是不论条件如何都同等对待。

职业选择权则是劳动者在具体行使就业权时，区分不同的就业机会，根据自身的条件和意愿，选择职业的权利，包括选择就业行业、就业单位、具体的工作岗位和工种等方面。根据职业选择权，劳动者可以同用人单位在平等自愿的条件下共同协商订立劳动合同，实现自主就业。这就意味着劳动者有权要求单位和个人不得非法干预其自主选择职业。否则，劳动者有权通过必要的法律途径寻求帮助和解决，以维护自己的合法权益。

(2) 享有取得劳动报酬的权利。劳动报酬是劳动者履行义务后，由用人单位遵循按劳分配原则及劳动力价值支付报酬的权利。它是劳动者依法享有的劳动权利之一。劳动报酬是劳动者及其家庭成员生活的主要来源，处理好劳动者的劳动报酬问题，对于稳定员工队伍、保证企业经营的顺利进行具有重大的意义。企业应及时定额地向劳动者支付工资等劳动报酬，如果企业不能履行这些义务，劳动者有权依法要求有关部门追究其责任。

(3) 享有休息、休假的权利。劳动者休息的权利是宪法赋予每个公民的基本权利。根据劳动法的有关规定，劳动者享受的休息、休假包括工作间歇、公休日、法定节假日、年休假、探亲假、婚丧假、生育假、病假、事假等。1995 年 5 月 1 日实行的《国务院关于职工工作时间的规定》第 3 条中规定："国家实行每日工作 8 小时、平均每周工作 40 小时。"劳动法规定："企业不得任意延长工作时间。"休息、休假的法律法规既是对劳动者基本权利的保障，也是对劳动者进行劳动保护的有力措施。随着劳动生产率的提高以及劳动者提高生活质量的要求，我国在不断减少工作时数，以增加劳动者的休息时间。

(4) 享有获得劳动安全卫生保护的权利。我国劳动法规定：劳动者对用人单位管理人员强令冒险作业，有权拒绝执行；对危害生命和身体健康的行业，有权提出批评、检举和控告。这里面包括防止工伤事故和各种职业病的发生。目前，我国已制定了大量关于劳动安全保护方面的法规，形成了安全技术的法律制度、职业安全卫生行政管理制度以及劳动保护监督制度等。但有些用人单位片面追求高利润，为降低支出，置劳动者的安全卫生条件于不顾，势必会损害劳动者的健康，引发双方矛盾。因此，劳动法也规定，用人单位必须为劳动者提供符合国家规定的劳动安全卫生条件和必要的劳动防护用品，对从事有职业危害作业的劳动者应当定期进行健康检查。同时，劳动者在劳动过程中必须严格遵守安全操作规程，自觉维护自身的安全。

(5) 享受接受职业技能培训的权利。职业技能培训是指对准备就业的人员和已经就业的职工，以培养其基本的职业技能或提高其职业技能为目的而进行的技术业务知识和实际操作技能教育与训练。我国宪法规定，公民有受教育的权利和义务。受教育既包括受普通教育，也包括受职业教育。公民有劳动的权利，要实现劳动权就离不开劳动者自身拥有职业技能，在职业技能的获得越来越多的职业培训的今天，公民没有职业培训权利，劳动就业权利就无法充分实现。

（6）享有享受社会保险和福利的权利。社会保险是国家和用人单位依照法律规定或合同的约定，对具有劳动关系的劳动者在暂时或永久丧失劳动能力以及暂时失业时，为保证其基本生活需要，给予物质帮助的一种社会保障制度。

我国劳动法中规定的劳动保险项目有如下几项：养老保险、医疗保险、工伤保险、生育保险、失业保险等。随着经济的发展和社会财富的增加，我国劳动者将享受到越来越完善的社会保险和福利的权利，并受到国家法律的保护。

劳动保险是对员工的生老病死的一种保障，企业应积极做好员工的各项社会保险，健全保险基金制度。

（7）享有提请劳动争议处理的权利。用人单位与劳动者作为劳动关系的主体，各自存在不同的利益，在交互作用中不可避免地会产生分歧，在发生劳动争议时，劳动者可以依法申请调解、仲裁、提起诉讼，也可以协商解决。解决劳动争议应贯彻合法、公正、及时处理的原则。

（8）劳动者享有法律规定的其他权利。

2. 劳动者的义务

员工与企业签订劳动合同后，必须履行以下义务：

(1) 按质、按量完成生产任务和工作任务；

(2) 学习政治、文化、科学、技术和业务知识；

(3) 遵守用人单位的劳动纪律和规章制度；

(4) 遵守劳动合同中制订的劳动安全保护和卫生条例；

(5) 保守国家和企业的机密。

3. 企业的权利

劳动法规定的企业权利包括：

第一，企业有依法录用、调动、辞退员工的权利。劳动法第23、24、25条规定，下列情况企业可合法辞退员工：

- 劳动合同期满。
- 严重违反劳动纪律、规章制度、操作规程等，影响企业的正常工作秩序。
- 长期无法达到规定的工作标准，被证明不符合录用条件的。
- 有贪污、盗窃、赌博、失职、营私舞弊等不良行为，如情节严重，给企业造成重大利益损失的，依法追究其刑事责任。

我国《劳动法》第29条规定，下列情况企业不得辞退员工：

- 患职业病或者因公负伤并被确认丧失或部分丧失劳动能力的员工。
- 患病或负伤在规定医疗期内的。
- 女员工在孕期、产期、哺乳期内。

- 法律法规规定的其他情况。

第二，企业有依法奖惩员工的权利。企业可根据自身的情况，制定出一套行之有效的奖罚制度，并做到公平公正。奖励可根据实际情况，分为物质奖励和精神奖励。

4. 企业的义务

企业与员工签订劳动合同后，应履行以下义务：
- 合理安排、分配员工的工作，应尽量做到公平合理。
- 定期加强对员工的思想、技能培训。
- 按照合同要求及时发放工资，不得无故拖欠、减少工资。
- 改善劳动条件，搞好劳动卫生保护，保障员工个人的身体健康。

四、处理劳动关系的原则

劳动关系主体各方在处理劳动关系时相互信任、相互尊重、互助合作，就能创造出一个令人心情舒畅的工作环境，这样有利于企业文化的形成和组织的建设。因此，正确处理与不断改善劳动关系，应该遵循以下基本原则。

1. 兼顾各方利益的原则

正确处理好劳动关系主体的责、权、利关系，对保障健全的劳动关系非常重要。尤其当劳动关系发生矛盾冲突时，应兼顾各方利益。在劳动争议的处理活动中，应当充分听取劳动和社会保障部门、企业综合管理部门和工会组织三方的意见，反映三方的意见，真正做到合法和公正。

2. 协商为主解决争议的原则

在处理劳动争议时，应尽量遵循协商解决问题的原则，凡能不诉诸法律的就不上法庭。这样既节省费用，又不容易伤感情，且双方有较大的回旋余地。从大多数劳动争议看，往往双方各有对错。因此，只有当事人双方相互谅解，才能使争议得到圆满解决。及时处理事端，可以消除企业与员工之间的敌对情绪，有利于融洽企业与员工的关系。

3. 以法律为准绳的原则

处理企业内劳动关系不能凭管理者的主观臆断和随心所欲，而要以《中华人民共和国劳动法》及其相关的法律、法规为依据，以法律为准绳来协调各方关系，可以避免许多不必要的矛盾，对争议各方比较公平。因此，企业出现问题时，应及时找法律专家咨询，不能凭自己的主观理解和认识去解决争端。

4. 劳动争议以预防为主的原则

企业经营管理人员应当树立正确的价值观，既要维护企业的利益，又不能忽视员工的利益，要搞好人力资源的开发和管理，协调好各方面的关系，及时化解企业内部已经发生和将要发生的矛盾。要经常分析劳动关系形势,了解员工的情绪,预见可能发生的问题,不断进行沟通,及时采取有效措施,使矛盾刚出现时就能够得到化解。

第二节 劳动合同管理

劳动合同,也称劳动契约、劳动协议,它是指劳动者同用人单位之间为确立劳动关系,明确双方责任、权利和义务的协议。我国劳动法第16条规定:"建立劳动关系应当订立劳动合同。"劳动合同是确立劳动关系的凭证,是维护双方合法权益的法律保障。

一、劳动合同的订立

劳动关系确立的标志是劳动合同的签订。劳动者同企业签订了劳动合同,就已经确立了劳动关系,明确了双方的权利和义务。我国劳动法规定,劳动合同依法订立即具有法律约束力,当事人必须履行劳动合同规定的义务。

1. 劳动合同的内涵和特点

我国自1986年开始对新招员工推行劳动合同,从那时起,我国开始实行全员劳动合同制。企业劳动合同主要包括口头合同和书面合同两种形式。口头合同,指双方当事人通过口头约定的方式来规定彼此之间权利和义务的关系。书面合同,指双方当事人以书面的形式规定彼此之间权利和义务的关系。我国劳动法明确规定,企业劳动合同要采用书面的形式订立。劳动合同具有以下几个特点:

(1) 自愿性。劳动合同的订立是当事人双方意思表示一致的法律行为,当事人的意思表示必须真实、自愿。劳动合同的签订一定要以双方的自愿为前提,任何形式违背某方意愿形成的劳动合同都是违法的。

(2) 平等性。当事人双方在劳动合同关系中的法律地位是平等的,是平等条件下的合作关系,双方当事人在政治上、经济上不存在任何依附关系。二者在签订合同时,应本着平等互利的原则来规定各自的权利和义务。一方,尤其是企业这一方,不应当因自己处于优势地位而强迫劳动者接受不合理的条件或安排。

(3) 强制性。劳动合同是双方当事人之间有关双方权利和义务的规定,是双方当事人的法律行为。劳动合同一经签订,就具有了特定的法律属性和法律效力,双方当事人要严格履行,不得违反;否则,要受到法律的制裁。

2. 劳动合同的订立原则

劳动合同的订立原则是指劳动者与用人单位订立劳动合同时必须遵循的基本

准则。订立劳动合同,应当遵循合法、平等自愿、协商一致的原则。

(1) 合法原则。它是指无论合同的当事人、合同的内容和形式,还是制订合同的程序,都必须符合有关劳动法规和劳动政策的要求。合法原则是订立劳动合同的前提条件。尤其要注意的是,凡是与劳动合同有关的强制性法律规范和强制性劳动标准,都必须严格遵守。劳动合同的当事人必须具备法定的资格,劳动者必须是年满 16 周岁以上具有劳动权利能力和劳动行为能力的公民。同时劳动合同的内容必须合法,即当事人双方约定的劳动权利义务,不得违反国家的有关法律、政策。

(2) 平等自愿原则。平等自愿是订立劳动合同的基本原则,它是指双方当事人的法律地位一律平等,合同中的权利义务对等,双方都有权选择对方并就合同内容表达具有同等效力的意志。自愿原则是指双方当事人都有权按照自己的真实意愿订立合同,并同时尊重对方的意愿和社会公共利益,不能将自己的意志强加给对方。只要双方的行为不违反法律规定,其他任何机关、团体、个人等第三方都不能干涉。

(3) 协商一致原则。它是指在订立劳动合同的过程中,双方必须就合同条款充分协商、取得一致,合同才能成立。合同是双方当事人意思表示一致的结果,是在互惠互利基础上充分表达各自意见,并就合同条款取得一致后达成的协议。因此,任何一方都不得凌驾于另一方之上,不得把自己的意志强加给另一方,更不得以强迫、命令、威胁等手段签订合同。同时,凡是协商一致的过程、结果,任何单位和个人不得干涉。协商一致原则是维护双方当事人合法权益的基本要求。

3. 劳动合同订立的基本程序

劳动合同的订立程序,是指劳动合同在订立过程中要履行的手续和应遵循的步骤。用人单位与劳动者在订立劳动合同时一般需要经过以下程序:

(1) 提出劳动合同草案。企业向员工提出拟定的劳动合同草案,并说明各条款的具体内容和依据。在提出合同草案的同时,企业还必须向员工详细介绍本单位内部的劳动规则。

(2) 商定劳动合同内容。企业与员工在了解劳动合同草案和内部劳动规则的基础上,对合同条款逐条协商一致后,以书面形式确定其具体内容。对劳动合同草案,员工可提出修改或补充意见,并就此与企业协商确定。对内部劳动规则,员工一般只需表示接受与否即可,而不能与企业协商修改或补充其内容。

(3) 双方签字或盖章。双方就合同条款达成一致后,用人单位盖法人的章,必要时可书面委托所属的有关部门代为盖章,或由法定代表人签字或受委托人代为签字。劳动者应自己签字或盖章,遇有特殊的情况,如本人因故出远门而合同又必须及时订立,也可书面委托他人代签。

(4) 鉴证。为保证合同的有效性,按照国家规定或当事人要求而需要鉴证的劳动合同,应当将其文本送交合同签订地或履行地的合同鉴证机构进行鉴证。凡需要鉴证的劳动合同,经鉴证后方可生效。劳动合同一般应一式两份,用人单位与劳动者各持一份;若合同鉴证部门需要,也可一式三份。

二、劳动合同的内容

为了保障劳动者的合法权益,根据我国劳动法第19条的规定,劳动合同应具备以下条款。

1. 劳动合同期限

根据劳动法第20、21条规定:"劳动合同的期限分为有固定期限、无固定期限和以完成一定的工作为期限。劳动者在同一单位连续工作满10年以上,当事人双方同意续延劳动合同的,如果员工提出订立无固定期限的劳动合同,应当订立无固定期限劳动合同"。"劳动合同可以约定试用期。试用期不得超过6个月。"

2. 工作内容

员工在企业中从事的工作岗位、性质、工作以及应完成的任务和应达到的目标等,应事先对从事的工作做到心中有数。

3. 劳动保护和劳动条件

企业应根据国家的有关规定,结合自身实际情况,建立健全劳动卫生制度、劳动安全制度等,还应配备必要的劳动防护设备、用品等。

4. 劳动报酬

劳动报酬是员工在付出一定劳动后的回报,企业应根据国家的法律法规,结合员工的实际工作,合理、定期地发放劳动报酬,劳动报酬有工资、奖金、津贴等形式。

5. 劳动纪律

企业有工作时间纪律、生产纪律、保密纪律、防火纪律等。员工应自觉遵守企业制定的劳动纪律。

6. 劳动合同终止的条件

企业与员工之间约定终止合同效力的内容。以下情况员工可以自行辞职:
- 如合同期满或约定的合同终止条件的出现。
- 在试用期内,企业以暴力威胁或非法限制人身自由的手段强迫劳动的。
- 企业未按照劳动合同约定支付劳动报酬或者提供劳动条件的。
- 提前30日书面通知企业解除劳动合同的。

7. 违反劳动合同的责任

企业与员工任意一方由于自身的原因造成合同无法履行或不能完成履行,应按照合同的有关规定进行处罚。

除上述必备条款外,当事人还可以协商约定其他内容,即包括法定条款和协商条款。法定条款的具体内容,有些也需要协商而定;协商条款的具体内容,有些也需要依据有关规定协商。总之,两种条款的制定,均不能违背合法原则和平等自愿、协商一致的原则。两种条款具有同等法律效力。

三、劳动合同的履行

劳动合同的履行,是指劳动合同在依法订立生效之后,双方当事人按照劳动合同规定的条款,完成劳动合同规定的义务,实现劳动合同规定的权利的活动。双方当事人在履行劳动合同时应遵循以下原则。

1. 实际履行的原则

所谓实际履行的原则,是指合同双方当事人要按照合同规定的内容履行自己的义务和实现自己的权利。这主要表现在两方面:一是一方当事人即使违约,也不能以罚金或赔偿损失来代替合同规定的履行,除非违约方对合同规定的履行对另一方当事人已无实际意义;二是一方当事人不履行合同时,另一方当事人有权请求法院或仲裁机构强制或敦促其履行。实际履行的原则要求,劳动者一方要给管理者提供自己一定数量和质量的劳动,以保证企业生产经营活动的正常开展。管理这一方要为劳动者支付必要的劳动报酬和提供必要的劳动条件等,以保障劳动者正常的生活和工作需要。

2. 亲自履行原则

这是指双方当事人要以自己的行为履行合同规定的义务和实现合同规定的权利,不得由他人代为履行。这就是说,劳动者的义务只能由劳动者自己去履行,管理者的义务只能由管理者去履行。双方当事人权利的实现也是这样,只能依靠自己。亲自履行的原则要求,合同双方当事人要以自己的实际行为去完成合同规定的任务,实现合同约定的目标,实现权利和义务的统一。当事人要将合同规定的内容融入自己的日常活动合同中去。

3. 正确履行的原则

这是指当事人要按照合同规定的内容,原原本本的全面履行,不得打折扣,不得改变合同的任何内容和条款。合同正确履行的原则实际上包括三方面的内容:一是实际履行;二是亲自履行;三是全面履行。只有当事人按照合同规定的表达或方式来代替,才算是合同的正确履行;也只有当事人自己亲自履行合同的内容和条款,才称得上是合同的正确履行;同时,也只有当事人履行合同的全部条款,即按照合同约定的表达及其种类、数量和质量履行,又按照合同约定的时间、地点和方式等履行,才算是合同的全面履行,也才算得上是合同的正确履行。这就是说,正确履行的原则要求是:合同当事人履行合同既要实际履行,又要亲自履行,同时还要全面履行。

4. 协作履行的原则

这是指双方当事人在合同的履行过程中要发扬协作精神,要互相帮助,共同完成合同规定的义务,共同实现合同规定的权利。协作履行的原则大体上包括这样几方面的内容:

(1) 任何一方都要保证自己能够实际、亲自、全面和正确地履行合同的内容和条款。任何一方完成自己的任务,就为合同的履行打下了良好的基础,也是协作的前提之所在。

(2) 在合同的履行过程中,双方当事人要相互关心,并进行必要的相互检查和监督;遇到问题,双方都要寻找解决问题的办法,提出合理化建议。

(3) 合同没有得到正确的履行或发生不适当履行时,任何一方违约,另一方都要帮助纠正。若劳动者违约,管理者要立足于说服教育,帮助其纠正;若管理者违约,劳动者也要及时反映问题,并协助其纠正。

四、劳动合同的变更和终止

1. 劳动合同的变更

劳动合同变更,是指已经存在的劳动合同关系,通过当事人再次协商,对原定条款作部分修改、补充或删除,重新调整当事人的权利义务关系,使合同适应变化发展了的新情况,从而保证合同的继续履行。它发生在劳动合同生效后尚未履行或尚未完全履行期间,是对劳动合同所约束的权利和义务的完善和发展。需要变更的劳动合同的条款应具备以下三个条件:

第一,双方当事人原来已经存在着劳动合同关系。所谓"变更",是对原订合同的修改和增删。

第二,订立合同时所依据的情况发生变化。劳动合同依法订立后就具有法律的约束力,当事人双方都必须严格按照劳动合同规定的条款履行自己应尽的义务,只有情况出现变化时,才允许变更劳动合同。

第三,劳动合同变更必须经双方当事人同意。劳动合同在签订时要贯彻平等自愿、协商一致的原则。这种当事人之间通过协商一致形成的法律关系,一般也应通过协商一致才可以变更。

2. 劳动合同的终止

劳动合同终止,是指按劳动法的规定,当事人双方按照劳动合同规定的条款,实现和履行了相应的权利义务,劳动合同即因期满或者双方约定的终止条件出现而丧失效力。劳动合同终止的条件和原因有以下几方面:合同期限已满;合同目的已经实现;合同约定的终止条件出现;当事人死亡;劳动者退休;企业不复存在。

一般说来,常见的劳动合同终止有固定期限的劳动合同因期限届满而终止;无固定期限的劳动合同因合同约定的条件出现而终止；以完成某项工作任务为期限的劳动合同，因工作任务完成而终止。如果终止条件一经出现，劳动合同效力即行终止，这是劳动合同终止后的必然后果。劳动合同终止后，由于生产、工作需要，在双方完全同意的条件下，可以在终止合同后再续订合同。

劳动合同期满或者当事人约定的劳动合同终止条件出现，劳动者有下列情形之一，同时又没有严重过错的，劳动合同期限顺延至下列情形消失：

(1) 患病或者负伤，在规定的医疗期内的；

(2) 女职工在孕期、产期、哺乳期内的；

(3) 法律、法规、规章规定的其他情形。

应当订立劳动合同而未订立的，劳动者可以随时终止劳动关系。应当订立劳动合同而未订立的，用人单位提出终止劳动关系，应当提前30日通知劳动者，但劳动者具有上述顺延情形之一的，劳动关系应当顺延至该情形消失。

劳动合同终止一般不支付经济补偿金，但因为用人单位破产、解散或者被撤销而导致合同终止的，用人单位应当根据劳动者在本单位的工作年限，每满1年给予劳动者本人1个月工资收入的经济补偿。

3. 劳动合同的解除

劳动合同解除是指劳动合同订立后，尚未全部履行前，由于某种原因导致劳动合同一方或双方当事人提前结束劳动关系的一种法律行为。劳动合同的解除，只对未履行的部分生效，不涉及已履行的部分。根据劳动法的规定，劳动合同既可以由单方依法解除，也可以由双方协商解除。

企业单方解除劳动合同的情况有两种：

一是直接解除劳动合同。当劳动者符合下列情形之一，企业可以直接解除劳动合同：

● 在试用期被证明不符合录用条件的；

● 严重违反劳动纪律或其用人单位规章制度的；

● 严重失职、营私舞弊，对用人单位利益造成重大损害的；

● 被依法追究刑事责任的。

二是提前通知解除合同。当出现下列情形之一，企业也可以解除劳动合同，但应当提前30日以书面形式通知劳动者本人：

● 劳动者患病或非因工负伤，医疗期满后，不能从事原工作也不能从事由用人单位另行安排的工作；

● 劳动者不能胜任工作，经过培训或者调整工作岗位，仍不能胜任工作的；

● 劳动合同订立时所依据的客观情况发生重大变化，致使原劳动合同无法履行，经当事人协商不能就变更劳动合同达成协议的；

● 企业濒临破产进行法定整顿期间或者生产经营状况发生严重困难需裁减人

员的。

劳动者解除合同的情况也分为两种：一是预告解除，要求劳动者提前 30 日以书面形式通知企业，表明解除合同的意愿；二是即时解除，属于下列情形之一的，劳动者可以随时通知企业解除劳动合同关系：

- 在试用期内的；
- 企业以暴力、威胁或者非法限制人身自由的手段强迫劳动的；
- 企业未按照劳动合同约定支付劳动报酬或者提供劳动条件。

劳动合同的解除直接关系到劳动者的前途与生活来源，也关系到用人单位的生产、经营和工作秩序，是一件较为严肃的事情。单方解除不当则会破坏劳动合同的效力和尊严，损害对方的合法权益。

五、新劳动合同法调整要点

中华人民共和国第十届全国人民代表大会常务委员会第二十八次会议于 2007 年 6 月 29 日通过的，自 2008 年 1 月 1 日起施行的《中华人民共和国劳动合同法》(以下简称《劳动合同法》)，和原来《劳动法》中关于劳动合同的内容相比较，《劳动合同法》有多处变动和调整。

1. 违法不签合同单位要付双薪

针对用工却不与劳动者订立劳动合同这种违法行为，《劳动合同法》规定："用人单位自用工之日起即与劳动者建立劳动关系"，"建立劳动关系，应当订立书面劳动合同"，"用人单位与劳动者在用工前订立劳动合同的，劳动关系自用工之日起建立"。并规定用人单位自用工之日起超过 1 个月不满 1 年未与劳动者订立书面劳动合同的，应当向劳动者每月支付 2 倍的工资。此外，如果用人单位自用工之日起满 1 年仍然未与劳动者订立书面劳动合同的，还应当视为用人单位与劳动者已订立无固定期限劳动合同。

2. 劳务派遣员工的劳动合同最短签 2 年

劳务派遣已成为一种比较普遍的用工形式，其范围不断扩大。《劳动合同法》对劳务派遣用工形式作出了规范。尤其是规定了劳务派遣单位应当与被派遣劳动者订立 2 年以上的固定期限劳动合同，按月支付劳动报酬。被派遣劳动者在无工作期间，劳务派遣单位应当按照所在地人民政府规定的最低工资标准，向其按月支付报酬。从而保证被派遣劳动者的就业稳定权益。

3. 试用期工资不能随便给

试用期工资随便给甚至不给，是试用期侵权的一个典型表现。针对这个问题，《劳动合同法》明确规定：劳动者在试用期的工资不得低于本单位相同岗位最低档工资或者劳动合同约定工资的 80%，并不得低于用人单位所在地的最低工资标准。《劳动合同法》实施后，试用期将不再是廉价期，更不是白干期，试用期的工资，单位不能"随便给"。

4. 违纪辞退面临"成本翻番"

许多用人单位想辞退职工就辞退，随便找点违纪借口，甚至用威胁、哄骗的方式实施单方解除。有此遭遇，大多数劳动者也不想再回单位，就算寻求法律途径解决问题，最后单位输了官司也就是按解除合同的标准支付解约经济补偿金。但在《劳动合同法》实施后，单位那种欲加之罪，何患无辞的辞退做法，将面临"成本翻番"的责罚。

《劳动合同法》第48条规定，用人单位违反本法规定解除或者终止劳动合同，劳动者要求继续履行劳动合同的，用人单位应当继续履行；劳动者不要求继续履行劳动合同或者劳动合同已经不能继续履行的，用人单位应当依照本法第87条规定支付赔偿金。第87条这样规定："用人单位违反本法规定解除或者终止劳动合同的，应当依照本法第47条规定的经济补偿标准的二倍向劳动者支付赔偿金。"在高额违法成本面前，单位解除合同就不会不有所顾忌了。

5. 拖欠工资需加付等额赔偿金

《劳动合同法》第85条明确规定：拖欠工资、低于当地最低工资标准的、不支付加班费的，由劳动行政部门责令限期支付其差额部分。逾期不支付的，责令用人单位按应付金额50%以上、100%以下的标准向劳动者加付赔偿金。

6. 收取押金最高可罚2 000元

收取押金，扣压身份证件等一直是我国劳动法律法规所禁止的，但现实中这种侵权事件时有发生。《劳动合同法》加大了对用人单位此类违法行为的处罚，规定：用人单位以担保或者其他名义向劳动者收取财物的，由劳动行政部门责令限期退还劳动者本人，并以每人500元以上、2 000元以下的标准处以罚款；给劳动者造成损害的，应当承担赔偿责任。

劳动者依法解除或者终止劳动合同，用人单位扣压劳动者档案或者其他物品的，也按此规定处罚。

第三节 劳动安全与保护

劳动安全是工作过程中伤亡事故的防治和消除、员工生命安全的保障、繁重体力劳动的减轻以及生产设备的保护。员工的劳动安全与保护是现代旅游企业管理的重要组成部分。在企业的安全管理中，它和企业的资产安全、客人的财物和人身安全同等重要,它关系到企业经营的成败。因此,做好企业的安全管理工作,对于保护员工和客人的财产、人身安全,保持员工工作的良好状态,维护企业的正常、有序、可持续发展,具有积极的意义。

一、旅游企业不安全因素分析

从劳动安全的角度讲,存在于旅游企业的不安全因素主要有以下几种。

1. 疲劳工作

旅游企业员工的工作大多属于中等体力劳动,加之服务性工作休息时间的不确定性、加班加点的经常性,常使员工处于疲劳状态,由疲劳过度造成的事故约占总事故的1/5。如饭店发生的员工步履不稳而跌跤、物品托举无力而摔坏、下楼梯踏空而摔伤,旅游团队司机疲劳驾驶而导致车祸、导游疲劳工作而致服务不周造成事故等等。这些事故在工作不熟练的员工身上及营业高峰时较容易出现。

2. 安全意识薄弱

有些员工安全意识淡薄,置企业三令五申的安全操作规程于不顾,投机取巧,最终酿成事故。由违反操作规程造成的事故约占总事故的一半以上。国家旅游局在2006年1~8月,共接到各地上报的旅游安全事故40多起,其中最主要的是旅游交通事故,分析事故发生的原因,第一点就是驾驶员安全意识薄弱。

3. 工作环境不利

旅游企业也存在不利工作的环境因素。如饭店的员工通道、操作间地面不平,潮湿油腻,照明不足,会给员工的安全造成隐患。饭店的厨房由于高温高压客观存在,极易引发爆炸,需加强安全防范。有的旅游企业一边装修一边营业,也易发生剐蹭碰撞之事。对员工工作环境加以关注,不仅可以预防事故的发生,还能使员工心情舒畅地工作。

4. 企业管理不善

有的旅游企业为节省成本,任意削减安全防范经费,不规范操作,抱着侥幸心理,致使事故发生。对一些旅游交通事故的调查显示,旅行社和汽车公司在经营管理上存在漏洞,旅行社和汽车公司在操作、运营方面存在不规范的问题。如未与运营单位签订租车合同,没有审核运营车辆是否具备旅游客运资质,租用的车辆属非旅游营运车辆,甚至租用私家车,临时雇用司机驾驶,这些违规甚至违法的行为都为旅游交通事故的发生埋下了很大的隐患。

二、加强劳动安全保护的方法与措施

劳动安全保护的基本任务是采取各种有效方法和措施,减少和消除劳动中的不安全因素,保障员工、客人的生命财产安全及生产与服务设备的完好。

1. 加强劳动安全管理的宣传与教育,实施安全教育训练

企业可通过安全管理知识的宣传和教育,利用安全手册、宣传栏、海报、统计报告等书面形式及防火演练等实战形式,培养和塑造员工的安全意识,提高员工的安全文化素质,学会消灾避难、应急救护的方法与技能。在企业内部,努力营造珍惜生命、善待人生的安全文化氛围,不仅体现出企业对员工的关心和爱护,也使员工从正面感受到企业在安全方面对他们的重视和保护,有力地维护了员工的尊严,满足了员工对安全的基本需要。

2. 建立安全生产责任体系,健全安全生产规章制度

企业要把安全生产的理念落实到行动上,建立安全生产责任体系,层层监管,健全安全生产规章制度。特别是要制定和完善具有较大危险性旅游项目的安全技术操作规程,并要予以贯彻和落实,保证企业规范生产和经营。

3. 建立企业内的安全卫生管理组织体系

在企业内成立安全卫生委员会,建立安全管理组织体系。安全卫生委员会要负责一系列安全管理的具体事宜,比如拟订安全管理计划;进行员工安全的宣传教导、急救训练;实施安全检查、控制督导、排除工作上可能存在的危险;调查分析意外事故并建立记录;举行安全竞赛活动;严格执行纪律惩戒等。这是实现员工安全工作的根本所在。

4. 为员工提供安全、健康的工作环境和工作条件

员工良好的工作环境和工作条件是企业实现安全生产、避免和消除安全隐患的基本内容。特别是一些易引起危险的岗位,安全、健康的工作环境和工作条件显得尤为重要,可以保障员工的身心健康,而且可以避免人力、物力和财力的无谓损失。即使是一些现代化办公环境,也应注意装修污染、电磁污染、照明及控温问题,尽量防止工作中存在的危险因素和致病因素使员工受到伤害,保障员工的合法权益。

5. 加强员工心理健康教育

由于旅游企业工作变化性大、劳动强度高,需要具有较高的灵活性和变动性,对员工来说,需承受较大的压力,由压力而产生的一系列心理和生理问题正越来越受到人们的重视。因此,加强员工心理健康教育,帮助员工缓解压力,消除心理与生理的疲劳感,对于保持员工良好的精神状态、提高工作效率、减少工作事故的发生具有重要的意义。企业应聘用专业心理咨询师为员工解决心理问题,提供心理咨询,并对心理健康作出有益的指导。

三、劳动保护的内容

劳动保护,就是依靠技术进步和科学管理,采取技术和组织措施,消除劳动过

程中危及人身安全和健康的不良条件与行为,防止伤亡事故和职业病,保障劳动者在劳动过程中的安全和健康。

国家为保护劳动者在生产活动中的安全和健康,在改善劳动条件、防止工伤事故、预防职业病、实行劳逸结合、加强女工保护等方面所采取的各种组织措施和技术措施,统称为劳动保护。具体内容有:

(1) 工作时间的限制和休息时间、休假制度的规定。企业要根据国家规定,安排好员工的休息和休假,可适当调休。对超时加班加以限制,着力维持员工旺盛的精力和健康的体魄。

(2) 各项劳动安全与卫生的措施。企业要健全劳动安全卫生制度,严格执行国家劳动安全卫生规程和标准,对员工进行劳动安全卫生教育,防止劳动过程中的事故,减少职业危害。为员工提供符合国家规定的劳动安全卫生条件和必要的劳动防护用品,对从事有职业危害作业的员工应当定期进行健康检查。

(3) 对女员工的劳动保护。企业根据女性的生理特点组织劳动就业,实行男女同工同酬。不能安排女员工从事不利于身体健康的工作。要解决女员工在劳动中由于生理原因而引起的一些问题。

(4) 对未成年工的劳动保护。企业要执行未成年工特殊保护制度。任何用人单位招用未成年工,应当在工种、劳动时间、劳动强度、保护措施等方面执行国家有关规定,不得安排其从事过重、有毒有害的劳动或者危险作业。对未成年工必须在上岗前进行职业安全卫生教育、培训。应当对未成年工定期进行健康检查。

(5) 对员工工伤进行救护。企业要保证在员工发生工伤事故时给予积极良好的治疗。做好职业病和可能发生的事故的预防救治工作。

第四节 劳动争议与处理

劳动争议又称劳动纠纷,是指员工与企业之间在履行劳动合同的过程中所发生的因权利与义务之间的纠纷(或称摩擦、矛盾、冲突)。其主要表现是雇主与受雇者之间所发生的冲突。

无论在何种劳动形态以何种方式出现的劳动争议都会造成劳动过程中人际关系的紧张,削弱了员工的积极性和创造性,从而导致劳动效率的降低。因此,合法、公正、及时地对案件予以处理,才能确保员工的生活稳定和企业生产经营秩序的正常进行。

一、劳动争议的主要内容

旅游企业的劳动争议主要集中在以下几个方面：

1. 因企业开除、除名、辞退职工和职工辞职、自动离职发生的争议

劳动者认为自己无过错或无大过错，遭到企业开除、除名、辞退引起争议，或劳动者认为企业辞退自己是违反了劳动法规而引起争议等。这些都直接关系到劳动者利益的损失。职工辞职、自动离职往往未满合同期限，企业一时不能招聘到合适的人选，会给企业带来一定的损失，而骨干员工的离职可能会带走企业的机密，由此引发双方利益的争议。

2. 因执行国家有关工资、保险、津贴、福利、培训、劳动保护的规定发生的争议

在国家提高最低工资标准后企业没有及时加薪，员工节假日加班或其他加班没有得到应得的报酬，员工认为自己所得工资与从事其他工作、年龄相仿、业务水平相当的人之间存在工资差距等原因都会引起争议。在福利、保险、培训、劳动保护、津贴等方面也会因为内部标准差距过大或与外部企业相比差距过大而引起争议。

3. 因履行劳动合同发生的争议

合同一方当事人未按合同规定的条款履行合同，如不服从企业规章制度的管理、不听从管理者的指挥，导致较严重的后果；或因劳动合同的解除、变更和终止等问题发生的争议，如劳动合同一方当事人认为对方解除合同不符合法定条件、约定条件或未能提前通知对方而提出上诉，要求赔偿所造成的损失。

4. 因工作安全和劳动卫生等问题发生的争议

如酒店厨房存在安全隐患；单位处于郊区，社会治安相对较差，夜班下班员工路上危险等因素引起的争议。或因工作时间和休息、休假等问题发生的争议等。我国劳动法对员工休息、休假等权利有明确的规定，但有些单位任意延长劳动时间，剥夺员工的休息、休假从而引发争议。

二、劳动争议的处理原则

《中华人民共和国企业劳动争议处理条例》第4条规定了若干处理原则。处理劳动争议，应当遵循下列原则：

1. 着重调解原则

在解决劳动争议时，调解工作应贯穿于全过程。争议发生后，一般先由企业调解委员会进行调解，调解不成功，当事人可向劳动仲裁机构申请仲裁，在开庭审理之前也要进行庭审前的调解，调解不成则裁决，对裁决结果不服可向人民法院提起诉讼，人民法院判决之前和之后也有一个调解的过程，否则其法律效力的发挥也会大打折扣。

2. 及时处理原则

这是指处理劳动争议的各级机构,应在法律和有关规定要求的时限内对案件进行受理、审理和结案,避免时限的任意拖长,给当事人造成不应有的损失。无论是调解、仲裁还是诉讼,都不得违背在时限方面的要求。

3. 依法处理原则

企业劳动争议的处理机构,应着力于查清事实,在查清事实的基础上,依照相关法律进行处理,并遵循法定处理程序,依据法律的规定,对争议双方的责任作出判断、处理,决不凭主观意志行事。依法处理是解决劳动争议的基本原则。

4. 公正平等原则

企业劳动争议的处理机构,应公正、平等地对待双方当事人,在适用法律上一律平等,不偏不倚。无论是劳动者还是用人单位,都有权就争议问题依法申请仲裁、起诉。在劳动争议的处理过程中,当事人双方享有平等的权利,无论是哪方,只要违反有关法律,就必须加以追究。只要法律认为其权利受到侵犯,就坚决予以保护。任何一方当事人都不得有超过法律和有关规定以上的特权。

三、劳动争议的处理程序

劳动争议发生后,当事人应当协商解决;不愿协商或者协商不成的,可以向本企业劳动争议调解委员会申请调解;调解不成的,可以向劳动争议仲裁委员会申请仲裁。当事人也可以直接向劳动争议仲裁委员会申请仲裁。对仲裁裁决不服的,可以向人民法院起诉。劳动争议处理过程中,当事人不得有激化矛盾的行为。

1. 调解

劳动争议的调解是指调解委员会在调查事实真相的基础上,依照相关法律法规,向双方陈述各自应有的权利和义务以及利弊关系,争取在相互谅解的基础上达成协议的处理方法。

(1) 劳动争议调解机构。企业可以设立劳动争议调解委员会(以下简称调解委员会)。调解委员会负责调解本企业发生的劳动争议。调解委员会由下列人员组成:员工代表、企业代表、企业工会代表。没有成立工会组织的企业,调解委员会的设立及其组成由员工代表与企业代表协商决定。

(2) 劳动争议调解的特点。劳动争议的调解机构是企业内部的群众性组织,既不是司法部门,也不是行政机关,因此,其调解活动必须以当事人自愿为前提,不能强行调解。在调解过程中必须同当事人民主协商,立场公正,尊重当事人申请仲裁和诉讼的权利。

(3) 劳动争议调解的程序。第一,申请与受理。当事人可在其权利受到侵害之日起 30 天内向调解委员会提出申请,调解委员会接到调解申请后,应征求对方当事人的意见,对方当事人不愿调解的,应做好记录,在 3 天内以书面形式通知申请人。调解委员会应在 4 天内作出受理或不受理的决定,对不受理的,应向申请人说明理由。

第二,调查与调解。调解委员会受理后应着手进行事实的调查与核实,召开调解会议,在调解委员会的主持下听取双方的陈述,并依法进行调解。

第三,制作调解协议书。若经调解达成协议的,应制作调解协议书,双方当事人应当自觉履行。调解协议书不具有强制约束力,若一方不履行,则视为调解不成。若一开始就无法达成协议,则无需制作调解协议书,即为调解不成。调解不成应做好记录。

第四,调解期限。应当自当事人申请调解之日起 30 天内结束;到期未结束的,视为调解不成。调解不成的,当事人在规定的期限内,可以向劳动争议仲裁委员会申请仲裁。

2. 仲裁

劳动争议仲裁是指劳动争议仲裁委员会在查明事实、分清责任的基础上,依照国家法律法规和相关政策,对纠纷事实和当事人的责任进行的认定和裁决。

(1) 仲裁机构的构成。

● 劳动争议仲裁委员会。县、市、市辖区应当设立劳动争议仲裁委员会。仲裁委员会由下列人员组成:劳动行政主管部门的代表、工会的代表、政府指定的经济综合管理部门的代表。

仲裁委员会组成人员必须是单数,主任由劳动行政主管部门的负责人担任。仲裁委员会实行少数服从多数的原则。

● 仲裁委员会办事机构。劳动行政主管部门的劳动争议处理机构为仲裁委员会的办事机构,负责办理仲裁委员会的日常事务。

● 仲裁员。仲裁委员会处理劳动争议,实行仲裁员、仲裁庭制度。仲裁委员会可以聘任劳动行政主管部门或者政府其他有关部门的人员、工会工作者、专家学者和律师为专职的或者兼职的仲裁员。仲裁员必须经省级以上劳动行政主管部门考核,取得仲裁员资格才能被聘用。兼职仲裁员与专职仲裁员在执行仲裁公务时享有同等权利。兼职仲裁员进行仲裁活动时,所在单位应当给予支持。

● 仲裁庭。仲裁委员会处理劳动争议,应当组成仲裁庭。仲裁庭由 3 名仲裁员组成。简单劳动争议案件,仲裁委员会可以指定一名仲裁员处理。仲裁庭对重大的或者疑难的劳动争议案件的处理,可以提交仲裁委员会讨论决定。仲裁委员会的决定,仲裁庭必须执行。仲裁庭是根据具体劳动争议案件成立的,案件结束即自行解散。

(2) 劳动争议仲裁的程序。

调解不成就需要依法进行裁决。只要劳动争议一方当事人提出仲裁申请就能

引起劳动争议仲裁程序的开始;只要受理就一定会进行调解或裁决。仲裁按以下程序进行:

第一,申请与受理。当事人应当从知道或者应当知道其权利被侵害之日起60天内,以书面形式向仲裁委员会申请仲裁。当事人因不可抗力或者有其他正当理由超过规定的申请仲裁时效的,仲裁委员会应当受理。仲裁委员会应当自收到申诉书之日起7天内作出受理或者不予受理的决定。仲裁委员会决定受理的,应当自作出决定之日起7天内将申诉书的副本送达被诉人,并组成仲裁庭。决定不予受理的,应当说明理由。被诉人应当自收到申诉书副本之日起15天内提交答辩书和有关证据。被诉人没有按时提交或者不提交答辩书的,不影响案件的审理。仲裁委员会有权要求当事人提供或者补充证据。

第二,仲裁准备。组成仲裁庭,审阅案卷材料,进行庭审前的调解。

第三,开庭审理与裁决。

第四,仲裁文书的送达。主要包括直接送达、留置送达、委托送达、邮寄送达、公告送达等。

(3) 劳动争议仲裁的时效。

当事人因履行劳动合同而发生争议,需申请仲裁,应自争议发生之日起60天内或从劳动争议调解委员会调解不成之日起30天内,向劳动争议仲裁委员会提出;因开除、除名、辞退违纪员工而发生的争议,当事人应于企业公布决定之日起15天内申请仲裁。超过规定期限,仲裁机构不再受理。

仲裁庭处理劳动争议,应当自组成仲裁庭之日起60天内结束,并作出裁决。案情复杂需要延期的,经报仲裁委员会批准,可以适当延期,但是延长的期限不得超过30天。

(4) 新《劳动争议调解仲裁法》的调整要点。

2007年12月29日第十届全国人民代表大会常务委员会第三十一次会议通过的《中华人民共和国劳动争议调解仲裁法》,已于2008年5月1日起施行。和原来劳动法中关于劳动争议处理程序中的仲裁规范有了新的调整,调整的几个主要环节如下:

第一,不再收费。《中华人民共和国劳动争议调解仲裁法》,不但延长了劳动争议时效、缩短了仲裁审限,还作出了劳动争议仲裁不收费的规定。

第二,劳动争议时效延长。按照劳动法规定,现行的劳动争议时效是60天,即申诉人须在劳动争议发生之日起60日内申请仲裁。而2008年5月1日《中华人民共和国劳动争议调解仲裁法》实施后,争议时效被调整为"当事人自知道或者应当知道自己权利被侵害时起1年内可以提起仲裁申请"。

第三,仲裁审效期限缩短。现行仲裁期限一般为67天,从申请到受理的期限为7天,审理期间为60天;经过批准,可以延长30天。因此劳动争议仲裁阶段的最长期限可以延长到 97 天。2008 年 5 月 1 日起，按照《中华人民共和国劳动争议调解仲裁法》规定，仲裁期限一般是 50 天，其中 5 天是受理的批准期限，45 天是仲裁期限。如果需要延长，最长可以延长 15 天，整个过程不超过 65 天，周期缩短了 32 天。

第四，部分案件"一裁终局"。对于追索劳动报酬、工伤医疗费、经济补偿或者赔偿金，不超过当地月最低工资标准 12 个月金额的争议；因执行国家的劳动标准，在工作时间、休息休假、社会保险等方面发生的争议，仲裁裁决为终局裁决，自作出之日生效。

3. 人民法院审理

人民法院对不服仲裁而提出诉讼的劳动争议依法进行审理并作出判决。劳动争议发生后，当事人不能直接向法院起诉，必须先申请仲裁，不服仲裁裁决时才可以向人民法院起诉。当事人对仲裁裁决不服的，自收到裁决书之日起 15 天内，向人民法院起诉。期满不起诉的，裁决书即发生法律效力。

人民法院对劳动争议案件的审理，适用《中华人民共和国民事诉讼法》规定的程序，分为起诉和受理、调查取证、调解、开庭审理等几个阶段。

法院作出判决后，向当事人发送判决书。当事人不服一审判决，有权在判决书送达之日起 15 天内，向上一级人民法院提出诉讼。到期没有上诉的，判决书自动产生法律效力。

人民法院根据《中华人民共和国民事诉讼法》的规定，对由劳动争议引起的诉讼实行二审终审制。

复习与训练

一、主要概念

劳动关系　　劳动合同　　劳动安全　　劳动保护　　劳动争议

二、阅读理解

1. 构成劳动关系的要素是什么？
2. 劳动合同的订立原则是什么？
3. 什么是劳动合同的变更和终止？
4. 劳动争议的处理原则是什么？
5. 加强劳动安全的方法与措施有哪些？

三、判断题

1. 劳动关系中，用人单位是主体，员工是客体。（　　　）

2. 我国自 1996 年开始对新招员工推行劳动合同。（　　）

3. 劳动争议的调解机构属于司法部门。（　　）

4. 因开除、除名、辞退违纪员工而发生的劳动争议，当事人应于企业公布决定之日起 30 天内申请仲裁。（　　）

5. 人民法院审理是指人民法院对不服仲裁而提出诉讼的劳动争议依法进行审理并作出判决。（　　）

四、选择题

单选题

1. 劳动关系是指一种（　　）。
   A. 相互合作关系　　　　　　　B. 工作关系
   C. 社会关系　　　　　　　　　D. 主体与客体的关系

2. 劳动合同的变更是（　　）。
   A. 劳动者的个人行为　　　　　B. 用人单位的一种权利
   C. 法律行为　　　　　　　　　D. 合同期限已满

3. 以下条件，用人单位不能解除劳动合同的是（　　）。
   A. 试用期被证明不符合要求　　B. 严重违反劳动纪律
   C. 工作发生重大过失　　　　　D. 因公负伤

多选题

4. 以下（　　）是劳动保护的内容。
   A. 心理健康教育　　　　　　　B. 休息、休假制度
   C. 安全卫生制度　　　　　　　D. 女员工的劳动保护
   E. 未成年工的劳动保护

5. 符合劳动争议仲裁的操作规范是（　　）。
   A. 只要一方提出仲裁申请即可引起仲裁程序的开始
   B. 兼职和专职仲裁员有同等权利
   C. 先调解后裁决的原则
   D. 仲裁结果为最终结果
   E. 应当组成仲裁庭

五、案例分析

（资料来源：最佳东方网——酒店人的博客：当终止合同时，遭遇病假。
http://blog.veryeast.cn/ul/liuchao/26124.html）

案例：当终止合同时，遭遇病假

2007 年 12 月 4 日，大连某公司劳动合同终止前人事部经理王力找到方芯，正式向其提出终止劳动合同的意向，同时，将一份《终止劳动合同意向通知书》交给了方芯，方芯当场收到通知书后未表示任何反对意见。12 月 10 日，

方芯在通知书的回执上签了字,并去财务部结算了 2007 年 12 月 31 日以前的工资。就在方芯同公司办理终止劳动关系手续的同时,她因神经痛、支气管哮喘等病卧床不起,12 月 23 日上午,方芯将病假条送至公司人事部申请病假,人事部经理看了方芯送交的病假条后,当即表示"方芯已在《终止劳动合同意向通知书》上签字,此时送交请假条,并且没有任何三级甲等医院证明(公司规章制度中要求),所以申请病假已无意义"。

对于公司的上述做法,方芯感到非常不解,2007 年 12 月 28 日,她愤然向大连市劳动争议仲裁委员会提出申诉,要求公司将双方的劳动合同延续至医疗期满。

方芯认为:自己与公司签订的合同到 12 月 31 日方才到期,职工在合同有效期间患病应当享受医疗期,而在医疗期间,企业是不能与职工终止劳动合同的。于是,方芯请求公司将合同延续至医疗期满。而公司认为:劳动合同期内直至办理终止劳动合同手续时,申诉人从未请过病假,也没向被诉人交过任何诊断证明,公司与其终止劳动合同根本不涉及医疗期的问题。因此,对方芯的请求,公司将不予理睬。

案例思考题:
1. 公司的做法是否正确?
2. 公司人事部门应从本案例中得到什么启发?

第八章

旅游企业人力资源管理艺术

人力资源管理是一切管理工作中最复杂的一种管理。随着市场经济、知识经济和信息经济的快速发展,对人力资源的管理只局限于强调人的主体地位和调动人的积极性已远远不能适应时代的飞速发展,必须在"以人为本"管理的基础上,逐步形成一种以人的知识、智能、技能和实践创新能力为核心内容的管理新思路。因此,如何管理好旅游企业的人力资源,它不仅需要正确的管理理念,还需要掌握管理的艺术,在原则规范下灵活处理问题。

第一节 员工管理艺术

今天,人们的精神世界和价值观异彩纷呈,呈现出多样化的特征。不同的个性、不同的思维方式以及不同的人生要求决定了所有组织的管理难度都大大提升。如何合理使用员工以提高员工的工作满意度,使企业人力资源成本最优化,确保企业经营目标的实现,需要一系列有效实用的管理艺术和技巧。

一、员工合理使用原则

企业的经营状况取决于对企业拥有的人力资源的合理化利用程度。合理使用很重要的一点就是要充分认识员工能力的差异,并最大限度地发挥员工的能力,根据员工能力的不同,做到合理、有效使用。在使用员工的过程中,应遵循以下基本原则:

1. 知事识人原则

良好的人事任命建立在两个基础之上:一是对员工的了解,二是对职位要求的了解。如果员工的能力与工作要求大致契合,那么任命一般会成功,否则风险极大。心理学研究表明,每一个人都有一定的能力,每一种工作都有一个能力界限,既不要超过一定的能力界限,也不能低于一定的能力界限。

知事,是指在安置员工之前,必须详细了解不同岗位、不同职务的工作内容,以及该岗位对员工素质技能的要求。在"知事"的同时,还要"识人",应当尽可能全面地获取员工的个人信息:知识程度、教育水平、员工的性格、兴趣、身体健康状况甚至家庭背景关系。信息越丰富,用错人的概率就越小。在"知事"与"识人"的基础上,才会减少员工使用上的失误,提高用人的准确性。

2. 兴趣引导原则

在使用员工时应当针对员工的兴趣与需要,尽量将员工安排在他所感兴趣的工作岗位上。心理学的研究表明,兴趣是个性心理倾向,与人的工作效率、事业成功有密切的关系。从事一种自己喜欢的工作,工作本身就能给人带来一种满足感,增加你的乐趣,提高工作效率。相反,从事一种令人讨厌的工作,则工作成了人的负担,员工从心里产生抵触情绪,工作起来就会马马虎虎。兴趣爱好因人而异,并非所有人都有共同的爱好。所以,主管者应依据员工的特点,适当安排。

那么,企业中可能会有比较枯燥、较苦、较累的工作很少有人感兴趣。对于大家都不喜欢的工作,应给出比较优厚的待遇,或提供其他照顾条件,作为员工牺牲个人利益的补偿,尽量使企业的每一项工作都有人愿意干。如果不给予相应的补偿,而是逼迫员工上岗,要么引起员工抵触,消极怠工;要么会引起员工流失,削弱企业内部的凝聚力。

3. 任人唯贤原则

任人唯贤是要求企业用人要出于"公心",以事业为重,真正将思想品德好、业务能力强的员工放在重要位置上。坚持任人唯贤原则,企业才能拥有一支高素质的员工队伍。

"贤"字包括两方面的内容:一是要德贤,就是说被启用的员工应当有好的道德素质;二是要才贤,就是要求员工的知识水平高,业务能力强。任人唯贤,德与才要统一考虑,不可偏颇。

人才重要,知识才能重要,但人的"德"更重要。没有"德",就谈不上敬业爱岗,谈不上多作贡献,连起码的职业道德都没有的人,企业是不会欢迎的,更不会委以重任。

4. 用人所长原则

由于生理差异和后天训练程度的不同,每个人的能力也不一样。我们常常会发现,身边的任何一个其他人,身上几乎都有比自己强的地方。世上很少有全才。美国杰出的物理学家迈克逊,是位诺贝尔奖获得者,可军事课却是个不及格的学生,如果让他统兵打仗,很可能是个蹩脚的军官。

因此,人力资源管理在任用员工时应当注意到这种差异性,根据每个人的能力大小和特长,把他们安置到相应的职位上,这就是用人所长。

与用人所长相对的是用人所短。有的企业为了体现尊重知识的政策,将一些业务能力强的知识分子提拔为行政领导。这些专家中的许多人搞科研得心应手，但协调人际关系、领导组织运转却很吃力，结果行政工作没做好，还耽误了宝贵的时间，荒废了自己的专业，得不偿失。这是用人所短。美国管理学家德鲁克在《有效的管理者》一书中这样说：有效的管理者能使人发挥其长处。任何人都必然有许多弱点，但我们可以设法使弱点不发生作用。

5. 试用稳定原则

认识一个人，是一个相当复杂的过程，需要花费一定的时间。安排员工上岗是一个主观的决策过程，虽然在决策之前我们做了大量的准备工作，以保证主观认识与客观情况相符。但是，人的认识能力有限，并且客观现实总是在变化，因此一开始的人事安排不一定合适，所以在将新员工派往新岗位上时，总要进行一定时间的试用，通过试用来考察员工使用是否恰当。试用期的长短要根据工作复杂程度和员工的实际状况区别对待，不应一刀切。

经过试用，证明人与工作结合较好的员工，应当保持一定的稳定性，不要轻易调整他们的职位，因为人们熟悉新环境、新业务需要一定的时间。员工经过试用适应了新的职位，工作效率会明显提高，工作成绩稳步上升，保持这种状态的稳定性对企业与员工个人都是需要的。

如果员工刚刚适应工作后，又将他调往别处，他就不能保持这种高效率状态，只好重新回到学习状态，没有时间提供很好的服务。如果这种情况无止境地重复，那么员工始终不能以最高效率为企业工作。法国的管理学家法约尔指出："一般来说，繁荣的企业领导人员是最稳定的，那些运气不佳的企业领导人是常变换的，这种不稳定同时是不景气的原因与结果。"

6. 优化组合原则

企业是由众多员工结合而成的群体组织。一个组合适当的群体能够释放出比单个员工简单相加更大的能量。有些企业部门的员工在构成群体时，结构不太合理。例如，小群体中女性过多，则可能生出许多是非；年轻人太多，则可能不够沉稳；性格内向沉稳的人多，则可能缺乏创意等等。

通过优化组合，我们常常可以看到这样的例子：一个机构，精简出去一批人之后，工作量非但不减少，反而大大提高。两个成绩一般的班组，在互相调换几个员工之后，工作效率同时得到提高。这便是优化组合产生的效用。优化组合产生的效用可以从两方面来衡量：一是该群体形成了良好的人际关系，协作能力提高了；二是形成了科学的人才结构，能力互相补充，完成组织的各项不同任务。只有优化互补的组织才能团结协作，开拓创新，达成组织的目标。

一加一等于二，这是人人都知道的。可是用在人与人的组合调配上，如果编组恰当，一加一可能会等于三、等于四，甚至等于五。万一调配不当，一加一可能等于零，更可能是个负数。所以经营者用人，不仅要考虑他的才智和能力，更要注意人员的编组和调配。

二、提高员工的工作满意度

员工能力的提升为提高企业效益、实现企业目标提供了可能性,员工对工作的满意度则是直接影响员工能力发挥的重要因素。提高员工工作满意度、充分发挥员工工作能力、实现企业经营战略,是摆在每个企业管理者面前的重要任务。企业应尽可能了解员工工作满意度的状况,分析影响员工工作满意度的具体因素,采取有效措施提高工作满意度。具体可以从以下几方面着手。

1. 薪酬制度应力求公平

薪酬是决定工作满意度的重要因素,但高薪酬并非必然导致工作满意度提高。美国行为科学家亚当斯(J.Adams)所提出的公平理论认为,人们不仅关心个人努力所得报酬的绝对量,而且更加关心自己的报酬与付出和他人的报酬与付出之间的对比关系,即报酬的相对量。也就是说,薪酬与工作满意度之间的联系,关键不是一个人的绝对所得,而是对公平的认同。只有建立起公平的分配制度,才能提高员工的工作满意度。

企业应从程序公平和分配公平出发建立公平的分配制度,做到内部公平与外部公平。程序公平是指确定收入分配的程序是公平的,应按照事先确定的原则和程序决定收入分配,决策过程应公开化、制度化和科学化。分配公平是指个人间报酬分配结果公平,当个人报酬是建立在工作要求、个人技能、工作绩效基础之上时,就会导致员工对工作的满意度上升。尽管分配结果公平对员工的满意感有更大的影响,但是,程序公平更易于使员工接受令他们可能感到不太满意的分配结果,并以积极的态度对待组织的决策。

2. 丰富工作内容,使工作具有挑战性

大多数人,尤其是知识型员工更乐于接受内容丰富、具有挑战性的工作。因为这些工作为他们提供了展示个人才华、获得成长发展、实现自身价值的机会,满足了他们追求自我实现的成就激励的需要。然而,我们时常听到员工抱怨自己的工作太单调、太乏味,工作没有为他们提供成长发展的机会,日复一日、年复一年的重复性劳动使他们对工作的兴趣逐渐下降,心理疲劳程度不断加重,工作不满意程度与日俱增。

很多企业苦于人才短缺,但是优秀人才又纷纷跳槽,其重要原因就在于企业没能为员工(特别是知识型员工)提供内容丰富、具有挑战性的工作。由于他们在工作中难以自我实现,"不辞而别"也就在所难免。旅游企业工作大都属于中等体力劳动,员工更容易产生单调、乏味、疲劳感,因此员工流失较其他行业也相对严重。

企业可通过工作轮换、工作丰富化等多种方法进行工作设计,增加工作的自主权、完整性和技能多样化，并建立起绩效反馈机制，使原本单调乏味的工作变得内容丰富而具有挑战性。工作轮换是定期地将员工在技术水平相似的不同工作岗位之间调配，发展多样化技能。工作丰富化是员工担负的所需技能水平不同的工作内容增加，从而增强员工对工作计划、执行和评价的控制程度。一般来说，缺乏挑战性的工作使人感到厌烦，但是难度太大的工作易产生挫折和失败的感觉。经过一定努力才能完成的工作，即适度挑战性的工作，会让大多数员工感到愉快和满意。

3. 建立融洽的同事关系

人们从事工作不仅仅是为了获取物质收益和看得见的成就，对于大多数员工来说，他们并非是单纯的"经济人"，而且还是"社会人"，工作满足了他们通过社会交往获得友谊和建立密切人际关系的需要。友好和支持性的同事关系，会提升员工的工作满意度，增强群体凝聚力，提高群体士气。旅游企业大都属于劳动密集型服务企业，融洽的同事关系对于建立团结协作的团队、为客人提供优质的服务具有重要的意义。

建立良好的同事关系，除去个人应具备和善待人的良好品质外，企业构筑顺畅的意见沟通渠道十分重要。上下级之间、同事之间经常性地正式或非正式地进行意见沟通，不但可以化解冲突，而且可以增强彼此之间的信任关系。员工之间因为工作方法、利益分配甚至生活习惯差异等原因，不可避免地产生冲突。解决这些冲突，化干戈为玉帛的重要途径就是沟通。当工作中因诸多因素造成个体存在不满意情绪时，通过意见沟通也可以暂时消除不利影响。可以说沟通是员工表达满意感和挫折感的基本途径。

4. 优化工作环境

员工对工作环境的关心既是为了个人的安全与舒适，也是为了更好地完成工作，工作环境的优劣是影响工作满意度的基本因素。员工希望工作的物理环境是安全的、舒适的，温度、湿度、灯光、噪声、有害气体和其他环境因素应控制在合理范围之内。若起码的安全生产和劳动保护条件达不到要求，则不仅危害员工的身心健康，增加员工的不满意情绪，而且无法维持正常的生产经营秩序。因此，企业应按照国家劳动保护和安全生产的有关规定，努力改善劳动条件，做到安全生产、文明生产，为员工创造一个安全、舒适的工作环境。

5. 人事决策与绩效考评挂钩

绩效考评的目的在于为薪酬分配、人员调动、培训与晋升等诸多人力资源管理决策提供科学依据。如果企业不严格按照绩效考核的结果采取相应的人力资源管理行动，那么即便是再准确、可靠的考评结果也毫无意义。事实上，由于受到诸多人为因素的影响，人事决策并非严格按考评结果作出。当员工努力工作，有了一定成绩，而得不到他所期望的报酬时（组织事先承诺的报酬，包括物质报酬和非物质报酬），他会这样问自己，"下次我努力会得到好结果吗？"答案是明确的，他不能得到。由此会增加其不满意情绪,降低激励水平。若企业管理者言行一致,尽最大可能兑现承诺,员工认为作出成绩可以得到所期望的好结果,于是产生较大满意感,努力工作行为受到正强化。由此可见,企业应重视绩效考核结果的科学分析与正确应用工作,严格按照考核结果作出人力资源管理决策,这对于提高员工满意度,调动其工作积极性具有重要意义。

6. 人与事的有机匹配

美国心理学家霍兰德(John Holland)的"人格—工作适应性"理论认为,员工对工作的满意度取决于个体的人格特征与工作岗位的匹配程度。当个体人格特征与所选择的职业一致时,他们会发现自己有足够的能力和积极的情感来从事工作,并取得成功,使工作满意度提高。这里所说的人格是指个体性格特征和行为方式的总和,主要有性格、气质、兴趣、爱好和能力等方面。企业要提高员工满意度,就必须努力做到人格与工作的匹配。

为此,企业一方面要研究工作岗位的性质特征,确定员工担任该岗位工作应具备的任职资格和人格特征;另一方面要通过多种方式进行个体心理品质的测评,掌握个体的人格特征。然后把二者结合起来,才能做到人与事的有机结合,使人尽其才。这不仅有利于提高工作满意度、提高工作效率,而且有利于促进员工自身的成长发展。

7. 转变员工不合理的需要

由于人的需要是无限的、超前的,而满足需要的手段却是有限的,因而并非所有的需要都能得到满足。正当的需要应该给予满足,而不合理的需要则应通过多种方式对其进行弱化,使之最终消失或者转变为另一种合理的需要。如企业通过开展深入细致的思想政治工作,来塑造员工的正确理念与合理行为;通过宣传先进事迹,树立标兵,来培养员工敬业爱岗的精神。企业应形成自己鲜明的组织文化,并以此来表达员工对组织的认同感,把个人目标和组织目标有机结合起来,增强组织的凝聚力。在一个生机勃勃、管理有序、业绩良好的组织中,员工的工作满意度必然提高。

三、降低员工流动率对策

旅游企业员工的高流动率一直是困扰企业的一个难题。非正常的员工高流动率会导致产品和服务质量下降、生产效率下降、顾客和员工忠诚度下降等,给企业带来严重的影响。要解决这个问题,我们首先要分析影响员工流动的因素,进而分析如何降低员工流动率,留住优秀员工。

1. 改进招聘模式

在如何降低员工流动率的问题上,在员工招聘这个环节就要把握好,在招聘员

工时,除了遵循一般面试、笔试的程序外,更要注意以下几个方面:

第一,从可靠渠道如专业的人才介绍机构、正规的职业介绍机构、本企业员工推荐进来的、内部调动与提升的等等,从这些来源渠道进来的应聘者,流动率会低一些,也有一定的保证。

第二,招聘面试中对企业各方面情况要实事求是,既不夸大,也不缩小,如实告知应聘者。面试时向应聘者坦白陈述企业的实际工作、要求、报酬等情况,纠正应聘者对企业工作认识的偏差,避免造成日后期望与现实的差距较大,心理失衡而离开。

第三,在招聘考察过程中要十分注意全面地观察和了解应聘者,对应聘者的年龄、受教育程度、工作经历、应聘目的、应变能力、语言表达能力、自我推销能力、安抚顾客能力等等情况有足够的了解,做到心中有数。这样便于聘用后能安排其到最合适他的岗位。

2. 建立企业与员工的共同利益机制

企业中的优秀员工,他们不仅是企业的稀缺人力资源,更是企业重要的人力资本。较之于一般员工,企业优秀员工一般接受过高水平教育,掌握较为丰富的专业知识,拥有较高的操作技能,控制着一部分社会和企业的优势资源,应成为企业积极争取的对象。

企业要留住员工,就应把他们真正当作平等的资本所有者对待,寻求彼此的协调一致,共建企业经营理念与发展前景。同时,进行收入分配机制改革,让员工参与企业的收益分配,真正形成企业与员工(尤其是优秀员工)利益共享、风险共担的共同利益机制。

进行收入分配机制改革是建立企业与员工共同利益机制的关键环节。据研究,旅游企业薪酬福利偏低是员工流失的最主要原因。但在当前市场竞争加大、行业利润率下降的情况下,提高工资必然增加人工成本,不利于企业在市场竞争中的地位。因此,要企业一味采用高薪来进行收入分配机制改革也是不现实的。较为切实可行的办法是设计具有激励导向的薪酬制度。一个对员工具有激励作用的薪酬制度应具有以下特征:

(1) 与企业经营战略相一致;
(2) 能对员工产生吸引作用;
(3) 结构合理,具有内部公平性和外部竞争性;
(4) 实行业绩导向;
(5) 综合运用股票股权、员工持股、提供富有刺激性的弹性福利计划等长期薪酬激励形式;
(6) 有助于向核心员工传递企业文化、价值理念和竞争战略。

3. 实施多重职业发展路径

激励的起点是满足员工的需要,但员工的需要存在着个体差异和动态性。如一部分人希望通过努力晋升为管理者;一部分人想在专业技术上获得发展。因此,企业进行激励时,要因人而异、因时而异,切不可犯经验主义。企业必须深入进行调查研究,不断了解员工需要层次和需要结构的变化趋势,有针对性地采取激励措施,才能收到实效。在此情形下,实施多重职业发展路径无疑是满足核心员工多重需要的有效措施。具体实施中,企业可针对核心员工的不同需要,从职务提升、工作重新设计、技术等级提升、工作分享等多方面进行尝试,使员工有可能选择一条适合其核心能力和价值观的职业道路,保证其获得职业发展的成就感,促进个人成长。

4. 让员工享有关爱

"爱"是人类永恒的主题。人是社会性动物,不仅需要物质的满足,也需要精神的慰藉。精神的动力是员工持续向前的不竭源泉。企业关爱员工,反过来员工就会关爱企业。

企业关爱员工,就应该把员工的利益放在第一位。员工的工作环境、生活条件、学习条件等都必须纳入议事日程,统一规划、分步实施。特别是对新员工,要在工作、生活、学习上加大关怀力度,使他们深切体会到企业是员工强大的依托,不仅为企业留住人才、吸引人才创造了条件,而且员工也会为在这样的企业工作感到骄傲和自豪。

企业要关爱员工,要善于鼓舞员工的士气,适时地给员工以夸奖和赞扬。在员工作出成绩时,要公开、及时地加以表扬。对工作上取得成绩的员工,都让他们得到较高的荣誉,对评出的劳模、先进工作者每年都要在授奖大会上给他们披红戴花,用各种宣传媒体广泛宣传,并给予应有的待遇。正是这些特殊的荣誉和待遇,激励着先进人物更先进,也使更多的员工争当先进。

企业关爱员工,要重视员工的身心健康,注意缓解员工的工作压力,最大限度地满足员工的各种兴趣需求。企业应加强文化活动设施建设,如篮球场、健身房、娱乐厅、图书馆等,并开展相应的娱乐活动,既培养他们的团队精神和竞争意识,又丰富了他们的业余生活。

企业关爱员工,要时刻关心他们的疾苦。要认真做好调查研究和摸底工作,及时掌握员工的思想和生活情况,千方百计地为他们排忧解难,积极主动为企业员工缴纳医疗、养老保险,执行失业保障制度,企业还可以在制度上作出一些规定,如带薪休假、年终双工资等福利制度,为他们解除后顾之忧。人是最富于情感的,若企业给员工一分关怀,员工便会以十分的干劲回报企业。

四、员工管理秘诀

员工管理是一项艺术,管好人、用好人是企业取得成功的最重要条件。钢铁大王卡耐基曾经讲过一句耳熟能详的话:"你可以拿走我的产品、资金和客户,但只要留下我们企业的全部组织人员,不出四年我依然是钢铁大王。"这也说明了人才、人的管理在企业发展中的重要作用。在员工管理方面,很多杰出的企业都有自己独到的见解。

1. 打造"呵护链"

员工优质服务的动力不是来自客户,而是来自他们的顶头上司。骨干不呵护员工,员工就不会把热情传递给客户。依此类推,骨干得不到经理的呵护,骨干也不会真心爱惜他的员工。由此看来,根在老总,老总对直属呵护好了,这股暖流就能一级一级传递下去。这就是管理中的呵护链。下级应该好好体会上级是如何在福利待遇、工作激励等方面呵护自己的,并及时有效、至少是照葫芦画瓢地把这种呵护传递给下面的员工。保证服务好的根本就在于这条呵护链永不中断。

2. 真正激励员工

世界上最伟大的管理原则就是:"人们会去做受到奖励的事情。"当今许多企业、组织之所以无效率、无生气,归根到底是由于它们的员工考核体系、奖罚制度出了毛病。正如拉伯福所说:"对今天的组织体而言,其成功的最大障碍,就是我们所要的行为和我们所奖励的行为之间有一大段距离。"在表现与奖励之间建立起正确的连带关系,是改进组织运作的唯一要诀。在考核和奖励员工时特别要注意的是,注重其实际业绩,而不要注重其口头上怎么说。不能奖励了投机取巧,冷落了埋头实干,否则以后我们指望谁来做事呢?卡耐基曾说过:"我年纪越大,就越不重视别人说些什么,我只看他们做些什么。"中国古代的孔子早就说过这样的话:"始吾于人也,听其言而信其行;今吾于人也,听其言而观其行。"在奖罚问题上,管理者不可粗心大意、草率行事。否则,"种瓜得瓜,种豆得豆",种下了苦果是要自己吃的。

3. 对员工充满期望

在我们的日常管理工作中,管理者对下属充满期望,那么这种期望对下属的表现起着非常大的作用。皮格马利翁效应解释:"每个管理者如果对自己的下属有期望值,他就会有意无意地把这些期望溢于言表,下属也会有意无意地读懂管理者的意图,并按照管理者的意图行事。管理者对待下属的方式,会对下属产生微妙的影响。"在这种效应的影响下,下属能给予管理者积极的反馈,按照领导的期望行事,并最终达到成功。

4. 鼓励员工自我期许

在个人和员工的绩效表现上,员工本人对自己的期许(加勒提亚效应)是更强烈的影响因素。"自我实现的预言"是加勒提亚效应的理论基础。它的意思是说,一个人的自我期望值极大地影响着他的努力程度和行为结果。如果一个员工认为自己能够成功,他就极有可能成功。因而,管理者的任何正面鼓励行为都会使下属增加自我价值,这非常有助于下属提升绩效。管理者如果通过帮助下属在工作中更多地相信和依靠自己的能力,利用下属自然而然产生的动力,将会更加强有力地提高下属的绩效。当然,自我实现的预言只在一定的条件下发挥作用。

5. 授权给你的下属

用人有许多技巧,但很重要的一条就是信任和大胆地委派工作。作为管理者,应该积极授权,借力成事。一个真正授权的管理者才是一个真正成功的人。如果管理者不注意授权,不仅会使自己筋疲力尽,企业效率得不到提高,而且长期来看也不能为组织培养人才,企业发展就没有后续力量,必将给组织带来严重的后果。

因此,管理者要使事业成功,首先要学会授权。适当授权,可以激发下属的工作热情,施展自己的才干,具有很强的调动性。通常一个受上司信任、能放手做事的人,都会有较高的责任感。所以,无论上司交代什么事,他都能全力以赴;相反,如果上司不信任,动不动就指示下属这样那样,使下属觉得他只不过是奉命行事的机器而已,事情成败与他能力的高低无关,那么对于领导的任务也不会全力以赴了。

6. 让每个员工感到自己与众不同

管理者应相信:每一位员工,都是重要的。作为管理者,你不能坐等员工作出了更大的贡献以后,才去肯定他,才去说他如何如何的重要。实践证明,管理者能在工作和交往中,体现出对员工的尊重,对员工抱积极的期望,相信他们能干得更好,就能激励他们作出更大的贡献。概括成一句话,"你觉得他重要,他就会重要"。要让每个员工感到自己与众不同。

每个员工都渴望得到别人尤其是他的上司的认可。千万别让员工成为被人遗忘的角落,而要让员工感觉到他是企业不可缺少的一分子。

为什么不少的员工,未能充分发挥自己的潜在能力,未能作出更大的贡献,一个很重要的原因,就是他们的上司不把他们放在眼里,不对他们抱积极的期望,不相信他们能干得更好,不相信他们能作出更大的贡献。这也可以概括为一句话,"你觉得他不重要,他就会不重要"。

在每一家企业,都有许多不同的工作岗位。不同的员工,在不同的岗位上,在不同的工作环境中,穿着不同的服装,干着不同的工作,拿着不同的报酬……正因为有这许多的"不同",企业的管理者才更应该时常提醒自己:每一个岗位上的每一位员工都是重要的。

7. 随口叫出员工的名字

让员工觉得他们重要的最有效的方法,就是将员工的名字清晰地记住,以便在适当之时脱口而出。千万不要小看这个方法所造成的效应,特别是在一些大的公司,一个经理记住了下属员工的名字,对员工来说就能带给他们心理上的满足与精神上的激励。

人们对自己的名字非常重视。一位大宾馆的经理能够叫出锅炉工、花匠或厨师的名字并不是难事,效应却往往出人意料。能够叫出下属的姓名,这会使被招呼者感觉到在经理眼里还有他,起码说明经理看得见他,这会对他是一个很大的鼓舞。

记住对方的名字,并把他叫出来,等于给对方一个很巧妙的赞美。而若是把他的名字忘了或写错了,你就会处于非常不利的地位。

对于劳动密集型的旅游企业,做好人的管理,对于搞好旅游服务工作其意义不言自明。只有员工真正满意了,才会热爱企业,才能主动积极地对游客服务,才可能有满意的客人。

第二节 员工压力及其控制方法

随着市场竞争的加剧,企业员工的工作负荷也随之不断增大,心理压力不断增加,面对来自工作、家庭和社会变革等的种种压力,常常出现内心矛盾冲突,带来不适应感、焦虑感、压抑感等消极心理体验,甚至产生心理障碍,损害身心健康。据美国一些研究者调查,每年因员工心理压抑给美国公司造成的经济损失高达3 050亿美元,超过了500家大公司税后利润的5倍。当然,适当的压力对个人来说是有益的,但是如果压力过大,并且在长时间内得不到缓解,会使员工产生消极情绪,对身心健康造成障碍,最终直接影响到工作效率。

一、员工的压力及其种类

虽然说压力并非总是给人带来不利的影响,但是通常压力被认为是一个贬义词,因为压力往往对组织的不利方面的影响更大,表现在:服务质量下降、工作绩效下降、人员流动频繁、劳动争议增加、工作中事故增多等,而要减轻员工的压力,首先要充分了解员工压力的起因,以及员工到底有哪些压力。

1. 压力

《现代汉语词典》对压力是这样定义的:一是指垂直作用于物体表面上的力。往墙上按图钉时,手指对图钉垂直作用的力,即是图钉所受的压力。放置在斜面上的物体对斜面施加的压力,其大小等于物体所受重力沿垂直于斜面方向的分力。二是比喻威逼人的力量:舆论压力、精神压力。我们常讲的压力是指它的比喻意,一般指心理压力,简称压力。所谓心理压力,是指个体在环境中受到种种刺激因素的影响而产生的一种紧张情绪,它会导致员工生理、心理和行为上的变化。

心理学家研究发现,压力与工作绩效之间存在一种倒"U"形关系,适度的压力水平可以使员工集中精力,增强肌体活力,提高忍耐力,充分调动工作热情,激发工作积极性,从而使工作效率达到巅峰状态。"压力研究之父"汉斯·塞利(Hans Selye)称其为"利压"(Eustress)。而过低或过高的压力水平都会使工作效率降低,塞利称为"害压"(Distress)。

2. 压力的起因

压力的起因又叫压力源,是指能够产生压力的任何事物。压力源主要有两种:生理压力源和心理压力源。

(1) 生理压力源。生理压力源是指由于身体状态的变化,对员工个体引起的压力。

● 疾病。疾病常常是引起压力的一个重要的压力源。如生理缺陷、容貌不佳、体态不好等,特别是重要的、严重的、危及生命的疾病,往往会使员工坐立不安。大病还是小病都会给员工带来不同程度的压力。

● 疲倦。人在疲倦的时候往往无精打采,疲倦可以由紧张的体力劳动或者脑力劳动引起,如果在疲倦的时候,还要员工从事平时所从事的工作,员工会感到压力,因此疲倦也是一个压力源。

(2) 心理压力源。心理压力源是员工压力源中最主要的压力源。几乎任何事物都可以通过个体的心理活动成为心理压力源,因此心理压力源有很多种,主要有以下几种:

● 后悔。后悔是指个体未经深思熟虑,轻率地做了错事,事后醒悟过来而产生的自我埋怨、自我谴责以及自我惩罚,心里十分痛苦、内疚和懊悔的一种心理活动。员工在工作、生活中,都会产生后悔的经历和体验,有的时候,这种后悔会使员工产生明显的心理压力。

● 自卑感。自卑感就是指个体由于在人生的道路上遭遇挫折而把自己看得很低,从而产生一种轻视自己的情绪活动。一个人有了自卑感以后,也常常会有许多压力产生,自卑感可以由各种各样的因素产生。员工如果在生活工作中总是遇到挫折,总是失败,他的自卑感就会油然而生,有的时候自卑感会越来越严重,这样他的压力也会越来越大。

● 不能胜任感。不能胜任感就是指个体自己感到不能完成任务所产生的一种情绪状态。在现代化越来越发达的今天,企业的科学技术应用越来越广泛,某些员工会产生不能胜任感,从而沮丧地产生不能胜任工作的消极情绪,这种情绪会产生某种压力。

● 挫折感。挫折感就是指个体在遭遇挫折时产生的一种消极的心理状态。在人生的道路上,为了达到目标,个体虽然经过种种努力,但有时候并不一定能够达到目标,这个时候就会产生挫折感。挫折以后往往会产生一种消极、沮丧、不安的情绪,这种情绪会给个体带来压力。

● 生气。生气是指人对客观事物不满而产生的一种情绪活动。生气一般都是由外界的强烈刺激所引起的,但是同样的事情,每个人由于对它的看法不一,因此产生的情绪状态程度也会不一。生气时,人的理智受到一定的压制,会产生一些轻率的行动,这样会造成更大的压力。

人的心理有波动,但企业、单位还得照常运转,不能让个人情绪影响到工作。所以,关注员工情绪状态,给予照顾、关爱、帮助,关系到企业工作的成效。

3. 员工压力的种类。员工的压力大致可以分为以下几种:

(1) 工作压力。香港岭南大学萧爱铃教授分析,工作压力的来源首先是工作量太大,包括工作时间过长和工作时限紧迫。另外,组织变革、竞争与裁员的压力、角色模糊与冲突、职业生涯发展不顺、沟通不畅、惩罚性评价系统、人际关系紧张、被迫不断学习、较差的工作条件、对某些管理制度不认同、组织文化与自己有落差等因素也会给员工带来很大的心理压力。

(2) 生活压力。美国著名精神病学家霍尔姆斯(Holmes)列出了43种生活危机事件,按对压力影响程度主要有:配偶死亡、离婚、夫妻分居、拘禁、家庭成员死亡、外伤或生病、结婚、解雇、复婚、退休等。可见,生活中的每一件事情都可能会成为生活的压力源。

(3) 社会压力。每位员工都是社会的一员,自然会感受到社会的压力。社会压力,诸如社会地位、经济实力、声望、生活条件、住房问题等都会使个人进行横向比较,从而产生自卑或自豪的体验。

(4) 个人内在压力。即使没有外在事件造成的压力,由内心冲突造成的压力一样令人难受。这样的压力首先在价值观层面。一个人在成长的过程中,会接触到不同的价值观,某一些价值观是与另一些价值观相对立的。于是人的心灵就成了这些价值观斗争的战场。一个没有稳定价值观的人,他面对的心理压力比一个有稳定价值观的人要大得多。

二、控制压力的方法

员工的压力大于他的心理承受能力,则会对工作带来负面影响。因此,人力资源部门和组织各级管理者有责任帮助员工去控制自己的压力,从而使员工能够更好地工作和生活。控制压力从两个方面努力:一是从员工个人,二是从管理人员。

1. 员工个人控制压力的方法

面对各种压力,员工个人必须学会管理压力,以保持自己身心健康,以充沛的精力投入到社会工作和现实生活中去。对员工个人而言,主要通过改变对压力的感知,了解并掌握压力管理技巧,提高对压力源控制的能力,提高个人心理和生理抗压能力,减轻压力所造成的反应等方法来进行压力管理。

(1) 控制式应对。这是一种理性而主动的压力管理方法。个体将问题按轻重缓急排列并依次处理，预先做好计划，有效地分配时间，选择性地把精力集中在某些具体问题上，尝试以旁观者的角度考虑事情，用客观、理智的方式处理。

(2) 支持性应对。主要通过利用各种资源来管理压力。比如：向亲人或朋友倾诉，拓展工作以外的兴趣及活动等。

(3) 回避性应对。该方法通过对压力源和压力的回避，分散压力引起的负面情绪。如：先把问题放下，待心情平静后处理。

国际上流行的"3R原则"是比较行之有效的减压方法，即放松（Relaxation）、退缩（Reduction）、重整（Reorientation）。这种方法的核心就是尽量避免遭遇压力源，尽力放松自己的情绪，适时调整自己的目标或期望值。对已存在的各种压力应力求寻找到一个平衡点。要达到这种效果，平时应进行一些户外活动，促进机体新陈代谢，尽量减少独处，积极投身于群体活动，参加一些健康的娱乐项目。同时，强健的体魄是有效应对压力的基础。通过加强锻炼、合理健康的饮食以及一些放松训练，可以从生理上提高抗压能力。

2. 管理者消除员工压力的方法

员工的身心状态将影响组织的整体绩效，因此，压力管理也是组织必须关注的重要问题。对管理者而言，需要通过消除压力症状、帮助员工提高压力管理能力，从而进行有效的压力管理。

(1) 合理控制压力源。员工压力很大一部分源自组织层面，组织可以通过控制压力源帮助员工进行压力管理。这包括：改善工作条件，为员工创建舒适的工作环境，这有利于员工将压力保持在促进工作效能的水平；将工作丰富化，避免员工因长期从事同质工作而带来的枯燥感和疲惫感；合理安排员工工作负荷，让员工有调整的机会；变惩罚性评价系统为激励与惩罚相结合的评价系统；组织员工参与娱乐性集体活动，融洽同事关系，改进沟通方式；改进领导者作风，可以减少来自上级的压力，加强上行沟通；公平的考核和晋升则可以增加员工满意度，增强对企业的归属感和认同感。

(2) 压力管理培训。通过组织提供的压力管理培训，可以帮助员工了解和识别压力，对压力带来的危害有充分认识，掌握压力应对的方法，制订个人压力管理计划等相关知识和技能。这会让员工感受到来自组织的人文关怀。

(3) 培养咨询式管理者。培训管理者掌握心理咨询的基础知识和基本技能，以便在员工遇到压力困扰时，给他们及时的支持和有效帮助，这对员工压力管理是非常有意义的。

(4) 员工帮助计划。员工帮助计划（Employee Assistance Programs，EAP），是组织为帮助员工及其家属解决职业心理健康问题，由组织出资为员工设置的一套系统服务项目。发达国家多年的实践证明，员工帮助计划是解决职业心理健康问题的最优方案。现在越来越多的企业采取办法关心员工的工作压力问题,并尝试将西方的员工帮助计划放入人力资源部门的常规措施当中,企业请来专家帮助员工解决个人心理问题。

第三节 多元文化团队的管理

随着中国对外开放程度的加深,外资、合资企业在中国的大中城市得到了长足的发展,员工来自全球各地,企业存在多元的文化价值观,据调查,约82%跨国公司的失败都归咎于跨文化管理的失败。因此,跨文化的管理成为摆在管理者面前的一个现实而重要的课题。

一、文化差异的表现

管理是文化的产物,同时又深刻地反映文化的各个层面。文化差异是导致管理理念、方式不同的根本原因。

1. 价值观不同

不同文化背景的员工具有不同的价值观和信念,不同国家和社会的价值观就有不同的对待自然、人性、人与人、人与社会的态度,从而使人们对同一事物产生不同的看法,使企业管理、决策、执行方法复杂化,因此也容易产生内部冲突。中国文化一般采取直觉型思维,追求完美,稳妥为先,喜欢随大流,崇尚中庸之道,集体意识强;而西方文化一般偏好理性思维,追求最优化原则,自我意识强,怕束缚,喜标新立异。如果说语言可以在较短时间内速成,对价值观的了解需要时间,只有深入接触才能逐渐理解。

2. 民族性格及风俗不同

东西方民族由于各自传统文化的不同,也形成了不同的民族性格。传统文化是民族文化的深层积淀,深深融入了民族性格之中,使各个民族表现出不同的个性。而这种个性的不同往往构成跨文化沟通中最直接的冲突。此外,不同国家、不同民族都有自己特有的风俗习惯,因而会有不同的消费习惯、偏好及禁忌。跨国公司在国外开辟新市场时,如果对当地人的风俗习惯没有充分的了解,水土不服则在所难免。

3. 沟通方式不同

沟通是人与人之间或群体之间信息传递的过程,通常人们最常使用的沟通方式为语言,因此沟通方式的不同最主要体现在语言上的不同。语言的不同也意味着思维模式的不同,而汉语和西方语系差别巨大,语言的不通不仅给日常交流带来障碍,在思维方式上也会产生差异;其次,来自不同文化背景的人在身体语言、表情、举止等方面所含意义的不同也会带来理解上的障碍。企业在跨文化沟通中,采用同样的指令,会对中方员工和外方员工产生不同的效果,给企业带来管理上的麻烦。

4. 对待时间的态度不同

人类学家霍尔(Hall)根据他的观察把人们大致分为两类,一类是遵守单时制的人们,一类是遵守多时制的人们。单时制的人们把时间看作一条直线,可以切割成一段一段,他们强调时间表,强调事先安排;多时制的人们习惯于同时处理几件事情,强调人们的参与和任务的完成,而不强调一切都按照时间表。

单时制的人们通常认为他们对时间的使用是唯一科学的,在同一时间同一地点只能处理一件事情,一件处理完之后再处理第二件。北美、北欧、西欧等国家的人多为单时制,拉丁美洲、中东等国家的人多为多时制。在单时制的人看来,同时处理几件事情是对当事人的不礼貌;在多时制的人看来,严格按时间表做事不近人情。

"准时"似乎是一个普遍适用的概念。但在不同文化中,对"准时"的理解不同。在英国和北美,正式的约会必须准时到达,最多不能超过预定时间5分钟,而在阿拉伯国家迟到15分钟仍属正常范围。在中国,人们通常认为提前一些时间赴约是礼貌的,而在英语国家绝对不能提前到达,提早会被认为是不礼貌的。这从另一个方面也反映了人们对于礼仪的不同理解。

5. 对待权力与决策的认识不同

日本企业尽管都是现代化的先进企业,但是,企业的经营体制却是家长式的。日本管理者极力把自己的企业办成像一个家庭一样。公司的领导人被看成是"家长"式的人物,而公司的雇员则应该对公司尽忠心,对公司的领导人唯命是听。公司的培训也往往采取师傅带徒弟的办法,把受训人员安排给特定的管理人员,由他们负责对年轻人进行全面的培训和考核,在培训中注意贯彻公司精神,到亚洲来经商的西方人发现无论在中国或是日本,决策的过程与西方特别是美国有着很大的区别。在美国,谈判代表握有实权,可以在他被授权的范围内做决定。个人敢于负责在美国被视为一种美德,是进取向上的表现。

6. 对待法律的观念不同

美国人在与中国人谈判之前常常准备了详细的法律文件,在谈判时也常常有律师参与。他们看到中方准备的文件常常感到像是一份提纲,缺乏法律的严密性。中方则往往认为美方的文件过于繁复,细节过多。有时向美方提出,希望他们再准备一份简单的文件,以便向领导汇报。实际上,这种情况不仅在我国存在,在韩国也有同样的情况。西方人把合同的签订看作是一系列谈判的终结,而这是有法律约束力的,但是对于韩国人来说,一份合同是一份个人的协议,它标志着一种关系的开始。韩国人的看法是合同的内容不如签字本身和签字人重要。如果签字人调换工作或者离开了公司,合同的条款可能被认为无效或者需要修改。日本人也不愿意签订内容详尽而带有约束力的合同,在他们看来,根本不存在什么最终协议。他们认为客观情况会随时变化,他们欣赏建立在真诚、亲善基础上的松散协议,以便在情况变化时随时修改。

二、多元文化管理面临的挑战

由于文化差异和文化冲突的存在,给企业的经营与发展带来了严重的负面影响。据统计,在我国建立的中外合资企业中,有15%的企业比预定寿命短,其中由于外方缺乏对中国文化的理解和学习而造成企业不稳定是主要原因。多元文化管理确实面临很大的挑战,已成为世界性的热点问题。这些挑战主要表现在:

1. 缺少了解国外文化环境,造成沟通障碍

中西文化差距很大,即使西方文化之间也有差异。国家制度、做事习惯、价值趋向都不一致,沟通就存在困难。比如中国员工到英国员工家庭中做客,见主人小孩长得很可爱,就摸着小女孩的脑袋,说你真漂亮,就这个动作,主人非常愤怒。但在中国这很正常,是好意,英国人觉得不能容忍。女孩走后,主人要求客人道歉,客人感到很奇怪,不知为何。主人解释道,你摸了她的头,没有经过她允许摸了她的脑袋,就会给她造成误解,认为随便一个人可以不经她允许摸她的身体,这是非常危险的。如果赞美她很漂亮,漂亮是天生的,不需要努力,这样的话也容易给孩子造成误解,以为她这一辈子靠自己漂亮的容貌就可以成功,不需要自己去努力,这样对孩子影响不好,所以应该道歉。这种事在中国觉得很正常,在美国、英国就不行。习惯不一样,价值观不一样,管理员工时就要注意。

2. 对执行法律的态度存在偏差,导致分歧

西方国家非常注重法律,一切完全按照制度和法律办,按照协议办。中国人在执行法律时往往存在变通。中国人认为西方人做事不近人情,一点小事都不肯让步。而西方人认为让他违背法律或有关规定做事是在逼他破坏制度,是一种腐败,对他不利。结果可想而知,双方都不高兴。价值观的不同,最终导致了认识上的分歧。

3. 语言沟通困难

多元文化管理最明显的障碍是语言交流困难。尽管我们努力学习外语,尽管其他国家的人也努力学习汉语,但语言的沟通还是存在很大的问题。很多旅游企业在招聘员工时就对外语提出了很高的要求,但仍然不能满足实际需要。很多员工反映得不到提升的主要原因就是语言障碍,使得沟通不够,才干无法得到充分发

挥。至于准确使用文字、能够起草文件就更是困难的事情。语言真正过关的很少。

4. 多元文化融合的困难

每种文化都有自己的价值观、处事准则和行为习惯，每个民族都存在一定程度的民族中心主义，无论让谁去服从谁都是不可能的事。要使多元的文化和平共处，和谐一致地处理对内对外事务，是相当不容易的事。需要各方努力沟通，增进了解，在不了解其他方意见的情况下不能贸然做决定。通过沟通，权衡利弊，再决定处理问题的办法，是比较稳妥的做法。最终企业要形成一个大家都遵循的新的企业文化，实现多元文化的融合。

三、多元文化管理的对策

1. 转变观念、打破常规思维

企业管理者要重视其他文化的存在，做事不能想当然，要改变自己的常规思维习惯。比如，在国内，对员工罚站尽管不是高明的处理办法，但也不会引起大的问题；而在美国，人的尊严是受法律保护的，不可以罚站。员工迟到就说迟到的事，不能羞辱人格，这在中国人的思维中似乎无法区分。不能用常规的中国思维方式解决美国的问题，要看在美国是以什么样的价值观对待这些问题，据此调整自己的思维方式，否则问题永远得不到解决。即使在中国内部，不同地区也存在跨文化的问题，需要管理者调整思维，灵活对待。

2. 克服文化自大主义，提倡平等沟通

有些西方企业管理人员到中国后，认为自己管理水平高，中国管理水平落后，就强行推行自己的制度和办法，结果导致很严重的冲突，企业效益下降、人心涣散，最后还是自己走人。管理不是随便搬来即可用的东西，一定要结合当地的实际才有好的效果。在他国遇到问题可请教他国管理人员，认真地沟通。即使是有很好的管理思路，也应经过充分的、平等的沟通才能实施，并取得好的效果。

3. 做好派出人员的甄选和培训

在选择外派人员的时候，应该尽可能选择那些具有全球经理人技能和素质的人。他们应该喜爱新的问候，喜欢在国外工作的挑战，不断地寻找机会学习，乐于接受别人的意见并有寻找反馈和利用反馈的行为。他们具有冒险精神，有很强的与人交往的能力，更为重要的是，他们对文化差异有较高的敏感性，能适应文化融合的要求，当然，他们还要参加一系列关于派驻地语言、文化和个人职业生涯发展的培训，以期更好地适应今后的工作。许多大公司还为派出人员的配偶提供类似的培训项目。

4. 实行管理人员的本土化

由于本土的管理者对本土文化有深刻的了解，容易为员工所接受，同时为本土员工的晋升提供了明显的渠道，具有很强的激励作用。因此，使用本土管理者进行管理成为跨文化人力资源管理中的明显特征。当然在挑选这样的管理者时，一般选用在另外一方有学习和工作背景的员工，或者选送他们到另一个文化背景的环境中进行学习。

5. 努力整合人力资源管理制度

制度不能随便改，在中国的公司制度改成美国制度，中国人受不了，应把母公司的制度一点点往里渗透，把最核心的制度渗透进来，就像梨树嫁接苹果，最后出来梨苹果。要跟管理人员本土化相配套，实现渐进式的整合。比如美国在中国的连锁酒店，美方管理者工资待遇比中国员工高很多，中国员工觉得不合理，因为美方管理者不懂中国人，工作没做多少还拿很高的工资。但在美国人看来是合理的，因为他离乡背井到中国来，好多补贴加进去自然就高。人力资源管理怎样整合？怎样做才能让双方都认可？可能还需要时间，需要在实践中进一步探索。

6. 加强文化整合

多元文化管理中，文化整合是最费劲、最复杂、也是最关键的一步，它需要较长的过程。文化整合大概有三种：第一种叫移植，在子公司中强制推行母公司文化，不能适应的就解雇，实践证明效果并不好，风险较大；第二种是嫁接的方式，尊重本土文化，以子公司文化为主体，这样做融合风险比较小，但是有效性不很稳定，过分中国化，母公司的文化就很难贯彻，长久就会有问题；第三种是形成文化合金，铁就是铁，铜是铜，铁和铜在一块变成新的金属，镍和钢在一块是镍钢，不是镍，也不是钢，也就是说最终形成的是双方的文化合金，双方都觉得是自己的文化，都认可。这种文化的形成比较慢。企业文化到底需要怎样整合，要根据自己的实际情况审慎选择。

复习与训练

一、主要概念

任人唯贤　加勒提亚效应　压力　员工帮助计划　单时制

二、阅读理解

1. 如何提高员工的工作满意度？
2. 如何降低员工流动率？
3. 管理员工有哪些秘诀？
4. 员工个人控制压力的方法有哪些？
5. 多元文化管理面临哪些挑战？

三、判断题
1. 合理使用员工就是要重视员工能力的差异,并最大限度地发挥员工的能力。( )
2. 员工工作满意度高低,取决于员工的经济需要能否获得满足。( )
3. 旅游企业员工的高流动率一直是困扰企业的一个难题。( )
4. 压力给人的影响总是负面的。( )
5. 文化差异是导致管理理念、方式不同的根本原因。( )

四、选择题
单选题
1. 在公平理论中,更易于使员工接受不太满意的分配结果,并以积极的态度对待组织的决策的是( )。
  A. 分配公平   B. 程序公平   C. 人际公平   D. 平均主义
2. 工作压力的来源首先是( )。
  A. 工作量太大   B. 沟通不畅
  C. 人际关系紧张   D. 惩罚性评价系统
3. 多元文化管理中,最费劲、最复杂、也是最关键的一步是( )。
  A. 转变思维方式   B. 改变沟通方式
  C. 加强对国外文化的了解 D. 文化整合

多选题
4. 合理使用员工应遵循的原则有( )。
  A. 知事识人   B. 兴趣引导
  C. 用人所长   D. 任人唯贤
  E. 优化组合
5. 员工的压力主要有( )。
  A. 生活压力   B. 社会压力
  C. 个人内在压力   D. 工作压力
  E. 情境压力

五、案例分析
(资料来源:新浪网"人力资源案例分析——酒店管理"
http://blog.sina.com.cn/s/blog_4a2e82c501000536.html)
案例:是否需要"换血"?
　　鼎文酒店集团最初只是一家普通的国有宾馆,由于地处国家著名的旅游景点附近,故迅速发展壮大,原有宾馆已经被推倒重建成为一家五星级大酒店。集团在此尝到甜头后,先后在四个旅游景点附近收购了四家三星级的酒店。对于新收购的酒店,集团只是派去了总经理和财务部全班人马,其他人员都采取本地招聘的政策。因集团认为服务员容易招到,而且简单培训就可以上岗,所以只是进行简单的面试,只要应聘者长相顺眼就可以,同时,为了降低人工成本,服务员的工资比较低。赵某是集团新委派的下属一家酒店的总经理,刚上任就遇到酒店西餐厅经理带着几名熟手跳槽的事情,他急忙叫来人事部经理商谈此事,人事部经理满口答应,立即解决此事。

  第二天,赵某去西餐厅视察,发现有的西餐厅服务员摆台时把刀叉经常摆错,有的不知道如何开启酒瓶,领班除了长得顺眼,只会一味傻笑外,根本不知道如何处理顾客的投诉。紧接着仓库管理员跑来告诉赵某说发现丢失了银质的餐具,怀疑是服务员小张偷的,但现在已经找不见小张了。赵某一查仓库的账本,发现很多东西都写着丢失。赵某很生气,要求人事部经理解释此事,人事部经理辩解说因为员工流动率大,多数员工都是才来不到10天的新手,餐厅经理、领班、保安也是如此,所以做事不熟练,丢东西现象比较常见。赵某忍不住问:"难道顾客不投诉吗?"人事部经理回答说:"投诉,当然投诉,但没关系,因为现在是旅游旺季,不会影响生意的。"赵某对于人事部经理的回答非常不满意,又询问了一些员工后,发现人事部经理经常随意指使员工做各种事情,例如,接送人事部经理的儿子上下学、给他的妻子送饭等等。如果员工不服从,立即开除。赵某考虑再三,决定给酒店换血,重新招聘一批骨干人员,于是给集团总部写了一份有关人力资源规划的报告,申请高薪从外地招聘一批骨干人员,并增加培训投入。同时,人事部经理也给集团总部写了一份报告,说赵某预算超支,还危言耸听造成人心惶惶,使管理更加困难,而且违背了员工本地化政策。

案例思考题:
1. 赵某的想法是否正确?酒店是否必须从外地雇用一批新的骨干人员?
2. 赵某应当采取哪些措施以解决酒店目前面临的问题?

第三篇　旅游企业人力资源开发

　　现代人力资源管理的核心是，不能将劳动力看作机器，也不能仅仅将劳动力看作是被动地接受管理的对象，而应该把劳动力看作是一种资源，即丰富的具有能动性的人力资源。既然人力是资源，那么对人力资源的管理，应当是一种开发性的管理。因此从20世纪中期开始，人力资源管理进入一个新阶段，即开发性管理阶段，通过科学的、有效的管理，将人力资源的能量挖掘出来，转化为巨大的社会发展动力。所以，现代旅游企业需要探索有效的人力资源开发的途径、内容及其方式。本篇通过人力资源的教育、培训、潜能的激励以及开发的方法等论述，以探索有效的人力资源管理。

第九章

旅游从业人员职业道德与职业养成教育

世界旅游组织1994年提出"高质量的服务、高质量的员工、高质量的旅游"的口号表明,高速、持续发展的旅游业在呼唤高素质的旅游从业人员。

旅游业作为对外开放的一个窗口,是一个实践性很强的行业。而职业道德是人的综合素质的重要表现,每个行业都有其职业道德的规范要求,旅游行业也不例外。作为对外开放的窗口行业,加强员工的职业道德和职业养成教育,教育员工爱岗敬业,树立良好的服务意识,增强职业责任感,对于旅游企业人才稳定,建立企业与员工的相互忠诚关系,促进旅游业的发展至关重要。

第一节 旅游职业道德的基本原则和要求

旅游职业道德是指旅游业的道德准则和行为规范,它是旅游从业人员身上体现的精神面貌和社会行为的总和。旅游职业道德教育的首要任务是加强对职业道德及其基本要求的认识,从而使员工在工作中形成正确的道德观念,在本职工作中讲求高尚的道德行为,并形成长期的职业道德习惯。

一、旅游职业道德

旅游企业是社会文明的窗口,员工必须有良好的社会道德观念、道德情操和道德风尚,能够自觉运用道德规范约束自己的行为,做好服务工作。有良好道德修养的员工,在旅游服务中,就能够自觉遵守"尊重宾客,礼貌待客,对客人一视同仁,遵纪守法"的职业道德行为。

1. 道德

道德是调整人与人、个人与集体、个人与社会之间相互关系的原则和规范的总和。《荀子·劝学篇》指出:"故学至乎礼而止矣,夫是之谓道德之极。"意思是如果凡事能按礼的规定去办,就算是达到道德的最高境界。

道德的主要结构包括：道德原则、道德规范和道德品质。道德原则是道德结构的支柱，是评价人们行为是非善恶的最高标准；道德规范是道德结构的中枢，它是调整人们相互关系、评价人们行为善恶的一种标准，是社会对个人道德品质要求的集中体现；道德品质是道德结构的基础，每个人都有一定的道德品质，而人们的道德行为是道德品质的外在表现。

2. 职业道德

职业道德与职业活动紧密相关，它是从事一定职业的人们在职业生活中从思想到行为所应该遵循的道德规范，以及与之相适应的道德观念、道德情操和道德品质等。一个社会有多少种职业就会有多少种职业道德。它的基本内容包括：职业认识的提高、职业情感的培养、职业意志的锻炼、职业理想的确立以及良好职业行为和习惯的养成。

十四届六中全会通过的《中共中央关于加强社会主义精神文明建设若干重要问题的决议》对职业道德建设提出了五条要求，即："爱岗敬业、诚实守信、办事公道、服务群众、奉献社会"，其中"爱岗敬业"成为职业道德要求的第一条。

3. 旅游职业道德

旅游职业道德是职业道德的一个组成部分，它是旅游从业人员在旅游职业活动中应该遵循的各种道德关系、准则和行为规范。与旅游业发展的特点密切相关，旅游职业道德具有崇高的目的性、广泛的适应性、高度的自觉性、较强的实践性等特征。

我们现在所从事的旅游事业，对旅游从业人员的政治觉悟和职业道德两方面都有更高的要求。因此，我国旅游从业人员在旅游服务中，必须体现中国的国格，体现中国人的人格，这就要求从业人员应有较高的政治觉悟和良好的旅游职业道德。

二、旅游职业道德的基本原则

旅游职业道德的基本原则，是指旅游从业人员在进行旅游职业活动时应该遵守的最根本的行为准则，它主导着旅游职业道德的一切规范，是衡量旅游工作者的最高道德准则，它包括以下几个方面。

1. 组织观念

从职业道德的角度来看，严格的组织观念是一个基本的要求，这也是做好一切旅游服务与管理工作的根本保证。由于旅游业是一个综合性的产业，旅游职业工作具有复杂性和多样性等特征，而且旅游工作对象千差万别，各个岗位的要求也不一样，这些都要求旅游从业人员要树立良好的组织观念，严格按照旅游企业的要求进行工作，自觉遵守规章制度和员工守则，尤其是要形成忠于职守的工作作风和自觉的服从意识。

忠于职守,是指员工要认真遵守工作纪律和管理制度,一丝不苟、严谨认真地按照旅游行业岗位规范的要求履行职业职责,保证工作质量,确保旅游者的人身和财产安全。服从意识则是组织纪律在员工头脑中的反映,是指员工一旦进入旅游工作环境或旅游工作岗位,就自然而然地产生一种自觉遵守组织纪律和自觉接受任务安排的想法,并能产生积极的行为。

2. 团队精神

由于旅游服务是一种综合性的服务,因此服务质量如何,取决于各个部门、各个人员之间的有效配合,一个环节解决不好,就可能导致整个服务形象的损毁,旅游行业常说的"100－1＝0"反映的就是这个道理。所以,旅游从业人员要有强烈的团队精神和合作意识,这是一种职业道德的基本要求。各个旅游组织的成员要善于进行换位思考,讲究沟通技巧,相互理解和支持;同时也要有强烈的补位意识和责任意识,甘于奉献,宽以待人。如果是一个部门,特别要注意摒弃本位主义和短期行为,要发扬全体一盘棋的协作精神。

3. 勤俭意识

对旅游从业人员来说,勤俭节约既是一种职业道德的要求,也是经济可持续发展的要求。勤俭意识最重要的要求是每个旅游从业人员都要有爱护公共财物、保护旅游资源的优良品德,因为这是全体旅游者共同利益的物质基础。爱护公共财物、保护旅游资源,要求是:一要增强工作责任心,细致维护旅游过程中的各种设施设备,不破坏资源和环境;二要认真了解旅游设备物品的特性和注意事项,规范操作;三要养成勤俭节约的良好习惯,树立绿色意识、资源意识和环保意识。

4. 大局意识

大局观念要求每个旅游从业人员要以大局为重,把国家利益和集体利益永远置于个人利益之上,个人利益必须服从国家利益、集体利益,在保证国家利益、集体利益的基础上,把国家利益、集体利益与个人利益有机地结合起来。

大局观念还要求旅游工作者在职业活动中要反对个人主义、自由主义、本位主义、小团体主义和宗派主义等。要处理好局部利益和整体利益、眼前利益和长远利益的关系,发扬集体主义精神,并自觉抵制拜金主义、利己主义等腐朽思想。

三、旅游职业道德的基本要求

1. 热爱旅游事业

热爱旅游事业,是旅游职业道德最基本的道德准则。它要求旅游从业人员明确工作的目的和意义,要"干一行,爱一行",忠实地履行自己的职业职责。热爱旅

游事业作为一项职业道德的基本要求,具体内容包括以下三个方面:

(1) 正确认识旅游业的性质和任务。旅游业是一项综合性的、充满活力的朝阳产业,它可以促进经济、社会、文化等全面发展。旅游同时还是一个对外交流的窗口,是一种"民间外交",它对于提升国家的国际形象,促进各国人民的友谊等都具有重大意义。只有对旅游业认识了、了解了,才能谈得上去热爱。

(2) 培养敬业、乐业的道德情感。热爱旅游事业除了认识方面的要求,也有情感方面的要求。因为只有在思想感情上发生了深刻的变化,达到了"以从事旅游工作为荣、以做好本职工作为乐"的道德境界,才能算得上是真正热爱旅游事业。"敬业"即要求旅游从业人员敬重自己所从事的旅游事业,有职业荣誉感。"乐业"即要求旅游从业人员要以主人翁的姿态,投身旅游事业,乐于为广大旅游者服务,以做好本职工作作为自己最大的快乐,有职业幸福感。

(3) 形成勤业、创业的道德行为。"勤业"即要求旅游从业人员在工作过程中要刻苦学习、勤于思考,兢兢业业、尽职尽责,在职业实践中养成良好的行为习惯。"创业"要求旅游从业人员发扬开拓进取、不断提高的精神,在职业工作中加强创新,积极参与,从而推动旅游业的持续、快速、健康发展。

2. 全心全意为旅游者服务

全心全意为旅游者服务,这既是旅游职业的需要,也是旅游从业人员精神境界的集中体现。全心全意为旅游者服务,要求做到以下三个方面:

(1) 热心为旅游者服务。旅游者是旅游业的工作对象,因此,热心为旅游者服务,关心和爱护每一位旅游者,在旅游过程中尽可能满足他们的合理需求,是旅游从业人员热爱旅游事业和做好本职工作的具体体现。

(2) 加强职业责任心和道德义务感。职业责任心是个人对实现职业责任所持的态度;道德义务感是个人对履行某种道德要求的高尚情感。旅游工作很多都是小事,但对旅游者来说可能都是大事,并且是对其终生都有影响的"大事"。因此,全心全意为旅游者服务就要求旅游从业人员加强职业责任心和道德义务感,首先做到认识到位。

(3) 改善服务态度,提高服务质量。旅游工作多数情况下是一种人与人之间的"面对面"的工作,由于是对人的工作,因此服务态度非常重要,在很多情况下它会对旅游工作质量造成很大的影响,所以作为旅游从业人员,一定要转变观念,以良好的态度服务旅游者。服务态度涉及心理状态、脸部表情、形体动作、语言表达和服饰打扮等各个方面。

3. 发扬爱国主义精神

由于旅游行业是一个涉外窗口行业,会与各个国家的人员打交道,因此旅游从业人员一定要树立强烈的政治意识和爱国主义精神,多了解我国悠久的历史、传统文化、基本国情和各种政策制度等。

发扬爱国主义精神,要求旅游从业人员做到:第一,坚持祖国利益高于个人的一切;第二,自觉维护祖国的独立、完整、统一和尊严;第三,自觉维护祖国各族人民的安定团结;第四,自觉为祖国的繁荣昌盛奋发进取;第五,有民族自尊心和自信心;第六,尊重、关心和支持来自其他各个国家和地区的客人。

四、旅游从业人员职业道德规范

旅游从业人员的职业道德规范是旅游职业道德基本原则的具体化,是每一位旅游从业人员在职业活动中必须遵循的行为准则。国家旅游局根据社会主义道德的基本要求,总结了我国旅游工作者多年来的道德实践活动,于1996年11月制定下发了《关于加强旅游行业精神文明建设的意见》,明确提出了"旅游企业一线员工职业道德规范",这个规范是旅游行业对于一线员工的职业道德要求,它同样也适用于旅游行业的管理人员和其他从业人员。具体如下:

1. 爱国爱企,敬业爱岗

这是旅游职业道德体系中最重要、最基本的规范,也是从事各个行业的人都应当共同遵守的基本道德规范。它要求旅游从业人员热爱祖国,热爱企业,尽职尽责,忠于职守。树立高尚的职业理想和敬业爱岗精神,要求从业人员对自己所从事的工作有一种职业荣誉感,热爱这项工作,把宾客的满意作为自己最大的快乐。

2. 热情大度,清洁端庄,耐心细致,宾客至上

这是旅游职业道德最基本的道德规范,它包括了职业认识、服务态度、仪表仪容等方面的要求。它要求每个旅游从业人员在接待过程中,发扬我国人民热情好客、礼仪之邦的优良传统,做到微笑服务、热情细致服务,始终把宾客放在首位,一切为宾客着想,努力满足宾客的合理、正当要求,克服冷淡、粗暴、懒散等违反旅游职业道德的不良行为。

3. 文明礼貌,优质服务

它要求旅游接待人员在接待工作中,举止端庄、说话和气、态度友善、服务周到、急客人所急、想客人所想,使客人有宾至如归之感。优质服务,是旅游职业义务的集中表现,也是每一个旅游接待人员最重要的道德义务。要坚决克服旅游服务中的"冷、硬、顶",粗心大意,不负责任,办事拖拉,互相推诿等消极现象。

4. 遵纪守法,公私分明

这是处理个人与集体、国家利益关系的行为准则。它要求旅游从业人员要自觉遵守职业纪律和有关法律要求,廉洁奉公,反对和纠正行业不正之风。秉公办事,自觉以国家和集体利益为重,模范地遵守国家的法律法令,认真执行旅游业的行纪行规,坚决与一切贪污浪费、损公肥私、徇私违法行为作斗争,抵制要回扣,索取小费、礼品等不正之风,维护旅游业的声誉。

5. 自尊自强,不卑不亢,一视同仁

这是民族自尊心、自信心以及国格、人格的体现,是爱国主义精神在旅游职业道德规范方面的具体展示。它首先强调的是人人平等,既反对民族自卑感,也反对大国沙文主义;既要谦虚谨慎,又不妄自菲薄;既要学习先进,又不盲目崇洋;既要热爱祖国,又不妄自尊大。在具体的旅游职业活动中,则主要体现为"六个一样",即:高低一样、内外一样、华洋一样、东西一样、黑白一样、新老一样。

6. 克勤克俭、诚实善良

克勤克俭要求本着节约的原则为旅游者提供服务。诚实善良则要求旅游从业人员要讲究诚信道义,与人为善,特别是在旅游服务提供的过程中要诚实可靠,信誉第一。认真维护旅游者的利益,做到遵守合同,守信用,不弄虚作假,不欺骗或刁难旅游者。坚持质量标准,做到收费公道、买卖公平、货真价实。同时,把旅游企业的信誉放在首位,不允许出现旅游经营活动中的不讲信誉、胡乱收费、以次充好、变相涨价、克扣宾客等侵犯旅游者合法利益的不良行为。

7. 团结服从,大局不忘

这是一种处理旅游业内部同事之间、部门之间、行业之间相互关系的道德行为准则,它是旅游业发展的可靠保证。要摆正个人、集体、国家三者的关系,努力做到个人利益服从长远利益,树立全局观念。要求旅游从业人员服从整体利益和目标,顾全大局,以大局为重,组合良好的工作团队。在具体的工作过程中,要求从业人员发扬主人翁精神,团结协作、相互配合、相互理解、相互支持,从大局出发处理有关问题和事项。在旅游业内部建立起团结、友爱、平等、互助的社会主义新型关系。

8. 好学向上

旅游业的发展要求从业人员不断地提高自身的素质和专业水平,这是个人发展的要求,也是职业道德规范的要求。"好学向上"要求旅游从业人员积极进取,努力钻研业务,不断提高职业技能,以便更好地服务旅游者。学习有三种方式:一是通过书本和资料学习;二是向周围的老师、同事和领导学习;三是向旅游发达国家学习,吸收先进经验。

附录:上海市导游人员职业道德规范
(上海市旅游事业管理委员会 2002年5月颁布)

一、导游人员职业道德规范

爱国爱市,忠诚旅游事业。敬业爱岗,规范导游行为。诚信尽责,保障游客利益。真情奉献,提供优质服务。倡导环保,维护生态环境。讲求公德,尊重人文传统。

二、导游人员职业道德规范细则

1. 爱国爱市,忠诚旅游事业

(1) 宣传中国,宣传上海。
(2) 坚定政治立场,按照党和国家的方针政策进行宣传讲解,不传播恶意的政治笑话。
(3) 保守国家机密,注意内外有别。
(4) 热爱导游职业,当好城市的"形象窗口"、国家的"民间大使"。
(5) 掌握导游技能,不断学习,汲取多方营养,勇于创新,以广博的知识满足游客的需求。

2. 敬业爱岗,规范导游行为
(1) 忠于职守,履行工作职责。
(2) 严格遵守劳动纪律及各项规章制度。
(3) 着装整洁得体,佩戴导游证。
(4) 注重礼仪,岗位中保持真诚微笑,使用职业敬语。
(5) 讲解中力求知识性、科学性、趣味性,语言通俗易懂,杜绝封建迷信和低级趣味的内容。

3. 诚信尽责,保障游客利益
(1) 履行合同及接待计划,不擅自增减旅游项目,不得随意中止导游活动。
(2) 不向旅游者兜售旅游商品,为需要的游客提供真实可靠的旅游购物信息。
(3) 不得以任何形式,包括索要、暗示、威胁、乘人之危等手段侵占游客财物。
(4) 尽己所能预防事故发生,维护游客的身心健康和饮食安全。
(5) 当意外情况发生时,竭尽全力保护游客的人身安全,对危难游客采取及时、有效的救助措施。

4. 真情奉献,提供优质服务
(1) 真情奉献,全心投入,使游客充分享受旅游的乐趣。
(2) 想游客所想、急游客所急,努力减少游客在旅游过程中可能产生的不便。
(3) 悉心照料老、弱、病、残、孕等特殊群体。
(4) 营造和谐互助的旅游氛围。游客间发生矛盾时,要耐心细致地予以帮助解决。
(5) 诚恳地接受游客对服务、旅游项目等方面的意见、建议和投诉,并及时改正完善。

5. 倡导环保,维护生态环境
(1) 宣传环保,从我做起,从小事做起,保护旅游地的生态环境。
(2) 在进入旅游地之前,向游客讲解当地有关的环保规定。
(3) 在野外尽可能使用环保型饮食容器。废品垃圾等放入垃圾箱或带出旅游地处理。
(4) 引导游客不扰乱野外生活的动物、植物的生存环境,不捕杀野生动物或破坏野生植被。
(5) 引导游客不食用珍稀动植物,不购买由濒临灭绝的动植物制作的商品。

6. 讲求公德,尊重人文传统
(1) 尊重旅游地居民的风俗习惯和宗教传统,保持旅游地传统文化的完整性。对应注意的事项提前向游客说明清楚。
(2) 引导游客拍摄时注意保护旅游地居民的个人隐私及尊严。
(3) 对于不同民族、不同宗教信仰的旅游者应当一视同仁,并尊重他们各自的习俗、信仰和传统。
(4) 遵守社会主义公共道德规范,对于游客违反基本公共道德的行为要加以制止。
(5) 拒绝有损于导游尊严、信誉的要求,不卑不亢。

第二节 旅游从业人员敬业意识和服务意识的培养

旅游业接待服务工作具有广泛性,是一项要求很高的工作,为了保证服务质量,重要的是不仅要解决从业人员应该怎样去做和如何去做的问题,而且首先需要解决的是员工究竟热不热爱这项工作,愿不愿意去做的问题。因此,旅游从业人员的敬业意识和服务意识至关重要。

一、旅游从业人员敬业意识的培养

敬业是当今旅游企业对人才要求的首选素质。如果为一名合格的人才画一个三角形,那么两腰分别是能力、知识,底边则是职业道德、敬业精神。能力可以培养,知识可以不断更新,只有道德才是最基础、最根本的。任何企业都需要敬业、真诚、诚信、协作的人才。

1. 旅游业敬业意识的表现

用人单位对当代大学毕业生最不满意的10项内容中,"敬业精神"高居第二位。据武汉大学曾做过的"社会究竟需要什么样的人才"课题研究表明,"敬业精神"是用人单位最为看好的人才素质,比重为90.1%。

心理学家认为:思想决定行为,行为决定结果。换句话说,一个员工有什么样的思想意识,就会支配他产生什么样的服务行为。旅游从业人员对待自己的职业有高度的认同感和踏实的敬业意识,并有良好的职业修养,就会非常重视自己的一言一行,自觉将其所学运用到自己的工作中。

第一,表现为以旅游企业的发展作为个人发展的前提。敬业爱岗是旅游从业人员一种崇高的精神,它表现为以旅游企业的发展作为个人发展的前提,把旅游企业的兴衰荣耀看作自己的兴衰荣耀,培养主动积极、尽职勤奋的工作态度,热爱本职工作,勤于本职工作,视宾客为亲人。只有具有敬业精神和奉献精神的员工队伍,才是旅游企业稳定的、可以依靠的队伍,才是优质服务的根本保证。

第二,表现为道德行为和习惯在旅游工作中的运用。敬业爱岗本质上是道德行为和习惯在职业态度上的表现,而这种道德行为促使人们主观上采取有意识的、经过选择的、能进行道德评价的行为。如何让这种道德行为采取积极认同的态度,然后转化为下意识的、自觉的理念和行为,从而形成长期的职业道德习惯,将旅游职业道德规范自觉运用到本职工作中去。

第三,表现为工作服务态度的养成和运用。敬业爱岗的具体表现之一是工作服务态度的养成和运用。态度是一种内在的心路历程,包括人们比较稳定的一套思想、兴趣或目的,往往表现在人的举止神情方面。一般情况下,态度形成之后,比较持久,改变起来难度很大。无论有没有压力或是压力的大小,无论坚持遵守的人的数量的多寡,都不能再动摇自己的信念和行为。

敬业精神的养成,需要循序渐进地培育员工的观念和意识,然后逐渐变为自觉的行为,当然良好的企业文化和良好的行为环境都是不可缺少的。同时,敬业精神的培育不能也不可能孤立进行,需要与企业的思想教育和员工的本职工作相结合,需要与员工的技术素质、能力素质的提高相结合,需要与规章制度相结合。

2. 敬业意识的培养

要真正做到主动积极、尽职勤奋、敬业爱岗,那么敬业意识的培养应从以下两个方面进行:

(1) 加强员工对企业忠诚度的培养。对员工来讲,建立对企业的忠诚度相当重要。没有忠诚度,敬业爱岗只是一句空话。据中国旅游饭店业协会的调查显示:旅游院校毕业生在饭店受冷遇的主要原因分别为:占43.3%的人认为是忠诚度低;占41.8%的人认为是容易跳槽和缺乏经验。

国内外有不少学者对员工离职因素进行了理论与实证方面的探讨。美国著名管理学家麦克菲林(Jame. M. Mcfillin)、瑞杰尔(Carl D. Riegel)和恩兹(Cathy A. Enz)的研究结果显示:员工有离职的愿望是由两个因素相互作用的结果:

第一,个人对组织的承诺度。例如,员工与饭店签约10年,而是否干满10年是由其承诺度决定的。若承诺度高,则不仅会干满10年,而且很有可能续约;若承诺度低,则会很快离开。

第二,对工作的满意程度。如果工作满意度高,员工对组织的承诺度就会强烈,而且对工作经常抱有积极的态度,这样,员工就有可能留在饭店;反过来,如果工作满意度低,员工对组织的承诺度就会减弱,工作态度变得消极,一有机会,员工就会流失。

所以,忠诚感、承诺度、热爱旅游职业与否,这是保证员工敬业爱岗精神的前提条件。据世界旅游组织预测,未来10年,中国每年将增加旅游从业人员100万人,而中国的旅游院校每年仅能提供10万名毕业生,旅游专业人才非常紧缺。在旅游人才紧缺的情况下,如何保证让这每年10万名毕业生大多能进入旅游行业,并能使其中的大多数学生能认同、热爱、忠诚、敬业地在旅游行业选择各自的职业,为我国的旅游事业作出毕生的贡献。要达到这样可喜的目标,需要从源头抓起,在选择填报旅游专业时就把好关,真正把喜爱旅游职业的学生引入到这个行业来。

国际经验表明,旅游业人才具有其特殊的素质要求,被录用或培育的对象首先必须具备适合在旅游业工作或可培育的潜在素质(潜质)。例如,美国著名的康奈尔大学酒店管理学院在录取饭店专业本科生之前要对申请者是否拥有可培养的潜在素质进行识别,避免产生具有不喜欢或不适合饭店业工作素质的人得到了培养,而他们最终又不愿意或不适合在饭店业工作。

他们对饭店人才潜在素质的识别和挑选方式包括两方面内容:

第一,对所有申请攻读饭店管理专业的学生提供一份名为"Why Choose the Hotel School?(为什么要选择饭店学院)"的自我检查清单,请这些入学申请者对照检查自己的性格、兴趣等。检查清单的主要内容是:你有下列素质特点吗?

A. 既有雄心壮志又谦虚恭顺,喜欢成为一名领导人,喜欢帮助别人,喜欢梦想成功。

B. 具有创造力,能看到别人没有看到的远景,也是一个战略思考者;始终考虑如何改进工作;愿意改进其他人只是简单遵循的规则;能聚焦实现目标所需要做的事。

C. 是一位自然的组织者而不是一位暴君;喜欢做决策和看到工作以正确的方法被完成;保持着讨人喜欢的和积极进取的态度,以至于人们喜欢将你放在负责项目与团队的职位上;喜欢承担责任和成为领导人,但是确保你的团队分享成功与获得承认。

D. 以全球为导向:喜欢旅行与会见具有其他文化背景的人;喜欢体验冒险的感受;受到国际经营职业选择的激励。

E. 以行动为导向:你追求的职业将不会把你隔离在小房间里;偏爱一种能在工作责任方面提供许多选择机会与多样化的职业;喜欢鼓励变化与创造性改进工作的环境气氛。

F. 自信和干劲高:你渴望成功和愿意努力工作保证获得成功;你想在年轻的时候就进入职业成长的快车道;你有一种内在的信念将在你所选择的领域成为最高领导者;具有一种幽默感和令人印象深刻的才能。

第二,在暑假期间向高中生提供3~4周的有关进入世界旅馆业的兴趣与意义的课程,让他们深入认识旅馆业的特点和自己的兴趣爱好,审定自己是否具有培养成饭店人才的潜在素质。对饭店来说,录用饭店专业的毕业生,一定需要设立一个为期3~6个月的实习期,以考察这一学生是否具有热爱与适合饭店服务管理的综合素质。

(2)加强对学生敬业意识的培养。对即将进入旅游行业的学生的敬业意识的培养,增强学生的职业责任感。受社会的影响,现在的学生认为人生成功的目标在于获得较高收入,工作较轻闲的职业。有的学生毕业后就业单位反映其在工作中做事欠主动,拈轻怕重,表现不佳。因此,教师在进行教学的同时要培养学生正确的人生价值观。进行职业道德的基本规范和行业要求教育,帮助他们树立正确的职业态度和职业道德观念,树立干一行爱一行的敬业精神。既然选择了这个职业,就要喜欢它,并为之付出努力。

对学生进行自信、自强、自爱、自立精神的教育,培养学生的职业情感,树立敬业爱业精神,让学生明白,只有掌握扎实的知识、过硬的本领,才能在社会上立住脚。明白不管从事哪一行、哪一业,都必须从基层干起,只要基础打好了,干哪一行都不怕。要摆正自己的心态,不能认为从事旅游服务行业,感觉就低人一等,让学生从心理上改变,这样才能做好服务工作,才能让客人满意。转变观念用事实说话。例如,比较其他行业就业形势与旅游业的就业形势就能发现,旅游业就业后对今后发展所提供的机会更多。这样才能从根本上转变学生的思想观念,给自己一个正确的定位,也才能在今后的工作岗位上真正做到敬业爱岗。

二、旅游从业人员服务意识的培养

当前,旅游业非常强调提高服务水平,即能不能为宾客提供一流的服务,已成为景区、旅行社、星级饭店发展的关键要素之一。

1."服务"解读

由中国社会科学院编写,商务印书馆出版的《现代汉语词典》对"服务"的解释是"为集体(或别人的)利益或为某种事业而工作"。也有专家给"服务"下的定义是:"服务就是满足别人期望和需求的行动、过程及结果。"前者的解释抓住了"服务"的两个关键点,一是服务的对象,二是说清了服务本身是一种工作,需要动手动脑地去做;后者的解释则抓住了服务的本质内涵。

在英语中,服务为"SERVICE",有人认为,构成这个词的每一个字母都代表着对旅游从业人员的行为规范的一种要求。

第一个字母 S,即 Smile(微笑),其含义是从业人员应该对每一位宾客提供微笑服务。

第二个字母 E,即 Excellent(出色),其含义是从业人员应该将每一个程序、每一次微小的服务都做得很出色。

第三个字母 R,即 Ready(准备好),其含义是从业人员应该随时准备好为宾客服务。

第四个字母 V,即 Viewing(看待),其含义是从业人员应该将每一位宾客都看作是需要提供优质服务的贵宾。

第五个字母 I,即 Inviting(邀请),其含义是从业人员应该在每一次接待服务结束时,主动邀请宾客再次光临。

第六个字母 C,即 Creating(创造),其含义是每一位从业人员应该设法精心创造出使宾客能享受其热情服务的氛围。

第七个字母 E,即 Eye(眼光),其含义是从业人员应该始终以热情友好的眼光关注宾客,适应宾客心理,预测宾客要求,及时提供有效的服务,使宾客时刻感受到从业人员在关心自己。

从以上解释可以看出,对旅游接待服务工作的要求是全面的、高标准的。

2. 服务意识

服务意识是旅游从业人员素质高低的标志,也是旅游企业软件建设的关键。所谓服务意识,就是员工一进入工作状态,就能自然地产生一种强烈的为客人提供优质服务的欲望,以满足客人需要作为自己的最大快乐。客人想到的,服务员早已想到,客人没有想到的,服务员也替他想到了。如下雨天,酒店前厅部员工会自觉放置防滑牌,提醒客人路滑;看到行动不便的客人,行李员会主动推出残疾人用车,接待处员工替客人安排靠近电梯的房间;客房服务员整理房间时发现客人将枕头重叠起来,便会联想到是否因为枕头太低,不舒服,于是给客人多加一个,等等。这些微小细致的服务,来自饭店员工自然产生的为客人服务的诚意,使客人感受到饭店对他的关心重视,这就是服务意识,它能使客人与服务员都得到一种无法用语言表达的满足。

旅游业从业人员的服务意识不仅体现在为客人服务,同时也应体现在同事之间的工作配合中。企业是一个团结协作的整体,优质服务源于各部门的协调配合,每一位员工都要讲求协作和团队精神,培养良好和谐的人际关系,热情主动的合作态度,互相服务、互相配合的良好的工作作风,同事之间就可以在一种友好和睦的环境中愉快工作,为客人提供最佳服务,为企业创造最佳效益。

3. 服务意识的培养

一般来说,旅游业的服务对象是宾客。旅游六要素"食、住、行、游、购、娱"无一不是围绕着宾客这个核心展开的,是直接做人的工作。而要做好这六个方面的服务,最关键的是旅游从业人员的服务意识,因为思想是行动的指南,这六要素是要通过从业人员的手与脑来实现的。所以,要提高旅游业的服务水平,要求切实做到以下几方面:

第一,诚信服务。诚信是服务的基础,也是人与人之间相处的基础。"诚"就是真诚、心诚;"信"就是讲信用,守信誉。在诚信服务的基础上获取适当的利润,才是企业安身立命的生财之道。以江苏昆山周庄为例,现正在努力打造民俗周庄、文化周庄、生活周庄。周庄古镇景区也是一个居民生活型景区,生活着数百户居民,具备住宅、商铺、客栈、景点等诸多元素,从而能够更好地、全方位地展示江南水乡古镇民俗文化风情。现在的周庄旅游在展示"小桥、流水、人家"江南水乡古镇风貌之外,还继承了历史上商业文化的优秀传统,即诚信经营、诚信服务,从而取得了"中国第一水乡"的美誉,为旅游业产生了巨大的社会效益和经济效益。

第二,注重细节。细节服务能体现特色,能让人产生温馨如家的感觉,每一个微小的服务细节都会关联服务对象的满意度。那么,如何做好细节服务?一是企业管理者要重视,二是员工要努力。在实际服务的过程中,有太多的细节问题需要考虑,需要管理者结合本企业、本部门的具体实际,集思广益,或请专家协助,制订出一套切实有效的细节服务标准体系。在此基础上,再结合培训、考核、激励、沟通等办法,提升员工细节服务技能与水平。在执行细节服务体系的基础上,再通过发挥全体员工的聪明才智,灵活地做好服务,真正把以人为本的服务意识体现出来。

第三,注重服务流程。以景区为例,从游客进入景区到离开,每个环节都应做到尽善尽美。现在有些景区倡导风景从外围开始,在进入景区的道路上就注重绿化、美化、亮化环境,碧绿的草坪、优美的树木,努力营造赏心悦目的感觉,这种把"风景营造到景区外面"的做法,是良好服务意识的体现。结合服务细节,构建整个服务流程是非常关键的。需要每个人、每个单位,从自身提高做起,深化服务要求,理解服务内涵,把服务体现在管理行动中,提升旅游服务水平,最终达到让游客满意的目的。

第四,做好服务监督。服务监督是指对旅游服务过程中所进行的服务质量进行监督;监督可以检查和考核并举。

目前,在旅游行业存在着拉客宰客、强卖索要等旅游秩序问题。这些问题将会导致服务质量的急剧下降,游客投诉也会大量产生。要解决问题,一方面当然要加强旅游业的规范管理,严厉打击各类违法违纪现象;另一方面,则要认真处理好游客投诉。实际上,游客投诉的涉及面很广,我们可以把游客投诉和游客咨询结合起来。对待服务投诉和游客咨询,除了应该及时解决,令投诉者、咨询者感到满意外,各旅游企业应对照服务内容和要求制订出切实可行的百分检查考核制度,并与考核工资挂钩,真正把服务监督落实到位。

第五,做好服务反馈。从小处看,做好服务反馈可以更好地沟通游客感情,认真地服务好每一位游客;从大处看,服务反馈也是一个市场需求反馈,因为有许多的服务问题,实际上反映的是旅游产品的市场需求问题。服务反馈的及时性和有效性,涉及企业管理组织架构的灵活应变能力。只有能够及时把握市场动向、及时响应市场反应的企业,才能够在瞬息万变的市场竞争中取得胜利。

在各个旅游企业努力推动旅游项目不断发展的过程中,服务意识问题非常关键,即是把满足宾客需求、为宾客服务放在第一位,还是把利润放在第一位,这是必须要搞清楚的。服务意识必须存在于旅游从业人员的思想认识中,只有大家提高了对服务的认识,增强了服务的意识,激发起人在服务过程中的主观能动性,搞好服务才有思想基础,在开展旅游服务过程中,才不会机械地照搬服务规程,才能更好地为宾客提供全面周到的主动服务,才能真正让宾客有宾至如归的感觉。

第三节 旅游从业人员职业养成教育方案

截至 2006 年底,全国星级饭店达 1.2 万家,旅行社 1.6 万家,各类景区景点 2 万多个,大中专旅游院校(系、专业)1 703 家,在校学生 73 万人,旅游直接从业人员

1 000万人,加上间接从业人员,旅游就业总数达4 800多万人,约占全国就业总数的5.2%。旅游业的发展前景非常乐观,但是旅游业的发展迫切需要一支敬业乐业的专业性较强的职业队伍。

一、旅游从业人员的职业观偏差

目前,旅游业从业人员在职业观出现的偏差主要表现在情绪低下和成就感低落。从大的背景看,与我国正处在社会转型期,原有的价值观、成就观、幸福观等受到冲击,而新的为个体广泛认可的价值体系尚未完全确立有关,这反映到生活和工作中,就是很多人对职业缺乏认同感、成就感。另一方面则是由旅游业的工作性质和内容引起的,具体体现在以下几个方面。

1. 工作时间长、劳动强度大

旅游企业如饭店、旅行社、旅游交通等大部分工作无法通过现代化的机械设备实现流水线作业,主要通过从业人员手工完成,工作时间长且负荷量大,需要工作者付出大量的体力、脑力和情感。另外,一些特殊岗位如饭店、餐饮等,更是要工作到深夜,违背了人的正常作息规律。

2. 工作内容单一

旅游从业人员在进入旅游企业后,根据个人条件被分配到服务流程的某一环节上,首先会经历一个"蜜月阶段",工作热情度和满意度都很高。由于不少旅游企业如饭店业对技术要求较低,员工很快会进入适应阶段,面对高度重复和单一的工作内容,最初的热情开始退去,疲劳症状、枯竭感、厌烦和抑郁持续出现。

3. 工作缺少自主性

为求管理和服务质量控制的方便,旅游企业很多工作都采取标准化的服务流程,并通过严格的规章制度和处罚条例来确保员工按照流程的规定提供服务,员工处于被动、压抑和紧张之中,工作自主性得不到发挥。

4. 人际关系复杂

旅游业大多属劳动密集型产业,用工数量多,员工为有限的职位彼此要进行激烈的竞争,一些明争暗斗使得人际关系更加复杂,长期身处其中,自然产生排斥的心理,进而影响到对工作的满意程度。

5. 缺少晋升机会

相当的旅游企业在选拔和使用人才方面存在问题,如不能完全按照企业的需要去选拔人才,论资排辈、上级指派等不合理现象就会时常发生。同时,企业组织机构扁平化带来的管理岗位的减少,使得刚入职的员工,尤其是高学历人才因得不到认可和提升,挫折感加剧,不知道自己究竟会走向何方,对前途缺乏信心。

6. 易发生角色冲突

由于不能真正理解"服务"的本质，受传统观念的影响，一方面一些员工把对客人服务视为比较低下的工作，对本职工作的热情度、认同感和自豪感降低；另一方面，旅游接待服务高接触度的属性，需要员工对工作有发自内心的热情，才能提供令客人满意的服务，其个体价值才能得到体现，这种角色上的冲突经常使从业人员处于无所适从的境地。

二、旅游从业人员流失状况及原因

旅游从业人员职业观偏差若得不到及时、有效的治疗，对员工自身和旅游企业来说都具有极大的危害，最直接的表现是员工对工作缺乏热情和冲动，自我评价下降，对自己工作的意义和价值的评价下降，工作变得机械化且效率低下，最突出的表现是企业留不住优秀人才，从业人员流失严重。

目前，旅游企业员工离职率已经明显呈上升趋势。一项统计表明，北京、上海、广东等地区饭店的员工流动率在30%左右，有的饭店高达45%。

旅游从业人员的流失从外在原因来看，主要有新饭店的开业，外企、航空公司争夺人才，待遇问题，发展机会问题和软环境问题等因素；而内在原因除员工的价值观念偏差外，则主要表现为企业内部在人力资源管理方面的问题了。

相当一部分管理者并不知道如何培养员工对企业的忠诚感，平时不注意对员工的培养，等到人才流失才痛陈员工"没良心"，如此恶性循环，人才流失越来越严重。在这方面，对管理者来说以下问题应引起重视。

1. 选人用人时只看才能不重品质

我们知道提高一个人的知识水平和技术技能是容易的，但要想改变一个人的品质则困难得多。但相当多的企业在选人时往往抱着"捡便宜"的心理，一门心思寻找有文凭、有学历，接受过最高技能培训，同时又有相关工作经验的人，哪怕这个人"背叛"以前服务的公司也不介意。这种只重才能不重品质的选才用人策略，为日后的人才流失埋下了伏笔。所以，企业要想得到员工对企业的忠诚，就必须改变这种人才观，不重出身重人品，不重学历重能力，做到"有德有才，破格重用；有德无才，培养使用；有才无德，限制录用；无才无德，坚决不用"，从源头上消除人才流失的隐患。

2. 主管只会命令不会培养

很多管理者狭隘地认为，"既然管理者是管人，不是管事的，那我的任务就是命令下属给他们分摊任务、分配责任就好了。"这样就会出现一个问题，那些不具备业务经验，对业务还不熟练的人怎么办？于是我们常常会听到一些绩效差的主管诉苦："我手下的人根本没法用"，常常抱怨新来的小李什么也干不了，老陈太笨了，到现在编的报表还错误百出。

其实,管理者尤其是中、基层管理者都应该肩负起指导员工,为下属提供辅导和帮助的职责。不厌其烦言传身教,甚至示范几天,不会使你的威信扫地,相反,这样做不但有利于员工提高处理业务的水平,还向员工传达了你对他们的关心,这样员工就会回报你更大的热情和对企业的忠诚,这是光用命令所得不到的。

3. 管理者不重视鼓励

"倒金字塔管理"、"呵护链"这些名词其实在企业中早就存在了。但现在企业的管理者们很少注意这种呵护的传递,常常是高层管理者板着脸,中层管理者冷着脸,基层管理者寒着脸,这样,奋斗在服务第一线的员工就只能给顾客摆一张"臭脸"了。

要想得到员工的忠诚和热情,各层管理者就必须重视呵护的传递,让"呵护链"畅通起来。老总给经理多点呵护,经理再依次往下传递,并逐级递增,给第一线的员工多点鼓励和关照,这样就可收获更多的忠诚和热情了。

4. 缩减开支先拿工资开刀

在相当多的企业中,"缩减成本"几乎和"降低工资"同义,管理者总会找各种借口,把员工的工资降下来。即使工资占成本的比重并不大,缩减开支也得先拿工资开刀。管理者自己有一个小算盘,尽管工资在成本中所占比重并不大,但降工资却是最有效、最见成果的降低成本方式,因为其他的费用要么很难降下来,要么会得罪某些上司,还是降工资简单。

可是管理者忘了算另外一笔账了。工资与员工的工作热情和工作效率密不可分,降低工资,表面上看成本是降低了,但工作效率、服务质量却降下一大截,若再出了事故,不但经济损失远远高于降下来的成本,给企业带来的负面影响和隐性损失更是无法估算。更为严重的是,员工的忠诚度受到了伤害。

5. 不充分的交流有碍忠诚的建立

在大部分企业中,管理者给员工的印象是神秘的:管理者与上级交流躲躲闪闪,与同级交流真真假假,与下级根本就没有交流。他们不愿让同事知道自己的手机号码以及住宅电话,更不想让人知道自己住在哪里。这样高高在上,难见其人,如何交流?没有交流,就没有信任,又如何谈得上忠诚?

管理者有责任与员工进行充分的沟通,有义务向员工展示一个完完整整的自己。任何不合规范的隐藏和躲躲闪闪都是不信任别人的表现,既然管理者连信任都不肯付出,那就不能奢求员工付出他们的忠诚。

三、旅游职业养成教育方案探讨

尽管现在的旅游企业聘用方式日益多样化,但旅游院校还是旅游企业聘用员工的最主要途径。旅游专业毕业的学生相当部分愿意在旅游业选择职业,但又没有把旅游业作为自己长期或一生从事的职业,其中的重要因素在于旅游职业养成教育方面的缺失。

1. 旅游业对学生吸引力的调查数据

从 20 世纪 70 年代末中国第一所旅游院校——上海旅游高等专科学校成立以来,中国的旅游院校在数量上有了长足的发展。中国旅游饭店业协会 2005 年所作的"中国饭店业人力资源研究报告"显示:学生和旅游业关系情况有以下几点可以说明旅游业对学生是有吸引力的。

第一,学生选择旅游业比例较高。图 9-1 显示了旅游专业学生入学时选择第一志愿的比例。从图 9-1 中的数据分析看,选择本专业为第一志愿的比例较高,说明学生入学时对旅游专业的热情度较高,在高考招生时旅游专业具有一定的吸引力。

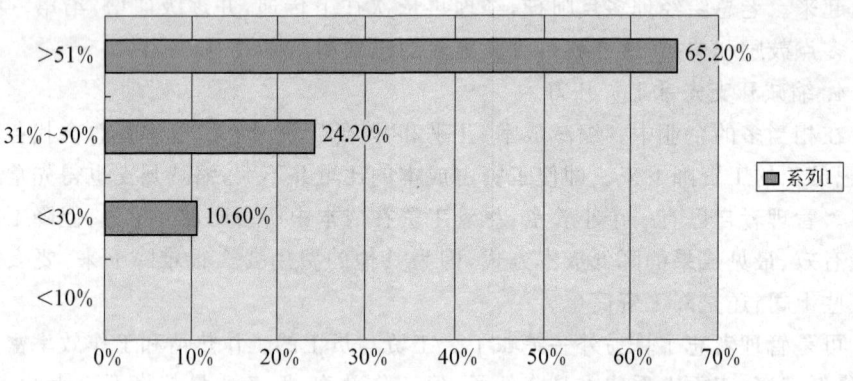

图 9-1 旅游专业学生入学时选择第一志愿的比例频数图

第二,旅游专业学生进入旅游行业的比例较高。图 9-2 数据显示,旅游院校学生毕业后进入旅游行业的比例相对较高,大于 50% 的学校占 59.7%,学生进入旅游行业比例在 30%~50% 的学校为 22.4%。

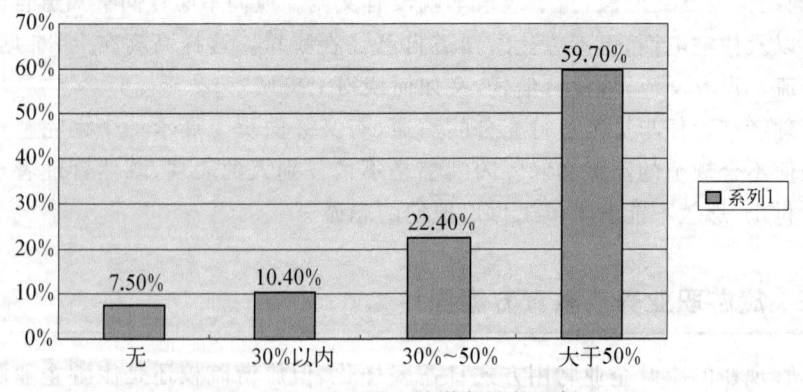

图 9-2 学生进入旅游行业的比例

图9-3反映了学生毕业后进入旅游行业内比例最高的行业。从学生选择行业的方向分析,旅游院校学生毕业后的第一选择是饭店,占53.7%;其次是旅行社,占26%;进入旅游行政管理部门和旅游院校的比例较小,为1.5%和9%。

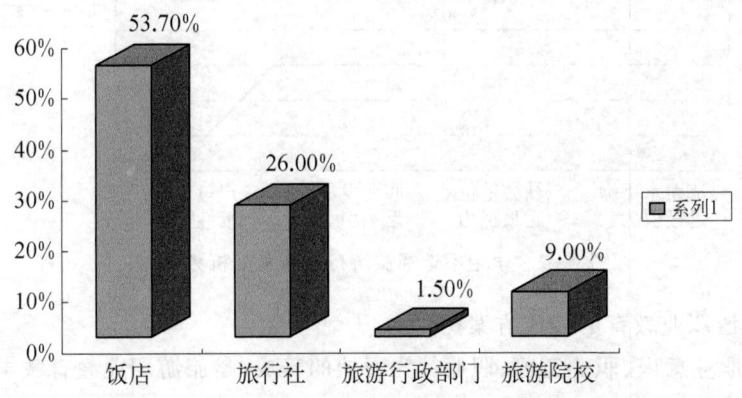

图9-3 学生毕业后进入旅游行业比例最高的频数图

第三,学生在旅游行业内的流失分析。图9-4显示了旅游专业的学生进入旅游企业工作三年后留在旅游行业内的情况。数据显示,学生留在旅游行业内的比例较高,但这与众多文献的描述中所说的学生流动率较高有所出入。

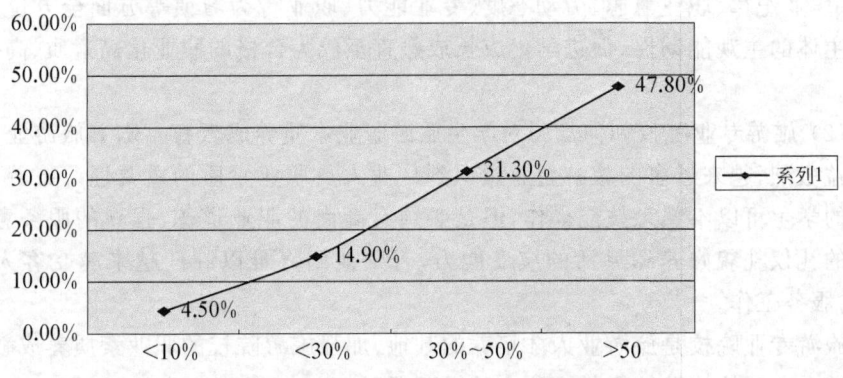

图9-4 学生三年后留在旅游行业的比例频数图

图9-5反映了学生不选择旅游行业的原因。从旅游专业学生毕业后不选择旅游业的因素分析,41.8%的院校选择了旅游业薪酬水平缺乏吸引力,23.9%的院校选择了旅游业社会地位缺乏吸引力,25.4%的院校选择了旅游业职业发展缺乏吸引力,而仅有3%的院校选择了户口等政策性因素。该结果可以说明,旅游薪酬水平是影响学生择业的重要因素之一。

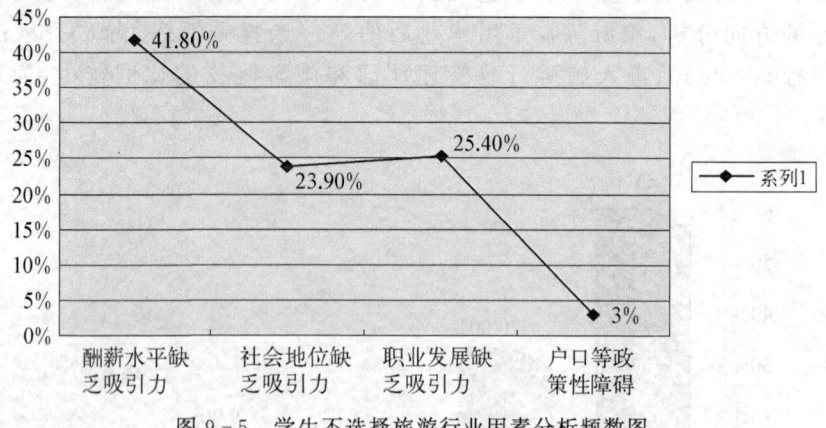

图9-5 学生不选择旅游行业因素分析频数图

2. 旅游职业教育的养成方案探讨

旅游职业意识、职业道德、职业行为习惯的养成,是旅游职业教育教学的灵魂,全面增强学生的职业意识、职业道德,提高学生的专业能力,进而养成学生良好的职业行为习惯,始终是旅游职业养成模式的生命线。

(1)"职业养成"含义。养者,培养之义也,朱熹释"养,谓涵育熏陶、俟其自化也"。成则为成为、具备、成熟。所谓"职业养成",即从学生报到入学第一天到毕业离校的最后一天,自始至终通过涵育熏陶、环境影响,在职业理想、职业意识、职业道德、职业纪律、职业意志、劳动态度、专业能力、职业行为习惯等方面全方位调动教育主体的主观能动性,促进学生成长成熟直至成为合格的职业化高素质、高技能人才。

(2)旅游专业院校如何加强对学生旅游职业素质养成教育。随着旅游业竞争的日益激烈,越来越多的旅游企业意识到从业人员职业素质的重要性。旅游管理专业的学生可以不熟悉技能操作,但是必须有高尚的职业道德、强烈的服务意识、良好的礼仪礼貌修养和灵活的应变能力,否则他们将难以胜任越来越受客人"挑剔"的服务工作。

旅游专业院校是旅游业人才培养的基地,加强旅游院校的职业素质养成教育,是旅游专业院校旅游管理教育研究的重要课题。

第一,坚持加强教师自身职业素质建设这一根本。旅游专业学生的养成首先是教师的养成,一个双师型的旅游专业教师队伍是旅游专业学生职业养成的前提,旅游专业教师的职业性不仅体现在职业资格证书的取得,更在于教师本身职业意识与习惯的养成,从衣着举止、言语礼仪直至接听电话等最基本的细微之处都应显示出职业素质。旅游专业教师是学生接触到的行业中的第一人,是学生学习的直接榜样。教师的言谈举止、气质修养、学识风度、文明素质,会对学生产生潜移默化的影响。试想举止粗俗、不拘小节、粗暴冷漠的教师,如何去给学生畅谈礼貌礼仪、文明卫生、热情服务!只有严于律己,才能教育他人。

旅游专业教师还要求在教学上普遍采取案例式教学、研讨式教学、课堂模拟操练,多媒体情景教学和计算机数字化模拟教学,以不断提高专业教学的效果,尤其值得重视的是旅游职业的思想品德和工作作风的锤炼。在日常生活、工作中,在课堂上,旅游专业教师都应以高尚的职业道德情操、丰富渊博的学识而成为旅游院校校园中一道耀眼的风景,成为学生学习的典范。

第二,为学生营造一个有利于职业素质养成的环境和氛围。旅游院校的学生来自不同的生长环境,从小接受着不同的教育,都有自己的一些习惯。但是,从进入旅游专业院校学习的第一天起,他们就将是未来的旅游从业人员,学校应成为他们养成良好职业素质的摇篮,用引导或强制的手段改变他们的一些不良习惯。职业素质的养成不是一朝一夕就能形成的,需要日积月累的培养。旅游专业院校应创造一个有旅游专业特色的文明、卫生、优美、高雅的学习和生活环境,培养学生热爱旅游事业、热爱学校、热爱服务工作的高尚情操。通过开展文明班级、"星级宿舍"的评比,不仅培养学生热爱劳动、讲究卫生的品质,更重要的是文明班级、"星级宿舍"必须是一个团结、友爱、和睦的大家庭,培养学生的集体凝聚力和互相关心、互相服务的素质。

上海旅游高等专科学校是中国第一所培养旅游高级专门人才的高等学府,在建设旅游特色学校方面有许多成功的经验,他们提出"学校就是饭店"的教学观念,让学生很直观地感受到自己是旅游行业的一员,强调学生职业道德教育,注重对学生服务意识、实践意识、劳动意识的培养,从严治校,把旅游企业规范与旅游高等教育融为一体,在学生中开展"星级宿舍"的评比,建设优美整洁的校园环境,为学生职业素质的培养营造最好的氛围。

第三,加强学生思想素质的教育。旅游从业人员在内宾面前,代表着旅游企业;在外宾面前,代表着国家、代表着中华民族。学校教育必须重视和强化政治思想教育,培养学生正确的人生观、世界观、价值观。但思想素质教育应针对青年学生和专业特点,不能抽象地讲大道理,而应将思想素质教育与专业教育相结合,注意在课堂教学中,教书与育人相结合,循循善诱,启发学生自尊、自爱、爱祖国、爱企业、爱本职工作的思想品德。

广州白天鹅宾馆是我国第一家加入"世界一流饭店组织"的成员,是我国自己管理饭店的楷模,他们管理成功的一条重要经验就是重视对员工的思想素质教育,抓好对员工的基本人生观、世界观、价值观的教育,如组织员工到法卡山前线慰问,瞻仰毛主席故居,还先后组织了38批共400多名青年员工到农村、部队进行锻炼,通过参观学习锻炼,增强了员工的组织性、纪律性,员工的精神面貌焕然一新,思想素质、职业道德得到升华。通过思想素质教育,员工队伍稳定了,服务质量提高了,经济效益也上升了。因此,良好的思想素质教育是旅游专业职业素质教育的奠基石,离开了思想素质的教育,空洞地去谈职业养成教育,将是舍本求末,事倍而功半。

第四,加强旅游管理专业学生文明素质教育。旅游专业院校必须强化文明教育和文明训练,为振兴旅游事业,提高服务质量,培养一代新人,树立良好的国际形象。文明是旅游产品价值的充分和必要的构成部分,文明教育是旅游培训教育的"基本功",要从最寻常但又是最重要的谈吐、礼貌、举止、服饰和卫生习惯做起,常抓不懈,成为职业行为习惯。可以在校园里开展不吸烟、不酗酒、不随地吐痰、不乱扔杂物、不说脏话等文明行为的倡议活动,让同学之间互相监督,从这些最平常的小事做起,慢慢克服一切不文明行为。同时,可以根据专业特点,为学生开设一些文学、艺术、思想修养、形体训练、美容、服饰等选修课或讲座,开拓学生视野,提高学生的修养,丰富文化内涵,培养文明素质,帮助学生塑造文明形象。

第五,重视旅游专业学生礼仪规范培养,养成礼貌习惯。礼仪是道德的基本表现形式,社会公德是礼仪的伦理学基础。学习必要的礼仪知识,使自己的仪表仪容、言谈举止、气质风度与众不同,在社会公众面前显示出特有的职业特点,有利于重塑自身形象,提高学生的社会交往和待人处事的能力,也是学生能否适应环境、能否赢得社会的承认、能否受到社会欢迎的一个重要条件。礼仪教育是改善旅游业软环境,促进旅游业不断发展的一个重要环节。

对学生的礼仪教育,一方面利用课堂教学让他们系统地了解有关知识、原则、规范和要求,使之成为他们今后的行为指南;另一方面结合实际,增加课外实践训练的比重,有针对性地引导学生自觉地运用课堂上学到的知识来指导和规范自己的行为,形成良好的日常礼仪习惯。鉴于专业特点和旅游从业需要,一要重视迎宾礼仪、交际礼仪、交谈礼仪的训练;二要注重人格、气质、心理的自我完善,培养自信、乐观向上的精神面貌;三要进行日常行为规范的养成教育并提出要求,做到人人施教,个个评说;处处施教,时时评说,随时随处都是礼仪,都要学习。

第六,创建伙伴型教学基地是必要保障。旅游职业养成模式有赖于教学基地的建设,旅游业提供了众多的就业机会,旅游职业教育实质上就是为旅游业储备人才,而旅游企业普遍面临着人力资源方面的问题,需要协调一致,共同为旅游职业人才的养成而进行多方面的合作。产学研教学基地的建设应该说是学校和企业双方共同的需求,不管是旅游教育,还是一系列人力资源的问题,都推动着校企合作、产学结合,创建伙伴型教学基地在养成模式中发挥其独特的作用。

此外,通过走出去、请进来的方法,组织学生参观酒店、旅游企业,让学生直接接触旅游企业从业人员,从服务人员的服务中去观察体会其应有的职业素质。同时,可以邀请旅游企业的优秀人员到学校做讲座,组织学生与旅游企业员工的各种联谊活动,如座谈、讨论等等,让学生对职业素质要求的认识具体化、形象化,从旅游企业人员的身上学习、感悟一些在学校、课堂上学不到的东西,自觉注意自身职业素质的培养。

复习与训练

一、主要概念

职业道德　旅游职业道德　服务　服务意识　职业养成

二、阅读理解

1. 职业道德包括哪些内容？
2. 旅游职业道德有哪些基本要求？
3. 旅游从业人员的职业观偏差表现在哪些方面？
4. 简述旅游业敬业意识的表现。
5. 旅游专业院校如何加强对学生旅游职业素质养成的教育？

三、判断题

1. 道德是调整人与人、个人与集体、个人与社会之间相互关系的原则和规范的总和。（　　）
2. 道德品质是道德结构的基础。（　　）
3. 职业责任心是个人对实现职业责任所持的态度。（　　）
4. 敬业爱岗本质上是道德行为和习惯在职业态度上的表现。（　　）
5. 优质服务是每一个旅游接待人员最重要的道德义务。（　　）

四、选择题

单选题

1. 旅游行业常说的"100－1＝0"，是说旅游从业人员要有（　　）。
   A. 组织观念　　　　　　　　B. 团队精神
   C. 勤俭意识　　　　　　　　D. 大局意识
2. 国际经验表明，旅游业人才具有其特殊的素质要求，被录用或培育的对象首先必须具备（　　）。
   A. 在旅游业工作的雄心壮志　　B. 在旅游业工作的决策能力
   C. 在旅游业工作的强烈自信　　D. 在旅游业工作的潜在素质
3. 旅游企业对人才要求的首选素质是（　　）。
   A. 能力　　　　B. 敬业　　　　C. 知识　　　　D. 形象

多选题

4. 道德的主要结构包括（　　）几个方面。

A. 道德标准 B. 道德原则
C. 道德规范 D. 道德品质
E. 道德行为

5. 要提高旅游业的服务水平,要求切实做到(　　)几方面。
A. 诚信服务 B. 注重细节
C. 注重服务流程 D. 做好服务监督
E. 做好服务反馈

五、案例分析

(资料来源:李莉编著《现代酒店礼仪规范》,湖南科学技术出版社 2005 年版)

案例:尊重自己职业的清洁工

每年的3月份,是深圳的"南风天",空气湿度很大,地板上、电梯门,到处都凝着一层细水珠,擦掉又出,擦掉又出,尤其在楼层低的地方尤为明显。某公司设在酒店的一楼,公司的张经理谈到那几天他的真实感受。

这天早晨我上班时,清洁工小雷站在门口,认真地提醒我:"地是湿的,小心摔倒。"

我向小雷道谢,很快走进办公室。

那两天,我在办公室见到的几乎所有客户都向我说起那个清洁员的认真负责。我走出去,看着小雷一边在拖地,一边在留心提醒所有走过的认识或不认识的人。

"你这两天都站在这里吗?"我问小雷。

他说:"是啊,瓷面地砖一湿就很滑,虽然写了牌子在那里,但很少有人会注意它,更不用说去读它了。"这是一位只上过小学的清洁工的做事方式,他对自己职业的尊重让我感动,也让我自豪。我知道,这个人在全身心投入地做事,他不让自己的心思、精力在工作的时间内打折扣。

我想起一位成绩卓著的市长在盛赞他手下一个干事时说的话:"你让他把一瓶油送到某个地方,他不仅会按时送到,还会把油瓶擦得干干净净。"

深圳每年这个季节都会有几天非常潮湿,许多单位都会像酒店大堂一样形式化地竖一块"小心地滑"的牌子。今年的这个时间,我这家名不见经传的中型公司因为这位清洁工而让许多客户印象深刻。

案例思考题:
1. 这位清洁工是如何具体表现敬业精神的?
2. 你从这个案例得到什么启发呢?

第十章

旅游企业员工培训与职业发展

现代旅游企业,竞争的焦点是关于人才也就是员工素质的竞争。员工素质已直接成为旅游企业生存和发展的重要条件。素质是知识、技能和思想的总结与体现,而员工素质的提高主要依据有计划的培训措施。员工的培训是企业能否持续发展的关键,是旅游企业成功的一个基本因素。注重旅游企业员工的培训,也是最有意义的人力资本的投资。本章着重阐述旅游企业员工培训的特点、基本规律、培训程序、培训内容与方法以及相关的员工职业生涯规划的内涵及管理。

第一节 旅游企业员工培训规律

培训,是指组织通过创造一种学习环境,有目的、有计划、有组织地改变组织成员的价值观、工作态度和工作行为,从而促进其提高工作绩效和对于组织的贡献的培养和训练活动。而具体到旅游企业员工的培训来说,有其自身的培训特点、原则和规律,传统培训与现代旅游企业的培训也有一定区别。

一、员工培训的特点与原则

旅游企业员工培训既不同于一般意义上的学校普通教育,又有别于其他行业的培训,不了解和不把握其特点及规律,就无法真正达到培训的目标。此外,在操作实施过程中,还应遵循一定的原则,才能保证培训任务的完成和培训目标的实现。

1. 员工培训的特点

旅游企业培训的对象是成人,成人学习具有其自身的特点。把握以下各个特点,是做好培训安排、有效提高培训质量的重要保证。

(1) 在职性。旅游企业的员工是有工作的,所以他们接受的培训受多种因素影响和制约,在职性这一有别于一般意义上的普通教育的培训特点,需要他们以工作和劳动为主,学习必须服从于工作和劳动。这就需要结合这一特点有针对性地选择培训内容和方法。比如,课程设置要强调实用,不能脱离工作与劳动;培训时间、学制不宜太长;学习的形式和方法要灵活多样等。

对在职的员工进行培训一定要注意以下两个问题:第一,在学习内容上,如果实用性和针对性不强,满足不了职工希望能学以致用的目的,他们的学习兴趣就不大,缺乏学习的动力。第二,在教学方法上,一些学员由于多年来从事一线工作和劳动,实践经验往往比教师还丰富,若教师只是机械地照本宣科,也不会引起学员的兴趣。

(2) 成人性。企业的员工无论生活和心理特征,较之普通教育的对象——青少年,都有很大不同。

第一,他们具有较强的理解和判断能力。相对来讲成人的机械记忆力减弱,动作敏捷度有所下降,但他们的理解能力和判断能力较强。他们接触的课外知识面广,容易触类旁通。所以,美国心理学家麦尔斯认为,只要方法得当,成人的智力水平对其学习不会有太大的影响。

第二,他们学习目的明确,选择性强。他们不希望仅仅是空泛地谈理论,而是期望培训后对个人工作和发展有用。员工在企业、在社会活动中扮演着一定的角色,因此,学习一般都会偏向自己在社会中的角色作用,选择学习时力求与"个人发展目标"密切相关,比如是为了得到工作,还是为了保住工作,或是成为组织的管理者等。所以,对成人的培训要注意把握教学时机并根据发展目标的同一性对学习者进行分组。

第三,他们学习相对独立,自尊心强。由于成人的这一特点,他们渴望个体得到尊重。因此,成人培训要注意唤醒他们的自主意识,强化自主学习的观念,并为其创造一种轻松、友好的学习氛围,使其有一种愉快的学习体验。

2. 员工培训的原则

在培训的操作实施过程中,只有遵循一定的原则,才能保证培训任务的完成和培训目标的实现。为了搞好员工的培训工作,应贯彻以下原则:

(1) 目标订立原则。培训目标的高低也会影响学习积极性和学习效率。除了在培训之前进行有关学习目的和意义的教育之外,应尽可能让员工真正地参与进培训目标的订立中,使其对目标产生更强的责任感。同时,目标应该明确具体、易于检查,使员工经过一定的努力能够达到。总的培训目标既可以分为若干子目标,也可以分成长期目标和短期目标。目标订立是一个动态的系统,在培训初期,可以把目标定得较低一些,使员工能达到自己的志愿水平,增强学习信心。此外,应使培训目标与实际工作任务紧密联系在一起。

(2) 学习动力原则。若要使旅游企业员工愉快地、积极地、高效率地工作,就要调动其内在的动力。学习与培训也是这样,要使员工重视培训,努力学习,首先是解决学习的动力问题。

一般而言,动力来自需要,受训者在学习过程中,因需要的满足而产生学习意愿。因此可以运用激励方法,比如旅游企业应制定有关奖励条例。当然物质奖励是有一定限度的,因为物质奖励只满足了员工的一定量和一定时期的需要,当这些需要一旦得到满足,学习动力就可能终止甚至结束。所以还可运用物质与精神相结合的奖励办法,如将学习成绩作为晋升的必要条件,那么就会激励员工参加教育培训活动。

最能激励员工学习动力的莫过于自我实现的追求,对于已经满足了其他需要的员工,对自我实现的追求尤其强烈,培训时应给予适当的启发与诱导。

兴趣是学习的重要动力之一。在旅游企业员工培训中,应始终把员工的兴趣和要求与培训计划联系起来。成功培训的一个重要标志就是能否调动员工的学习兴趣。学习兴趣的产生有多种因素,培训人员要善于发现每个员工的不同兴趣及对学习的不同态度,激励或改变他们的学习态度。

(3) 学习心理原则。运用学习心理,即从心理学角度将研究学习过程中知觉、记忆、遗忘等方面的一般规律应用于学习之中,有利于提高学习效果。在旅游企业培训工作中,如何认识与运用学习心理,针对旅游企业员工学习的心理过程而实施培训,将直接影响到培训的效果。

研究表明,人们在不同内容的学习中,对知觉感官的运用是有一定规律可循的。在知识的学习中,人们各种知觉的运用比例为:视觉72%,听觉25%,其他知觉3%。在技能的学习中:触觉65%,视觉25%,听觉5%,其他知觉5%。将这些规律应用至旅游企业培训中,在安排传授知识的培训实务时,应考虑多使用视听器材,以刺激员工的视觉与听觉感官,收到良好的培训效果。而在进行业务技能的训练中要注意安排培训员的操作示范,并考虑让员工有亲自演练的机会,使员工以触觉和视觉来感受操作程序与规范,以获得训练成效。

德国心理学家艾宾浩斯(Hermann Ebbinghaus)通过实验绘制了人的遗忘曲线图(见图10-1),从图中可以看出,遗忘多数是在学习后即刻发生的,一小时后识记被遗忘60%,一个月则遗忘80%。

根据人的遗忘曲线的特点,利用学习后的及时复习,而且是多次的复习(如练习、回答、作业等),可以大大提高记忆效果,使记忆始终保持在一个较高的水平上(见图10-2)。

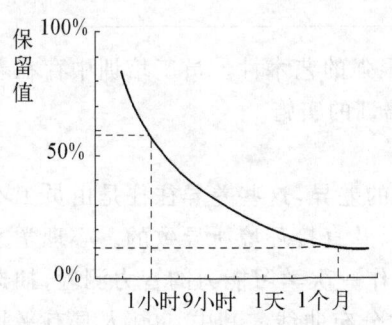

图10-1 人的遗忘曲线图

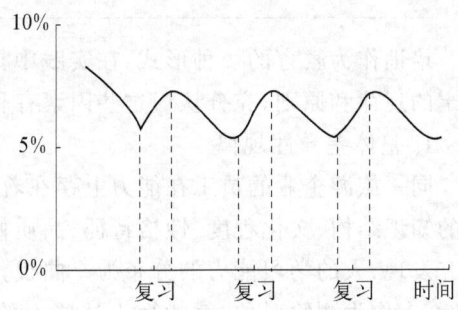

图10-2 人的强化记忆曲线图

所以,运用学习心理,在减少学习遗忘与增强学习记忆方面,应视学习内容的难易程度,安排合理的培训时间,选择适当的培训方法;视学习内容需熟记的程度,合理确定培训的重复次数,以增强员工的反应或记忆能力。

(4) 因材施教原则。培训作为教育的一种形式,运用教育的基本原理来指导培训,也可以保证培训的有效性,因材施教便是其中之一。因材施教首先要求承认组织成员个体之间的差异,这对于制订有针对性的培训计划是非常重要的。所以,培训要根据不同的组织成员,选择不同的培训内容,采取不同的培训方式。同时,即使是针对同一成员,在不同的发展阶段,其培训也应有所差异。

(5) 标准培训原则。以标准为依据进行培训是旅游企业培训工作的重要原则。标准可以为确定培训目标、制订培训计划提供可靠依据,也可作为编写培训教材的依据。

标准培训原则,要求必须编制旅游企业工作标准,工作标准包括旅游企业工作职责、工作程序、工作规则和工作标准四部分内容。然后在工作标准的基础上,认真实施培训,要让每一位员工都知道自己所在岗位的工作标准,从而自觉地遵守这些工作标准,并按标准进行操作。标准培训原则还要求旅游企业严格按照工作规程实施培训,工作规程是以描述性的语言,规定服务过程的内容、顺序、规格和标准的程序。通过标准培训,可以使旅游企业员工真正明白服务标准的内涵,从而保证旅游企业服务质量的提高。

(6) 反馈原则。反馈是指员工获得有关自己完成学习任务情况的信息。这种信息一般都包含在任务里,就像打靶一样,射击后,靶上的枪眼就可以提供结果的反馈信息。如果只练习而不了解练习结果,缺少反馈,学习就不会有很大长进。反馈的内容既可以是学习的定量化结果,也可以是定性的反馈。心理学研究证明,把反馈与有效的学习目标结合在一起,比反馈本身的作用大得多。这就是说,在信息反馈时,应该随时对照原目标,订立新的目标。

二、旅游企业员工培训的基本规律

培训作为教育的一种形式,在实践中具有很强的艺术性。员工培训中存在着一定的规律和原则,充分认识这些因素有利于培训的实施。

1. 整体差异性规律

同一旅游企业的员工在能力上存在着较大的差异,这些差异往往是由员工不同的知识结构、文化程度、性格特征、品质修养以及直接环境所导致的。心理学家研究发现,人的学习能力的分布为一曲线,假如作一次学习能力的智力测验,抽选1 000人作为测验对象,就能得出这些人的正常分布曲线。其中,500人具有平均学习能力,250人超出平均水平,250人低于正常水平(见图10-3)。

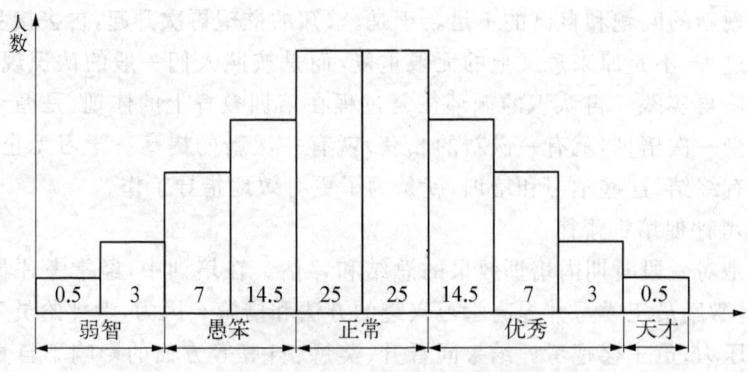

图 10-3　学习能力的分布

认识这一规律，要求主管人员因材施教、因人而异。要放弃使所有员工经过培训都达到同等优良水平的不切实际的幻想，这样当员工没有达到理想目标时不至于失望过大。培训要满足不同人员素质的要求，就要正视员工群体差异性的现实，区分员工的不同特点，如能力差异和心理差异，根据不同的表达能力、操作能力、记忆能力、心理素质等采用灵活多样的培训方法，进一步强化总结培训效果。

2. 学习效果的阶段性变化规律

心理学研究发现，员工在接受培训期间，学习效果有着明显的阶段性变化。

(1) 迅速学习阶段。员工在接受培训的最初阶段，当积极性被调动起来之后，会对学习内容有浓厚的兴趣，对新知识的好奇心驱使员工主动思考，创造性地采用各种方法来掌握知识和技术。因此，学习效果很好，学习进展速度快。

(2) 缓慢学习阶段。当员工初步掌握了该项工作之后，其学习兴趣与积极性就会锐减，学习进展十分缓慢，相对达到一个稳定的时期。在这一阶段，员工的培训效果始终在提高，但速度较第一阶段相差甚大。当然，不同心理素质的员工在这一阶段的表现有别，意志坚定者会持之以恒，总以创新的方法和较高的热情迎难而上，其学习效果远优于其他员工。个别意志薄弱者会对培训产生厌烦情绪，甚至放弃培训机会。

(3) 心理界限。经过较长时间的缓慢进程，员工对该项内容的学习会处于饱和状态，效果将不理想。

只有充分认识以上这些阶段性学习兴趣的变化，才能更好地从事培训工作。在培训过程中，有意识地区分阶段、调整内容、改变方法将是克服员工学习心理障碍的有效方法。

3. 培训—工作—再培训—再工作的运行规律

培训学习是一个获得知识、掌握技能、提高素质的过程。当知识与技能传授给学习者后，学习的过程即告一段落。员工经过培训所掌握的知识和技能主要是为了在实际工作中掌握主动权。经过在工作实践中运用，既可使自己"如虎添翼"，又能逐渐发现新的问题和自己的不足。于是,求知的欲望再次升起,再去接受新的培训。这些过程,不是原来意义上的无限重复,而是按照人们一般的认识规律,即实践—认识—再实践—再认识的循环往复过程在培训教育上的体现,是循环上升的过程。接受一次培训,就有一次新的收获,就有一次新的提高。学习无止境,培训教育也没有终结,这些学习和培训,就是为了更有效地指导工作。

4. 以考评促培训规律

考评是对一段时期内培训效果的总结和评估。在培训中,经常考评员工的学习效果,是激励员工学习并提高学习兴趣的方法和措施。因为,考评给员工造成一定的心理压力,员工会把考评结果同晋升、奖惩、自尊等方面的影响不自觉地联系起来,用外在的环境压力迫使其努力学习。事实上,任何一项学习的效果都会受到考评的影响。妥善安排考评的内容、时间、次数以及结果的处理会加深员工对所学知识的理解、掌握和吸收。考评还有利于评价培训效果,便于发现不足,强化薄弱环节,终止错误。

第二节　旅游企业员工培训的程序

培训活动是一项对培训对象进行教育和训练的完整过程。尽管不同企业培训的内容、对象、时间可以不同,但培训组织工作却大致相同,组织培训活动存在着合理地、规范地安排工作程序的问题。培训过程涉及的主要程序是:确定培训需要,制订培训计划,实施培训,评估培训。

一、确定培训需要

确定培训需要是旅游企业培训工作的开始,是确定培训目标、制订培训计划的前提,也是进行培训评估、衡量培训工作效果的主要依据。有效的旅游企业培训,必须针对培训的实际需要而对症下药。

1. 培训需求产生动因

组织中发生的许多变化都可能引起对培训的需求。一般来说,促使培训需求产生的因素主要包括以下几个方面:

(1) 改进绩效。旅游企业的培训需要主要取决于员工工作表现的不足程度,即取决于员工的实际表现与旅游企业对员工的期望表现(或称标准表现)的差距,即员工行为或工作绩效的差异是否存在。组织可以从安全记录、缺席率、能力测验、个人态度调查、员工意见箱、员工申诉案件、工作绩效评估等指标,了解组织现有员工的行为、态度及工作绩效与组织目标之间的差异。如有差异存在,就说明有培训之必要。

(2) 解决问题。由于工作上出现的问题而产生培训的需要,如各部门的工作发生问题,为改进工作产生培训需要。表现在企业经营成本的不断升高,导致管理和财务等有关人员需要提高成本控制的技能;由于客人的投诉增多,从而发现服务质量和工作质量有很多不足之处,要对有关人员进行全面质量管理的培训。

此外,随着经济全球化进程的加快和科学技术的飞速发展,现代组织发展遇到的新问题越来越多,而这些问题不可能都靠管理者来解决。因此,培训还要教会组织成员如何分析和解决新问题,迎接新挑战。

(3) 环境变化。由于企业经营环境(包括内部环境和外部环境)的变化,导致员工缺乏相应的技能而产生培训需要。例如,新饭店的不断涌现使得饭店市场供求关系发生变化,导致饭店营销人员需要学习和掌握推销产品的新知识和新技能。新机器设备的引进,使得组织的有关人员必须重新学习并掌握新设备的使用和维修技能,等等。

(4) 人员变化。在现代社会,人员流动的速度越来越快,人员的外部流动和内部流动都变得非常普遍。所以,当组织招聘新员工时,或组织内部的人员得到提拔或晋升时,都要对其进行相应的培训,以使其掌握新工作所需的各项知识和技能,适应新工作和新环境的要求。

除上述情况之外,旅游企业的培训需要有时还来自上级业务主管部门,诸如所属集团、行业协会等对旅游企业的培训要求和指令。

2. 培训需求分析方法

旅游企业在判断和确定培训需求时,可采用以下几种方法来进行分析:

(1) 任务分析。这是对工作作详细研究以确定必需的技能,以便实施适当的培训计划,任务分析特别适用于确定从事新工作的员工的培训需求。有些管理者还使用任务分析记录表,将有关某项工作的任务及必需的技能集中在一张表上,这特别有助于确定培训需求。

(2) 工作绩效分析。工作绩效分析是指对在岗员工的工作绩效作细致的研究,核验当前工作绩效与要求的工作绩效之间的差距,通过培训来弥补这种差距。旅游企业培训部可就员工在专业知识、业务技能与工作态度三个方面,细分若干专项对员工的工作表现进行评估。对员工表现不满意的项目进行分析,可以确定培训需求。

(3) 会议分析。旅游企业培训部可定期召开由各部门培训员代表参加的培训工作会议,会议所分析讨论的议题,可集中有关员工培训的要求与意见,借以分析确定旅游企业培训的需求。

(4) 观察法。观察法比较适用于操作技术方面的工作,一般是在非正式的情况下进行。旅游企业培训部门工作人员深入业务工作第一线,对日常经营管理及服务操作情况,进行一段时间的现场考察。在观察过程中,发现问题,寻找不足,从而确定培训需求。

(5) 报告审评。通过对旅游企业内部各类报告的审阅,从归纳分析中确定培训的需求。这要求培训部人员不仅要熟悉各部门实际业务,而且必须具有较高的分析水平,并能从数字或报告中透析出实质性的培训需要。

(6) 问卷调查。由培训部准备一份征询意见的问卷,选定一组员工作为部门的代表,分发问卷给该组员工作答。问卷设计的常见问题有:开设哪些不同类型的培训课程、采用哪些不同的培训方式、有哪些培训的要求与建议等等。培训部根据对调查问卷的汇总分析,可以对培训要求作出判断。

(7) 约见面谈。由旅游企业培训部准备一些问题,针对培训的需要,组织一组员工通过讨论座谈的方式,并发现归纳问题。约见安排一批有潜质的员工进行面谈,会使面谈调查效果更佳。

二、制订培训计划

制订培训计划,是培训管理工作整个过程中的重要环节,是实施培训的开端。培训计划涉及的主要内容有:期望做些什么,为什么要做这些事,什么时候做,谁去做什么事,以及如何做。

1. 制订培训计划的步骤

旅游企业的培训计划可分为长期计划与短期计划两类。长期计划一般指旅游企业的年度培训计划;短期计划指针对每项不同科目、内容的培训活动或课程的具体计划。旅游企业培训部制订年度培训计划的步骤是:

(1) 确立培训目标。根据培训需求分析来确立培训目标,培训目标必须能体现整个培训过程所期望的结果。确立目标时应注意以下几点:第一,要与旅游企业组织长远目标相吻合;第二,一次培训的目标不要太多;第三,确定合适的培训目标,即员工在培训后可以达到;第四,目标应订得具体,尽可能使之具有可度量性。

(2) 制订培训方案。根据培训的目标,围绕旅游企业营业目标的培训活动应列入业务培训方案;围绕提高旅游企业管理水平的培训活动则应列入管理培训方案。因此,培训方案的制订是针对培训目标,具体设计各项培训活动的安排过程。

(3) 课程安排。不同类型的培训,课程的安排也应有所区别。如语言训练课程主要是英语及其他外语的培训;专门业务训练课程包括:处理客人投诉、推销技巧、专业前台服务、专业客房服务、旅游企业服务知识等。管理人员的培训课程和操作人员的培训课程也应有所区别。

(4) 培训预算。培训预算是指旅游企业培训部在编制年度培训计划时,对每项业务培训方案和管理培训方案的总费用的匡算。预算是通过方案中每项培训活动所需器材和设备的成本、教材、教具、外出活动费用等估算出来的。

2. 培训计划的内容

一个具体的培训计划,主要包括以下几方面内容:

(1) 希望达到的结果,阐明培训计划完成后,受训员工应有的业绩水平。

(2) 学习规定。例如脱产、不脱产等等。

(3) 设计培训计划的大纲及期限,主要为培训计划提供基本结构和时间安排。

(4) 拟订培训课程表,这里包括时间、地点、培训教材、培训的方法等。

(5) 制定控制措施,采用签到登记、例会汇报、流动检查等控制手段,监督培训计划的执行进度。

(6) 决定评估方法。一般以考试、考核、操作表演及评述为主,其中,考试为主要的评估方法。

三、实施培训

实施培训是整个培训程序中的关键步骤,这一阶段的工作应按照既定计划进行。实施培训主要涉及以下几个方面。

1. 挑选培训者

培训者的能力与水平直接影响培训工作的质量。培训内容和培训课程一旦确定,培训教师选择就成了培训成败的关键。所以,培训组织者或培训管理人员要积极拓展教师来源渠道,应挑选这样的培训者:既要有广博的理论知识,又要有丰富的实践经验;既要有扎实的培训技能,又要了解受训者的工作情况及受训者的实际工作困难,尊重受训者。培训教师要具备以下基本素质:

(1) 了解成人学习的基本规律,有专业的培训或授课经验;

(2) 熟悉培训内容,对主讲课程有丰富的相关工作背景;

(3) 掌握基本的培训技巧和方法;

(4) 能够有效使用培训中的辅助设备与设施;

(5) 有灵活生动的调动气氛的能力和案例分析能力;

(6) 有一定的亲和力和良好的沟通、表达能力;

(7) 有较强的学习能力和创新意识,能不断更新自己的知识和观念;

(8) 热爱培训工作,善于听取各方面的意见。

2. 确定培训教材

一般由培训者确定教材。一套好的教材应该是围绕目标、简明扼要、图文并茂、引人入胜。

3. 准备培训设备

在培训中,一般都会用到幻灯机、电脑投影仪、多媒体网络等设施设备。

培训设备使用要注意以下几个方面的问题：第一，要事先检查和演练；第二，要简明、易懂，不可成为受训者的负担；第三，勿让设备干扰培训，如分散注意力或转移视线等；第四，使用视听辅助设备时，应立于一旁，用教鞭或其他工具指示，不要挡住听者的视线；第五，为应付不测，应有一套或多套替代方案。

4. 确定培训地点

教学地点合适与否也会影响培训的效果。因此选择培训地点应干净整齐、宽敞明亮。要考虑桌椅数量是否足够、不易损坏、使用舒适。桌椅摆放形式要符合培训要求，一般来说，有圆形、半圆形、剧院型、U形、V形、T形、讲课型等方式。旅游企业一般可以会议室作为培训地点，并且要根据培训的内容来布置培训场所。

5. 确定培训上课时间

培训是安排在白天还是晚上，是旺季还是淡季，何时开始，何时结束，等等。

表 10-1　培训日程表

星期_____　日期_____　部门_____　项目_____

时间	地点	人数	课题/活动	教室布置	示范设备	教材/材料	指导教师

四、评估培训

培训是一种投入，这种投入是否值得，是否有效，不论是开展培训的组织还是组织培训的个人，对此都会予以关注。因此，评估作为培训的最后一个环节，也是非常重要的。评估培训，是收集、分析和比较受训员工在培训前后，其在专业知识、业务技能或工作态度上的改变，是否与培训的目标相符合。因此，对培训的评估应着重从以下几个方面进行。

1. 对受训者进行评估

主要评价受训者的学习效果和学习成绩。对受训者评估可以采用笔试，也可以用情景测试，或采用案例测试。

对受训者知识方面的测试,大多可通过笔试,即答试卷的形式进行。技能测试则既可通过笔试,也可通过技能考核。实际操练特别适用于技能类培训评估。操练越接近实际工作情景,评估效果就越好。在可能的情况下,要将操练项目设计得如同员工的日常工作一样。对受训者还可进行态度的评估,主要是通过培训后在工作态度、劳动纪律、合作精神及人际关系方面的进步而进行的。

学习者评价问卷

姓名(可不签名):_____ 课程:_____ 评价时间:_____

(1) 到目前为止,您已经参加了多少次饭店业务培训活动?
请圈出: 1 2 3 4 5 6 7 8
(2) 对本培训课程,您觉得怎样?
优_____ 良_____ 中_____ 差_____
(3) 您觉得本课程最有效的一点是什么?
_____
_____
(4) 您认为本课程哪一点最没有帮助?
_____
_____
(5) 请在下列项目上填上优、良、中、差:
教室设施_____ 所用资料_____
教师水平_____ 您的参与_____
学员讨论_____ 课程计划方式_____
(6) 您觉得是否应再次开设本课程?
是_____ 否_____
(7) 请在您同意的描述前画钩(您不一定只钩一句)。
□ 我学到了许多对我有帮助的东西。
□ 我学到了许多东西,但是本课程的设计方法对学习者的帮助不会持久。
□ 内容太难,不过我正尽力吸收。
□ 我觉得本课程过于简单化,不过还是学到了一些东西。
□ 我不想一直学下去。
□ 教师讲得认真,不过我似乎没有学到什么东西。
□ 教师讲得一般,不过我总算学到了一些东西。
□ 学员发言太多。
□ 学员没有机会发言。
□ 对本课程我很满意。
(8) 教师对课程内容的掌握:
优_____ 良_____ 中_____ 差_____

(9) 教师授课水平：

　　　优_____　良_____　中_____　差_____

(10) 课程的方式和组织水平：

　　　优_____　良_____　中_____　差_____

(11) 您最喜欢课堂上的哪一点？最讨厌哪一点？

　　　_____

(12) 您为什么学习本课程？

　　　_____

(13) 您认为您从本课程中学到了什么？

　　　_____

(14) 本课程是否满足了您的愿望？如果是的，达到了何种程度？如果没有，为什么？

　　　_____

(15) 请写下您认为对本班有帮助的任何建议和批评。

　　　_____
　　　_____

（资料来源：陈志学著《现代饭店培训》，中国旅游出版社 2003 年版）

2. 对培训过程本身进行评估

对培训过程进行评估，实际上需要对培训工作的各个方面，包括教学过程、教学行为、教师水平、教学效果等进行评估，一般在培训课程结束后进行。

首先，可以侧重于培训课程内容是否合适进行评定。组织受训者进行讨论，从中了解受训者对课程的反映；也可以采用书面方式对授课质量与方法、课内使用教具是否适当、培训效果等进行评估。

其次，对培训过程进行评估，可以由培训者进行评估，一个有经验的教员往往可以准确地估计培训成果。

再次，可利用培训过程录像提供比较真实的图像资料。没有任何方法能像亲自听到和看到自己的讲课情况那样，让培训者发现那么多自己从未意识到的细节。

最后，是检查培训结果。这是最终的检查，如果员工达到了预期的学习目标，则说明培训工作做得较理想。

对培训教师的评价卷

培训项目_____　培训时间_____

请在您认为相对应的内容后的括号中画钩。谢谢您的合作！

(1) 教师的仪表怎样？

　　　很好（　　）　　好（　　）　　一般（　　）　　差（　　）

(2) 教师的动作举止怎样？
　　太夸张（　）　　夸张（　）　　刚好（　）　　拘谨（　）
(3) 教师的语言表达可理解程度怎样？
　　很好（　）　　好（　）　　一般（　）　　差（　）
(4) 教师的语言表达准确程度怎样？
　　很好（　）　　好（　）　　一般（　）　　差（　）
(5) 教师的语调运用技巧怎样？
　　很好（　）　　好（　）　　一般（　）　　差（　）
(6) 教师授课速度的掌握情况怎样？
　　很好（　）　　好（　）　　一般（　）　　差（　）
(7) 授课与学员的互动性怎样？
　　很好（　）　　好（　）　　一般（　）　　差（　）
(8) 教师在调节课堂气氛方面做得如何？
　　很好（　）　　好（　）　　一般（　）　　差（　）
(9) 教师在接受学员意见方面做得如何？
　　很好（　）　　好（　）　　一般（　）　　差（　）
(10) 教师在回答学员提问方面做得如何？
　　很好（　）　　好（　）　　一般（　）　　差（　）
(11) 教师在讲课过程中对主题的把握情况如何？
　　很好（　）　　好（　）　　一般（　）　　差（　）
(12) 教师在讲课过程中对学员的进步给予肯定情况如何？
　　很好（　）　　好（　）　　一般（　）　　差（　）
(13) 教师控制讨论、活动和练习的情况如何？
　　很好（　）　　好（　）　　一般（　）　　差（　）
(14) 教师在课程结束时对讲过的重点内容归纳情况如何？
　　很好（　）　　好（　）　　一般（　）　　差（　）
(15) 教师在课程结束时对如何运用培训内容给出的指导情况如何？
　　很好（　）　　好（　）　　一般（　）　　差（　）
(16) 您对教师有何意见？

（资料来源：陈志学著《现代饭店培训》，中国旅游出版社2003年版）

3. 对培训结果转移进行评估

结果的转移是指把培训的效果转移到工作实践中去，即工作效率提高多少。这可以通过受训员工在培训后回到各自工作岗位上所发生的实际情况进行观察与研究,对受训员工在培训前后的工作熟练程度进行比较,或者根据受训者在培训后所产生的工作成果加以评定。因此,正确评价结果的转移是最终衡量一次培训是否有效的关键。

评价结果的转移应注意:
(1) 要取得其他职能部门的支持。
(2) 评价内容具有可测量性。
(3) 要有时间性,有些培训的效果立竿见影,有些培训的效果要在一段时间后才能发现,有些培训的效果则过了一段时间后即会失效。
(4) 要真实,即使有些培训的效果没有转移,也要真实反映。

第三节 旅游企业员工培训内容与方法

员工培训能否产生效果,关键是选择和确定培训的内容。旅游企业员工培训是全员培训,其目的是达到全员素质的总体提高。由于员工工作层次不尽相同,因此根据不同层次和对象设计相应的培训内容是十分必要的。此外,不同培训方法各有优劣,应根据培训目的、培训内容、培训对象等方面的要求选择恰当的培训方法。

一、员工培训的内容

培训内容上应强调学用结合,按需施教。核心是学习的内容与工作需要相结合,理论与实际相结合,当前与发展相结合,多样性与实效性相结合。

1. 职业道德的培训

旅游职业道德是旅游业的道德准则和行为规范。培训的重点放在两个方面:

(1) 职业道德的认识。它包括职业道德的认识、情感、意志和信念。旅游企业职业道德培训教育的首要任务是加强员工对本职工作的道德认识,在服务工作中形成正确的道德观念,逐步确立自己对客观事物的主观态度和行为准则。职业道德情感是指在道德认识的基础上所产生的对事物的爱憎、好恶、亲疏的态度,它对道德行为起着巨大的推动与调节作用。情感培训教育就是要增强员工对职业活动中各项内容的正确认识,增强员工的责任感与使命感。职业道德意志是坚持某种道德行为的毅力,它是调节职业道德行为的支持力量。职业道德信念是人们对道德义务的真诚信仰和强烈的责任感。它是职业活动的最高标准,是道德精神的重要组成部分。

(2) 职业道德行为与习惯。职业道德行为是指人们在相互关系中采取有意识的、经过选择的、能进行道德评价的行为。职业道德习惯是指人们对被强制性灌输的道德认识、道德情感、道德意志、道德信念和道德行为采取积极认同的态度，转化为下意识的、自觉的理念和行为。

旅游企业职业道德培训就是要通过加强道德认识、增强道德情感和信念、磨炼意志，从而使所有员工在本职工作中追求高尚的行为，并且能形成长期的职业习惯，将职业道德规范自觉运用到本职工作中去。

2. 知识的培训

员工的素质是知识、能力和政治素质的综合反映。掌握了知识的员工不仅能熟练地工作，而且还懂得在何种情况下采用何种技能，从而更智慧、更有效地进行工作。知识培训的主要任务是对受训员工所拥有的知识加以更新，其主要目标是要解决"知"的问题。

对旅游企业员工的知识培训有别于普通学校教育。学校教育对知识的传授是递进性、全面性、系统性，而对员工的知识培训则是按速成性、需要性、阶段性的原则进行。知识培训是对受训员工按照岗位需要进行的专业知识和相关知识的教育，不一定面面俱到，也不应漫无边际。由于培训对象不同，知识培训的深度、广度和难度应有所区别。对管理人员的知识培训要求有一定的理论深度，要进行职业专门知识、管理知识和政策法规知识等方面的培训。对服务人员的知识培训重点在于掌握本岗位所需的基本知识，如重要客源国的政治、经济、历史、地理和民俗、旅游心理、本地旅游资源和交通、商业情况、饭店礼貌礼仪以及政策法规知识等。

3. 能力的培训

知识培训是企业员工培训的基础，而能力培训是企业员工培训的核心、重点。心理学把人们能够顺利完成某种活动的心理特性称为能力。能力可分为一般能力和特殊能力两种。观察能力、记忆能力、想象能力、思维能力等都属于一般能力，这些能力是人完成一切活动都需要的。人际关系能力、业务能力等则属于特殊能力。一般能力与特殊能力二者相辅相成、互为促进。一般能力的发展为特殊能力的发展创造条件，反过来特殊能力的发展，在一定条件下也积极影响一般能力的发展。因此，在能力的培训中，应该既重视员工一般能力的培养，又重视特殊能力的培养。

旅游服务工作的对象是有各种需求的宾客，他们往往要求多、变化快、爱挑剔，因而对从业人员的处事能力、应变能力等提出了更高的要求。旅游从业人员能力的高低和发挥程度，直接影响着管理水平和服务质量的高低。因此，对旅游从业人员的能力要求是多方面的、分层次的，岗位不同要求也不一样。不同管理层次所需要的能力比重是不同的。一般来说，高层管理者所需的综合判断能力相应较高，而对专业技能的要求则相应较低；一般管理者则对综合判断能力和专业技能的需求二者兼备，处于中间状态；而基层服务人员则主要需求具备专门技术能力。

4. 操作技能的培训

组织的生命在于运作,而成功的运作则依靠有技能的员工来实现。专业知识固然重要,但单纯学习知识,并不能保证员工有效地工作,还需要具备必要的专业技能。因为,形成一种行为和思维的习惯,不仅需要口头或书面教导,还要进行长期的模仿、重复和实践才能实现,这就是技能培训的过程。技能培训的主要任务是对参训者所具有的能力加以补充,其主要目标是要解决"会"的问题。

旅游企业的服务工作是技能型和技巧性很强的工作。因此,操作技能的培训是员工培训的一项主要内容。例如,餐厅服务员领位、看台、摆台、上菜、撤盘的培训;商务中心文员的电脑打字培训等。操作技能的培训既是基础性培训,又是长久的培训,要常抓不懈。操作技能的培训既有集中培训的方式,也有在实践中不断深化提高的必要,以求不断让员工掌握最新工作方法,提高工作能力和工作效率。

二、员工培训的方法与技巧

培训的效果在很大程度上取决于培训方法的选择和技巧的运用。采用适当的培训方法和有效的技巧,可以提高受训员工的兴趣并吸引其注意力,以此取得最佳培训效果。培训的主要目的是改变受训员工的工作态度、业务技能和丰富员工的专业知识。为此,旅游企业培训部要做好四个环节的工作:第一,利用确认的培训课题引起受训员工的学习注意力;第二,通过传授观念与技巧使受训员工了解培训的内容;第三,经过培训技巧的应用,使受训员工对培训内容产生反应,并逐步增强反应,致使接受培训内容变成潜在的行为意向;第四,让受训员工在新旧经验的对照中作出选择而顺应新经验,再经过多次练习后,巩固培训成效。同时,也要认真研究培训的方法与技巧。

(一) 培训方法

1. 课堂讲授法

课堂讲授法是传统的培训方法,也是目前最常用的培训方法,它主要适合于进行知识性的培训和班级教学,由教师或专业人员对受训者授课,要求授课人能有效地组织材料并进行讲解。

讲授法的优点是时间集中,讲课不易受干扰;传授的知识比较全面、系统、容易接受;参加人数可多可少,所以成本较低。

讲授法的缺点是单向输入,受训者不能主动参与,缺乏互动交流的机会;内容灌输较多,受训者不易记住和及时消化;难以顾及受训者的个体差异,进行因材施教。

要使讲授法发挥好的效果,培训者应注意:一要善于使用视听设备,将内容形象化、立体化,激发受训者的学习兴趣;二要采用启发式教学方法,利用教师提问、集体思考、重点回答的方式,活跃课堂气氛;三要在授课中语言精练,注意系统性和逻辑性;四要对所讲授的原理、概念作出论证,使之具有说服力,令人信服。

2. 讨论法

讨论法是对某一专题进行深入探讨的培训方法。讨论法又分问题讨论法和案例讨论法。问题讨论法是由培训者提出问题,并设定一定的限制条件,组织和引导参加者开展讨论并给予提示,最终得出正确结论的一种方法。案例研讨法是让受训者对实践中的案例进行分析、研究,并提出自己的见解,最终通过分析比较,找出一种最佳解决方案的一种方法。讨论法较适用于中高级管理人员的培训。

讨论法有利于启发和挖掘员工的分析能力、判断能力、比较能力、决策能力和创造能力,是一种省时、有效的培训方法。讨论法在实施过程中有一定的难度,因此培训者在主持讨论时应注意:

(1) 讨论前应对讨论主题进行充分准备,提出的问题或案例应具有典型性、普遍性、实用性、指导性。

(2) 讨论过程中应让每位受训者参与讨论,启发受训者发言,防止个别受训者夸夸其谈,独占讨论时间的现象。

(3) 控制好讨论会的气氛,不使讨论偏离主题,也不要对细小问题过于纠缠。

(4) 在结束阶段,培训者应对问题或案例进行剖析和归纳总结,提出清晰而明确的结论。

3. 案例分析法

案例分析法是把现实中一些真实的情景或问题加以典型化处理,形成案例供受训者讨论、分析和思考,以提高其分析问题和解决问题的能力的一种培训方法。与灌输式的讲授相比,案例分析法具有生动直观、双向交流、能调动受训者主动性、重能力培养等优点,但也有耗时较长、对培训教师和受训者要求较高、案例有时难以完全反映真实情况等不足。

为使案例分析法能起到较好的培训效果,一般来说,培训中的案例应具有以下特点:

第一,案例应有明确的目的。案例应为既定的培训目标服务。

第二,案例应来源于实践。案例一定是经过调查研究编写出来的,而不是一种主观臆想出来的东西。

第三,案例应具有典型性。案例反映的应是一种带有普遍性的问题,而不是非常极端的个别现象。

第四,案例要关注真实的细节。有细节,受训者才会有身临其境之感,从而对其中的人和事进行认真的分析,以获得启迪和智慧。

第五,案例涉及的内容要与受训者的水平相一致。对于受训者来说,太简单或太复杂的案例,都不会有太大的吸引力。

4. 角色扮演法

角色扮演法是让受训者模拟实际情景，扮演各种角色的一种训练方法。这种培训方法多用于改善人际关系的训练。主管与属员之间，销售人员、服务人员与客人之间，领班与服务员之间，由于所处职位不同，感受与态度也常常不同。因此，角色扮演法的做法是：让员工扮演与自己工作相关的另一职位上的角色，并进行模拟，亲自体验对方的感受，从中认识到不良做法的害处，消除员工之间、员工与管理者之间、管理者之间的隔阂，以达到相互沟通与理解的培训目的。

角色扮演法，也常用于服务员扮演客人的训练，在模拟的工作环境中，让服务员亲身体验做客人的感受，并以客人身份评论服务员的工作表现，从中获得对客人需求的理解，以达到提高服务质量的培训目的。

5. 操作示范法

操作示范法是为了使员工了解和掌握工作的程序以及正确的操作方法，在工作现场或模拟的工作环境中利用实际使用的设备及材料进行边演练、边讲解的一种培训方法。操作示范法是最常用、最有效的基层培训方法，除由教师亲自示范外，还包括看教学电影、幻灯及参观学习。这种方法适用于相对机械性的工种，如酒店操作层员工的工作。

操作示范法的程序是：先由教师讲解操作理论与技术规范，并按照岗位规定的标准、程序进行示范表演。对于操作过程中的重点和难点可以反复强调示范，然后由员工模仿演练，同时教师应进行指导，纠正错误动作，直到员工符合操作标准。

6. 四步培训法

四步培训法来源于第二次世界大战时美国在职培训规划中提出的一个职工培训方案。它是指把一项培训活动分为四个步骤，从而达到培训目标的方法。其特点是实践性强，培训者应用起来简便易行，员工容易掌握。如果培训目标是为了提高员工的能力、技能，这种方法最为有效。四步培训法的步骤是：

（1）讲解——做好学习动员，使员工安心学习，轻松自如。讲述工作情况，解说操作要领，了解员工对该项工作的认识，说明掌握操作要点的重要性，提高员工对培训的兴趣。

（2）操作示范——讲授、解释与表演每一操作动作。在示范中，速度控制要适当，太快，员工不能理解，跟不上；太慢，时间又显紧张。进行一次完整的操作示范后，重点内容可反复示范。应注意示范的动作不要过多，以免超过员工一次性接受的能力范围。

（3）实习——让受训者实习所学的操作内容。在员工实习操作过程中，培训者要认真注意观察，对准确动作予以肯定与赞扬，并提出改进动作的建议，直到员工能够正确掌握为止。

（4）上岗操作——在员工已初步理解领会并基本掌握正确的操作要领后，鼓励员工独立上岗操作,并耐心解答提问,经常检查,定期对员工在日常工作中的操作情况进行跟踪、复查,确保操作要领的领会和运用。

(二)培训技巧

培训技巧主要是指培训者的教学技能。为了确保培训成功,培训技巧的运用尤为重要,培训技巧运用不当,将直接影响培训效果。如培训者授课时,手段单一、方法呆板;没有适时运用视听辅助教具;课堂提问和回答方法不科学;授课内容不是由浅入深,想到哪儿讲到哪儿,等等。因此,培训者的教学技能,一要体现多种技能,二要针对不同的培训对象突出发挥自己的技能。常见的培训技巧主要有以下几个方面:

1. 讲授的技巧

课堂讲授是员工培训中最普遍运用的方式。不同水平授课者在讲授同一内容时,教学效果是截然不同的。课堂讲授的技巧具体体现在以下四个方面:

(1)授课前的充分准备。首先,对员工的基本情况应加以了解和分析,如员工具有什么文化程度和经验;其次,对授课时间与讲授内容进行恰当的组织,编制教案,准备大量的教学材料,特别是案例;其三,应准备好视听教具。

(2)善于吸引学生。能否吸引住学生,使他们对学习产生浓厚的兴趣,对教师产生信心,上好第一堂课是非常关键的。此外,培训者注重仪表仪容、演讲姿势,以及体现自信、谦恭有礼的诚恳态度,也都会对吸引员工产生重要的作用。

(3)良好的语言表达。培训者清晰而洪亮的声音、婉转的语调、准确无误的讲述、有节奏的演讲速度、幽默的言语都可以活跃课堂气氛。

(4)辅助教具的使用。单调的讲演会使员工感到枯燥,在讲课过程中,用投影、录像、图片逐条展示授课内容,不仅可以克服员工的厌倦情绪,而且可以加深员工对讲演内容的理解。

2. 指导的技巧

在员工模仿训练的过程中,指导是关键。培训者应针对员工容易出错的环节进行指导。指导的关键是示范,教师在演示时应注意:① 示范时要边做边讲,并提醒员工,哪些是关键要领,哪些环节容易出错。② 示范动作应该是优秀的、出类拔萃,要尽最大努力做好示范动作,如厨师刀功、点心制作、宴会餐巾的折叠、客房床铺的整理等。③ 培训者说明该项工作所需的时间、速度及质量水准。

3. 提问技巧

培训者对提问技巧的运用,体现了培训的质量水准。提问可以直接引导员工进入到思考主题,可以测试员工的理解力和领悟能力,还可以获取员工对培训的反馈意见。有效的提问决非由培训者随心所欲地设计,要注意以下几方面:

(1)提问必须简短、清晰而且措词简单,避免含糊其辞。

(2)多用启发式提问。避免发问答案为"是"或"否"的问题。如果不能避免,就要求员工说明理由,以检测员工的领悟能力。

(3) 提问应着重检查受训员工对所传授知识或技能的理解程度,而非语言的表达能力。

(4) 提问后,要留一定时间让员工思考。员工回答问题时,不要打断。对一时回答不出的问题,要善于引导和启发。

(5) 提问的面必须分散,以免影响员工的积极思考。

(6) 提问的气氛要尽量轻松,避免盘问,更不要挖苦答不出问题的员工。

4. 视听教具的运用技巧

在培训中,有效地运用视听教具能帮助员工加深理解,提高学习的兴趣,使培训活动变得更加生动活泼。视听教具按它对员工视觉与听觉刺激的不同作用分为视式教具、听式教具和视听式教具。用黑白板板书、投影仪、幻灯机、图表等形式展现教学内容的器材称为视式教具;唱片、磁带为听式教具;电影、电视、录像为视听式教具。培训者要对各种教具的特点及使用注意事项有较清楚的认识。使用视听教具应注意:

(1) 使用黑白板书写时,字体要端正,大小应适当;要布局版面,避免书写凌乱与边讲边写,对重点内容加以突出。

(2) 挂图式教具可以采用现成图画或自行绘制的图片,避免在使用前过早地吸引员工的注意力,挂置时要注意高低及方便换页。

(3) 使用投影仪要事先做好胶片,供培训时放映。

(4) 培训者对教具的使用应是熟练的,同时应在使用前试用一下。

(5) 使用多媒体PPT课件进行课堂教学,切换幻灯片时不要太快;课件做成动感,有图片配合效果更佳。

(6) 要坚持教具是辅助工具的原则,不要喧宾夺主,造成分散员工注意力的不良影响。最好是需要展示才拿出来,展示后即收回。

第四节 员工职业生涯规划与管理

职业的一种含义是指职业生涯,是一个人在一生中所从事的各种工作职业的总称,是客观的职业。职业的另一种含义是指人的生涯,即一个人一生中的价值观、为人处世的态度和动机的变化过程,是主观上的职业。关于职业管理的一个重要假定是人们在某种程度上能够掌握自己的命运,能够谋求职业上的成功并从中获得满足。在人的一生中,价值观、工作动机和处世态度会发生变化,也由于一个人在职业道路上的成败对其价值观、认同感和对职业与生活的满足程度有重要影响,所以,职业发展、职业规划和管理已经成为组织中的一项重要活动。

一、员工职业生涯的阶段划分

每个人要想在事业上取得成功,在职业上有所发展,都需要进行科学的职业生涯规划。为了实现组织对员工前程的有效管理,有必要认清员工在职业周期各个阶段的不同特征。

1. 生涯与职业生涯

什么是生涯? 根据美国著名生涯理论研究专家萨帕(D.E. Super)的观点,生涯就是个人终其一生所扮演角色的整个过程,由三个层面构成。一是时间,即个人的年龄或生命的历程;二是广度或范围,即每个人一生所扮演的各种不同的角色,如孩子、学生、家长、职员、领导、公民等;三是深度,即为个人投入的程度。

因此,生涯是一个广泛的概念,在时间上系指个人从出生到死亡的人生历程,在空间上系指个体与其周围环境的交互作用,在心理上系指个人心智与人格上的成熟与变化,在社会上则指个体的社会角色与责任义务的转换。

职业生涯即事业生涯,是指一个人一生连续担负的工作职业和工作职务的发展道路,包括职业能力的获得、职业兴趣的培养、选择职业、就职,直至完全退出职业劳动的整个过程。对于职业生涯的基本含义,有以下几点需要加以把握:

一是职业生涯是一种个体的行为经历,而不是一种群体或组织的行为经历;

二是职业生涯实质上是指一个人一生之中的工作任职经历或历程;

三是职业生涯实际上是一个时间概念,意指职业生涯期;

四是职业生涯是一个意味着具体职业内容的发展概念、动态概念,它不仅表示职业工作时间的长短,而且内含着职业发展、变更的经历和过程。

职业生涯规划是指对决定一个人职业生涯的各种主客观因素进行分析、总结和测定,确定一个人的事业奋斗目标,并选择实现这一目标的职业,编制相应的工作、教育和培训的行动计划,对每一步骤的时间、顺序和方向作出合理的安排,从而达到个人发展与组织发展的有机结合。

2. 职业生涯发展的阶段

职业生涯发展的阶段不同,职业发展计划的类型及其内容也会有所不同。按不同的年龄可以把职业发展阶段划分为四种类型,即职业探索阶段、立业与发展阶段、职业中期阶段和职业后期阶段。

(1) 职业探索阶段。这一阶段一般指从刚涉足于社会工作到 25 岁左右的时间里。这一时期,职业计划的主要特点是,个人在试探性地选择自己的职业,并试图通过变动不同的工作或单位而选定自己一生将从事的职业。因此,青年员工调换工作的愿望十分强烈,如在本单位得不到满足,则往往会"跳槽"。对企业来说,应了解就业初期青年员工的这一特点,给予选择职业方面的指导,并努力为他们提供多种工作,特别是既有挑战性又能吸引他们兴趣的工作,使他们有自我探索和考察的机会。

(2) 立业与发展阶段。这一阶段一般从25~44岁。在经历了职业探索之后,逐渐选定了自己的职业,即立业。这一阶段的员工主要是在工作中成长、发展或晋升,成就感和晋升愿望特别强烈,工作的成就、发展和晋升对他们的激励作用最大。一般来说,处于这一阶段的员工,都有自己的成长和发展计划,并会为实现目标而竭尽全力。组织对处于这一阶段的员工要多给他们提供在知识、技能上具有挑战性的工作和任务,并放手让他们大胆工作,让他们拥有更多的自主决策权和自我管理权,充分发挥他们的创造精神。同时,要对他们的工作提供各方面的支持,创造良好的发展条件,使他们在工作中得到成长和发展,满足成就需要,并对他们的成果给予表扬和鼓励,使他们朝着更高的目标前进。

(3) 职业中期阶段。这一阶段一般在45~58岁之间。处于这一阶段的员工,对成就和发展的期望相对减弱,而维持或保住自己已有的地位和成就的愿望增强。同时,他们也希望更新自己专业领域的知识和技能,学习一些其他新领域的知识和技能,以免遭裁员或便于被裁员时另作选择。对组织来说,要关心他们的学习要求,并提供他们更新知识和技能的学习机会。

(4) 职业后期阶段。这一阶段一般指58岁以后。处于这一阶段的人准备退休,并希望为适应退休后的环境而培养自己在某一方面的爱好,如书画、音乐、棋艺等有利于身心健康的活动。从组织方面来讲,要关心他们的身心健康,为他们创造条件,以增加他们对某一娱乐活动的兴趣和爱好,并有计划地为退休员工开展一些有利于身心健康的活动。

3. 职业发展的内容

职业发展主要指的是组织方面的职业管理和个人方面的职业计划。

(1) 职业管理。组织所从事的职业发展方面的活动,称为职业管理。其目的在于把员工的个人需要与组织的需要统一起来,做到人尽其才,并最大限度地调动员工的积极性,同时使他们感到在组织中能够有所作为,从而极大地提高了其对组织的归属感。此活动涉及一系列人力资源管理职能的发挥:

第一,人力资源规划,包括通过评估与选拔找出重点培养对象,认真安排他们的岗位与升迁路线。

第二,指导与考评,包括帮助他们做好自我分析,提供企业中可供选择的发展途径的信息,考核他们的绩效并及时给予反馈等。

第三,培训与开发。给员工以提高自己的机会,组织要有预见地拟订正式的培养计划。

第四，奖励措施，包括合理奖酬制度的建立与实施，鼓励员工在发展道路上的任何进步。

在企业承担职业管理的应该是各级管理人员，因为他们最了解自己下级的长处与短处、需要与抱负，以及他们的过去与现状，又了解企业中存在的机会与备选发展途径，便于向下级介绍前景，从而指导、监督、培养和鼓励他们。

（2）职业计划。员工个人所承担的职业发展的活动成为职业计划。这种规划中包含了一系列职业生涯中重大转折性的选择，如专业发展方向的选择、就业单位的选择、职务的选择等。首先需要在做好自我分析（包括个人的优势、弱点、经历、绩效、能力等）的基础上，在本人价值观的指导下，确定自己的长期与近期的发展目标，并进而拟订具体的发展道路规划。个人职业计划应具有一定的灵活性，以便根据自己实际的表现而加以调整。

职业发展的这两种活动是需要密切配合、协调的。不难看出，个人发展计划的成功还在于组织的扶持。现代企业看到员工职业发展道路的开发对企业的巨大利益：能发现人才，尤其是后备干部，保证了企业领导层质量的连续性；实现人尽其才，充分开发企业人力资源潜力；满足员工个人的荣誉、自尊与自我发展需要，引导其个人目标与组织目标一致，保证了员工的积极性、创造性和对组织的忠诚与归属感。

二、职业生涯规划策略

员工个人的职业生涯与组织发展紧密相连。一个优秀员工的职业生涯规划如果不能在组织内实现，那么他迟早会选择离开；相反，如果是一个有着优秀理念和良好文化氛围并适合员工成长的组织，即使暂时效益不好，他也可能会留下来。因此，组织应在职业生涯规划方面帮助员工，从而使双方的需要都能得到满足。组织可以采取以下方式促进员工职业生涯规划的完善，提高规划的有效性。

1. 工作研讨会

组织可以给所有员工提供正式的系列工作研讨会，以帮助员工加深对自己的了解，并了解组织需要的技能。做法是在研讨会的前两周，给与会者一封资格确认函和一些在研讨会召开以前必须完成的工作，包括技能清单、人生价值观、人生目标清单和一份职业选择表。通常，研讨会的目的在于帮助员工在组织内获得职业发展。在研讨会上，每个人首先进行自我评估以明确自己的价值观、技能、职业动机和兴趣，然后进行环境评估，之后确定特定的职业目标，最后制订与组织需要相吻合的员工职业生涯规划。

2. 一对一辅导

这种辅导主要是帮助员工进行自我分析和做决策，一般由人力资源开发管理部门或部门经理负责。在辅导中，员工与经理人员就职业生涯规划展开讨论，力求达成共识。讨论结束后,经理人员要提出一整套的行动计划方案。

3. 自我评估和发展手册

手册旨在帮助员工更好地了解自己、评估自己,并作出切合实际的职业生涯规划,内容包括用于自我评估的测验和问题,描述个人目标及考虑因素、个人优点、发展空间、可能出现的绊脚石、现职发展计划、下一个恰当的工作和时间,及将自我评估转换成行动方案的方法。

4. 工作机会的信息传递

通过职业空缺公告、电子平台、出版物等形式,提供专门信息让员工了解目前组织内的职业空缺情况及争取该职业的申请手续。

三、员工职业生涯管理

企业对员工的职业生涯管理,是指企业通过考察分析员工个人的特点,了解员工成长和发展的方向及兴趣,分析决定个人职业生涯的组织因素和社会因素,制定协调个人职业发展目标与企业发展目标、促进企业和个人共同发展的战略设想与计划安排。职业生涯管理是一个相当复杂的过程,主要包括以下几个步骤。

1. 员工自我评估

员工自我评估,指员工为了确定恰当合理的职业生涯发展路线和职业生涯目标,对自己的兴趣、能力、气质、性格以及职业发展方面的要求和目标等进行分析和评估。员工自我评估的方法很多,以下列举惠普公司的员工自我评估法(参见表 10 - 2)。

表 10 - 2 员工自我评估法

自我评估法	含 义
撰写自传	了解员工的个人背景,包括接触过的人、居住的地方和生活中发生的事情、已经进行过的工作转换以及未来的计划等
志趣考察	包括员工愿意从事的职业、喜欢的课程、喜欢的人的类型,将员工的志趣与成功者的志趣进行比较,得出员工的志趣形象
价值观研究	根据员工选择出自己认为最有价值的事物来了解员工在理论、经济、审美、社会、政治和宗教信仰方面的价值观
24 小时日记	要求员工记录一个工作日和一个非工作日的活动,以侧面了解员工
与两个"重要人物"面谈	员工与自己的朋友、配偶、同事或亲戚谈自己的想法,并将谈话录音
生活方式描写	员工用语言、照片等方式向他人描述自己的生活方式

员工自我评估需要个人所具备的能力和从组织处所能够获得的支持。员工的自我评估是否准确合理,受员工个人的知识水平、道德观念以及所了解信息的制约,可能自我评价过低,也可能自我评价过高,但不管什么情况,组织都应当为员工提供必要的帮助。例如,组织可以为员工提供关于如何进行自我评估的材料,还可以为员工制订一些针对员工具体情况的评价方法,以协助员工做好自我评估工作,等等。

2. 组织对员工的评估

在员工职业生涯管理的过程中,组织需要对员工的能力和潜力作出客观、公正的评价。组织评价是组织职业生涯管理的关键步骤。组织评价员工有多种方法可以选择,评价中心也是一种很好的评价方法。

评价中心是一种由受过训练的观察者以被评价者在专门选定练习中的绩效为基础,对被评价者的各种性格特征进行评估的方法。

评价中心的一个关键因素是:确定成功员工的性格特征,即确定正在被评估的特定工作要有良好绩效,员工应当具备的性格特征。当某项特定工作成功员工的性格特征被确定以后,评价人就可以依据这些性格特征,在被评价人参与评价中心设计的某一活动时,评估他们的表现。最经常采用的方法是绩效评价方法,还可以运用心理、体能测验等对员工职业素质进行评价。总之,组织要采用多种方法,尽可能获得员工的多种信息,通过比较、鉴别、核对和分析来客观准确地评价员工。

一般说来,组织对员工个人的评价应由人力资源部门的人员与员工的直接管理者共同实施,员工的直接管理者担任辅助者。

3. 职业信息的传递

组织要及时为员工提供有关组织发展变化和员工个人方面的信息,包括职位升迁机会与条件限制、工作绩效评估结果、工作轮换及培训机会等,以增进员工对组织的了解,帮助员工建立自己的职业发展道路。

对企业所有空缺职位"公开、公正、公平"的做法,能够确保企业内部候选人的职业发展计划与企业内部的各种晋升机会的匹配。组织在传递职业信息时,必须注意公开、公正、公平地将有关员工职业发展的方向、职业发展途径,以及有关职位候选人在技能、知识等方面的要求及时地利用企业内部报刊、局域网、公告等形式传递给广大员工,促进员工之间的公平竞争。

4. 职业发展通道引导

职业发展通道引导,是指在组织内从一种职位发展到另一种职位的具体途径,即员工要获得另一种职位所具备的能力而必须进行的一系列开发活动,包括工作体验、正式与非正式教育和培训等。职业发展通道引导的基本步骤如下:

(1) 确定或再次确认目标职位所必需的能力及最终行为。这项工作要随着时间的变化而变化。

（2）经常检查核实员工兴趣、技能、经验和职业目标等背景资料的准确性与完整性。

（3）和员工一起分析考察员工个人及其目标职位，确定员工个人与其目标职位是否匹配。

（4）将员工的职业期望、发展需要及目标职业要求与组织的职业管理协调起来。

（5）明确员工为获得目标职位需要进行哪些工作、教育及培训经历。

（6）制订包含行动时间表的职业道路行动规划。

5. 职业咨询

职业咨询，是指组织进行职业生涯管理的各项工作中，由管理者、人力资源管理人员提供的一系列指导、建议和帮助活动。

职业咨询的主要形式有：为员工提供必要的信息，帮助员工进行实事求是的客观分析，指导其依据自己的实际情况、工作分析资料和组织需要，确定职业目标；直接管理者与员工进行讨论沟通，充分交换意见，就职业计划和有关职业发展的活动达成共识；请人力资源管理专家、职业顾问和心理学家就员工的职业选择和职业发展问题，给予有效的指导、咨询与帮助；举办专题讨论会，向员工公布组织职业规划方案及其实施办法，介绍可能的职务机会与发展途径。

职业咨询人员需要学习掌握一些人际关系方面的知识，积累一些咨询的经验和技巧。例如，要保守员工的秘密；要从员工的角度看问题，尽力与员工进行心灵沟通；学会做一名真诚的倾听者；帮助员工扩展思维，考虑多种选择，等等。

复习与训练

一、主要概念

培训　学习心理　因材施教　职业生涯规划　职业管理

二、阅读理解

1. 旅游企业员工培训应遵循哪些原则？
2. 旅游企业培训需要产生的因素有哪些？
3. 员工培训有哪些主要的方法？
4. 从哪几个方面去理解职业生涯的含义？
5. 职业发展通道引导有哪些基本步骤？

三、判断题

1. 最能激励员工学习动力的莫过于对尊重需要满足的追求。（　　）

2. 对培训结果转移进行评估是最重要的。（　　）
3. 学习效果的"心理界限"阶段,学习效果将不理想。（　　）
4. 职业是指职业生涯和人的生涯。（　　）
5. 职业生涯是一种个体的行为经历,而不是一种群体或组织的行为经历。（　　）

四、选择题

单选题

1. 成功培训的一个重要标志就是（　　）。
   A. 能否调动员工的学习兴趣　　B. 能否满足员工自我实现的需要
   C. 培训内容是否具有实用性　　D. 培训教师是否具有双师型特征

2. （　　）方面的培训被认为是企业员工培训内容中的核心和重点。
   A. 职业道德　　B. 知识　　C. 操作技能　　D. 能力

3. 25～44岁的员工在职业生涯发展过程中是处在（　　）阶段。
   A. 自我管理　　B. 中期稳定　　C. 探索　　D. 立业与发展

多选题

4. 旅游企业员工的知识培训有别于普通学校教育,应按照（　　）几个原则进行。
   A. 全面性　　B. 系统性　　C. 速成性　　D. 需要性
   E. 阶段性

5. 职业生涯管理的几个主要步骤包括（　　）。
   A. 自我评估　　　　　　　　B. 组织对员工评估
   C. 职业信息的传递　　　　　D. 职业咨询
   E. 职业发展通道引导

五、案例分析

（资料来源：夏兆敢主编《人力资源管理习题集》,上海财经大学出版社2006年版）

案例：IBM的新员工培训

有人称IBM的新员工培训是"魔鬼训练营",因为培训过程非常艰辛。除行政管理类人员只有为期两周的培训外,IBM所有销售、市场和服务部门的员工全部要经过三个月的"魔鬼"训练,内容包括：了解IBM内部工作方式；了解自己部门的职能；了解IBM的产品和服务；专注于销售和市场,以模拟实践的形式学习IBM怎样做生意,以及团队工作和沟通技能、表达技巧等。这期间,十多种考试像跨栏一样需要新员工跨越,包括做讲演、笔试产品性能、练习扮演客户和销售市场角色等。全部考试合格,才可成为IBM的一名新员工,有自己正式的职务和责任。之后,负责市场和服务部门的人员还要接受6～9个月的业务学习。

事实上,在 IBM 培训从来都不会停止。在 IBM,不学习的人不可能待下去。从进入 IBM 的第一天起,IBM 就给员工描绘了一个学习的蓝图。课堂上、工作中,经理和师傅的言传身教,员工通过公司内部的局域网络自学,总部的培训以及到别的国家工作和学习等等,庞大而全面的培训系统一直是 IBM 的骄傲。鼓励员工学习和提高,是 IBM 培训文化的精髓。如果哪个员工要求涨薪,IBM 可能会犹豫;如果哪个员工要求学习,IBM 肯定会非常欢迎。

IBM 非常重视素质教育,基于此,IBM 设置了"师傅"和培训经理这两个角色,将素质教育日常化。每个新员工到 IBM 都会有一个专门带他的"师傅"。而培训经理是 IBM 专门为照顾新员工、提高培训效率而设置的一个职位。

案例思考题:
1. IBM 采用了哪些培训方法?
2. IBM 培训的成功之处是什么?

第十一章

旅游企业员工潜能的激励

员工潜能发挥的大小,激励起了重要的作用。人力资源管理、开发,主要是通过激励来实现的。所谓激励,就是管理者遵循人的行为规律,运用多种有效的方法和手段,最大限度地激发下属的积极性、主动性和创造性,以保证组织目标的实现。美国通用食品公司总裁 C.弗朗克曾说:"你可以买到一个人的时间,你可以雇用一个人到指定的岗位工作,你甚至可以买到按时或按日计算的技术操作,但你买不到热情,买不到主动性,买不到全身心的投入,然而你又不得不设法争取这些。"这句话形象地说明了激励的重要性及达到良好激励状态的困难性。

第一节 人性观与激励模式

任何企业的领导者、管理者,在对人实施任何管理措施的时候,都会自觉或不自觉地对人的本性、本质作出假设、看法。对人的看法在管理中称为人性观。西方管理心理学针对员工的劳动态度及需要情况的不同,从管理实践中归纳概括出四种人性观,又称四种人性的假设,即"经济人"假设、"社会人"假设、"自我实现人"假设和"复杂人"假设。不同的管理方式和激励模式往往是以对人性不同的假设为基础的。

一、"经济人"与管理策略

19 世纪末 20 世纪初,随着电气化工业的发展,生产规模迅速扩大,原来那种单纯凭经验进行管理的方法已远远不能满足管理的需要,建立在"经济人"假设基础上的泰勒"科学管理理论"便应运而生。

"经济人"假设是从泰罗制管理的角度与当时工人的现状总结出来的,认为人的一切活动都是为了最大限度地满足私利,工作的目的是为了获得经济报酬。

1. 基本观点

基于经济人的"人是唯利是图的,人的行为在于追求自身的最大利益"这样的假设,因此,认为有效的管理就是要通过金钱与权威的双重手段,控制员工行为,以维持良好的生产效率。美国麻省理工学院心理学教授麦格雷戈(D. McGregor),在 1960 年所著的《企业的人性面》一书中,把"经济人"的观点概括为 X 理论,把"自我实现人"的观点概括为 Y 理论。X 理论的要点是:

(1) 员工基本上都是受经济刺激物激励的,不管是什么事,只要能向他们提供最大的经济收益,他们就会去干。

(2) 因为经济性刺激又是在组织的控制之下,所以员工本质上是一种被动的因素,受组织的左右、驱使和控制。

(3) 多数人胸无大志,甘愿被人指使,不愿对人和事负责,不愿负任何责任。

(4) 少数人能自我鼓励,能自我控制感情冲动,也能负起管理的责任,成为管理者,而多数人只能做被管理者。

2. 相应的管理策略

把员工看作"经济人",对员工的人性作 X 理论设想的管理者,他们的管理行为或管理方式的特点如下:

(1) 制定各种严格的企业管理制度,实行任务管理的模式。

(2) 对人实施严格的外部监督和运用物质刺激手段,实行"胡萝卜加大棒"式的管理方式。

(3) 企业的各项目标能达到何种程度,有赖于管理人员对员工的控制,管理工作是少数人的事,与广大员工无关。

(4) 忽视员工感情需要。他们管理的重点是提高生产效率、完成生产任务,而对员工的感情需要,以及管理者道义上应负的责任,他们完全不考虑。

"经济人"(X 理论)是一种消极的激励模式,由于对员工缺乏信任,没有考虑到人本身的创造性、自主性,不顾及人的尊严、自信、自治、自律以及自我发展方面的需求,因此,在人性假设上存在着明显的片面性。

二、"社会人"与管理策略

"社会人"的假设是由霍桑实验的主持人美国哈佛大学心理学教授梅奥提出的。在心理学研究的历史上,霍桑实验第一次把工业中的人际关系问题提到首要地位,并且提醒人们在处理管理问题时要注意人际关系的因素。从社会人假设出发总结的一套理论叫作人际关系理论。

1. 基本观点

梅奥等人为了寻找工效低落的原因,通过长达 4 年多的实验和观察,得出的结论表明:员工是"社会人"。社会人对人性假设的基本观点是:人们在工作中获得的物质利益,对调动工作积极性是次要的;而人与人之间友好相处,良好的人际关

系,才是调动生产积极性的决定因素。具体要点如下:

(1) 社交需要是人类行为的基本激励因素,而人际关系是形成人们身份感的基本因素。

(2) 从工业革命中延续过来的机械化,其结果是使工作失去了许多内在的意义,这些丧失的意义必须从工作中的社交关系里寻找回来。

(3) 与管理部门所采用的奖酬和控制的反应比起来,员工们会更易于对同级同事们所组成的群体的社交因素作出反应。

(4) 员工们对管理部门的反应能达到什么程度,视主管者对下级的归属需要、被人接纳的需要以及身份感的需要满足到什么程度而定。

2. 相应的管理策略

(1) 管理者不应把自己的注意力局限于完成任务上,而应更多地注意为完成任务而工作的员工的需要上。反对集权的"任务管理",提倡尊重人的民主管理。

(2) 管理者不应只注意指挥、计划、组织的控制,而应关心员工的心理健康,注意他们归属需要与尊重需要的满足。

(3) 群体对员工的劳动态度与绩效有制约作用,管理者在奖励方式上应注重集体奖励,而不仅只是个人奖酬。

(4) 管理者的职能不仅是抓计划、组织和控制,更要充当下级员工与更上层领导者之间的联络人。管理者的任务就是通过沟通,使正式组织的经济需求与非正式组织的社会需要取得平衡。

三、"自我实现人"与管理策略

"自我实现人"假设是对人的价值的一种新看法,自我实现是指在工作上能最大限度地发挥自己所具有潜在能力的需要。在当代经济条件下,在人们生活质量普遍提高的情况下,的确有一大批人开始追求自我价值的实现。

1. 基本观点

"自我实现"是马斯洛在其需要层次理论中提出的,麦格雷戈总结了马斯洛的需要层次理论,认为人应是"自我实现人",提出了 Y 理论。Y 理论的基本观点是:

(1) 人具有寻求最大限度地利用自己的才能与资源的需要,即自我实现的需要。

(2) 厌恶工作并非是普通人的天性。相反个人总是追求在工作中变得成熟起来。

(3) 人有自我指导与自我控制的能力,在执行任务时能自觉履行其职责。

(4) 人具有创造性,有丰富的想象力和解决问题的能力。在现实条件下,一般人的潜力只利用了一部分,管理者要创造条件,让其得到进一步发挥。

2. 相应的管理策略

(1) 管理的重点是调动员工积极性,但不是靠物质刺激,也不是靠和谐的人际关系,而是强调工作本身对工作者积极性的激励作用。管理者要较多地考虑怎样才能使工作本身变得具有内在意义和更高的挑战性。

(2) 管理者的职能不是注重完成任务,也不是协调人际关系,而是要创造一种适宜的工作环境和条件,让员工能充分发挥自己的潜能,达到自我实现的满足。

(3) 奖励方式:强调内在奖励。通过承担工作责任、行使工作权力、实现工作成就的过程来激励员工。

(4) 管理制度与方式是给员工更多的自主权,保证员工充分展示自己的才能,发挥个人的独立创造才能,达到自己所希望的成就。

四、"复杂人"与管理策略

人到底是"经济人"、"社会人",还是"自我实现人"呢?美国心理学家沙因(E. H. Schein)等人通过比较和实验,证明人性并不是一种固定假设,管理也就不能是一个固定的模式,没有任何一种适合于任何时代、任何人的管理方式。因此,沙因提出"复杂人"假设。

1. 基本观点

"复杂人"的意思是:人是复杂的,实际上每一个人都既是"经济人",又是"社会人"和"自我实现人"。其基本观点如下:

(1) 人的需要是多种多样的,而且这些需要随着人的发展和生活条件的变化而发生改变。每个人的需要都各不相同,需要的层次也因人而异。

(2) 由于需要与动机彼此作用并组合成复杂的动机模式,所以满足需要,达成激励目的的方式是复杂多变的。

(3) 人在组织中的工作和生活条件是不断变化的,因此会不断产生新的需要和动机。

(4) 每个人在不同组织中或是同一组织中的不同下属部门中可能表现出不同的需要来。

(5) 员工能够对多种互不相同的管理策略作出反应,这取决于他们自己的动机和能力,也决定于工作任务的性质。

2. 相应的管理策略

(1) 管理者应注意采用不同的组织形式,以提高管理效率。对于组织机构、领导作风、工作制度等都不应固定或划一,而应该实行灵活的弹性管理。

(2) 管理者应根据企业的实际情况,权衡情境的变化,相应改变自己的管理风格和手段,采用弹性、应变的领导方法,而不能过于简单化、一般化。

(3) 管理者应善于发现员工在需要、动机、能力和个性上的差异,因人、因时、因事、因地制宜地采取灵活多变的管理方式和奖励模式。

综观西方管理思想中的人性观,尽管有种种的局限性,但可以看出西方管理思想逐步确立了人在管理过程中的主导地位,继而围绕调动人的主动性、积极性、创造性去展开一切管理活动。对于我国的管理理论实践无疑具有十分重要的启示。

第二节 激励理论及其运用

激励理论着重研究激励人的规律,探讨激发人的内在潜力、调动员工积极性的有效方法。激励理论是行为科学的重要内容。激励理论分为内容型和过程型。

一、内容型激励理论

早期对激励的研究集中在对激励行为的内容上,即对需要的研究,对人类需要的种类研究。这些内容型研究为以后进一步全面理解激励打下了扎实基础。最为典型的内容型激励理论是马斯洛的需要层次论、奥尔德弗的成长理论、赫茨伯格的双因素理论和麦克利兰的成就需要理论。

(一) 马斯洛的"需要层次理论"

"需要层次理论"是美国心理学家马斯洛于1943年在他的著作《人类动机的理论》(A Theory of Human Motivation)中提出的。他的这一理论被广泛接受,是由于其简单明了而又实用。

1."需要层次理论"的内涵

马斯洛认为,人在各种条件下,都有五种基本需要,五种基本需要构成一个层次结构。按对个体的重要程度,马斯洛将它们排列为:

(1) 生理需要。它是人们生存所必需的一种最基本的需要,如对于衣、食、住、行、水、空气等的需要。这些需要在所有需要中占绝对优势。如果这些需要没有得到满足,人就不能生活下去,所以生理需要也是人的第一需要。

(2) 安全需要。如对于稳定、安全、秩序、受保护、免受恐吓和折磨的需要。如果生理需求相对充分地得到了满足,就会出现安全需要。

(3) 爱和归属的需要(Belongingness and Love Needs)。如需要朋友、爱人和孩子,渴望在团体中与同事间有深厚的关系等。如果生理需求和安全需求都得到了满足,爱和归属的需要就会产生。

(4) 尊重的需要。分为两类:一是希望有实力、有成就、能胜任、有信心,以及需求独立和自由;二是渴望名誉或威信、赏识、关心、重视和高度评价等。尊重的需要主要包括自尊和受人尊重两个方面。这些需要一旦受挫,就会使人产生自卑感、软弱感与无能感。

(5) 自我实现的需要。这是使自己的潜能得以实现的需要。这种需要是希望自己越来越成为所期望的人物,完成与自己的能力相称的一切。

2. 对"需要层次理论"的理解

马斯洛认为,上述五种需要是按次序逐级上升的,当下一级需要获得基本满足以后,追求上一级的需要就成了驱动行为的动力。生理需要和安全需要属于低级的需要,一般偏重于物质的要求,它是从外部使人得到满足。而社交需要、尊重需要和自我实现需要则属于高级的需要,一般偏重于精神的需求,它是从内部使人得到满足。这一理论认为,当某一层次的需要得到相对满足时,其激励的作用也随之减弱或消失,必然会提出更高层次的需要。这时,高一层次的需要就成为新的激励因素。

从理论上看,马斯洛的需要层次论有四点基本的假设,这是管理者在把该理论用于人力资源开发时必须加以注意的:第一,需要是个人努力争取实现的愿望。已经满足的需要不再是激励的因素,一种需要一经满足,另一种需要就会取而代之,所以人们总是在力图满足某种需要。第二,绝大多数人的需要层次是很复杂的,时时刻刻都存在着的多种需要影响着人的行为。第三,只有当低层次的需要已经得到满足时,高层次的需要才能对人起激励作用。因为,在通常情况下,人们必须首先满足较低层次的需要,而后才去追求较高层次的需要。第四,人们满足较高层次需要的途径比满足较低层次需要的途径多。

3. "需要层次理论"在管理中的运用

马斯洛的需要层次论,启示管理者在工作中找出相应的激励因素,采取相应的组织措施,来满足员工不同层次的需要,以引导员工的行为,进行人力资源开发,实现组织目标。

(1) 满足员工基本的生理需要。企业要建立合理的薪酬、福利待遇体系,使员工寝食无忧,只有这样,员工才能够全身心地投入工作。上海波特曼丽嘉酒店曾多次获得"亚洲最佳雇主"第一名的殊荣。其薪资福利待遇一直位于同行业前列,员工流动率也相对较低,满足了员工的基本需要。

(2) 关注员工安全需要的满足。安全需要是追求安全和稳定,尽力避免身体和心理受到威胁。这一需要可分为两个方面,一是身体上的安全需要,二是心理上的安全需要。对于前者,旅游企业要通过加强服务技能的培训、加强安全操作的教育、加强后勤管理来实现;对于后者,旅游企业要通过赏罚分明的规章制度、完备的职业生涯发展规划、多种形式轻松愉快的沟通,来消除员工工作上的困惑、同事关系上互相戒备的心理,努力营造和谐的气氛,给员工以安全感。

(3) 注重员工爱和归属需要的满足。企业要想最大限度激发员工的工作热情,就必须通过各种方式让员工在企业中找到归属感。例如,旅游企业常举行的联欢会、春游、生日派对等活动就加强了这种归属感。尤其为帮助重病员工举行的募捐活动,更能加强"大家是一家人"的心理,激发了员工团结协助的精神。其传达的"有困难组织会帮助"的信号会使员工安全感加强、温暖感上升,把自己与企业紧密联系在一起。

(4) 努力满足员工受尊重的需要。自我尊重来源于地位、声望、荣誉或一种良好的、相互尊重的人际氛围。企业应努力营造这种氛围,提高员工对自己工作的自豪感。当员工们作出成绩时,对他们进行公开的奖励和表扬、发给荣誉奖章、设立光荣榜,以示激励。企业还应通过各种方式提高员工的自尊感,如为员工提供系统的培训,提高员工技能,提供更多的独立自主从事工作的机会,以提高员工们对工作的满足感和效率。

(5) 帮助员工自我实现。自我实现需要包括发现并实现自己潜能的需要。不同的个体满足这一需要所采取的途径方式大不相同,在这一层次上,个人的独特性表现得淋漓尽致。从这一点上企业需要切实了解和关心员工,做好两个方面的工作:一是帮助员工发现自己的潜能,确立发展方向;二是为员工制订出科学的职业发展规划,帮助其挖掘自己的潜能,实现自己价值的最大化。

(二) 奥尔德弗的成长理论

美国耶鲁大学的心理学家克雷顿·奥尔德弗(Clayton Alderfer)在马斯洛提出的需要层次理论的基础上,进行了更接近实际经验的研究,并对马斯洛的五个层次需求理论进行了修订,提出了人们共存在三种核心的需要,即生存(Existence)的需要、相互关系(Relatedness)的需要和成长发展(Growth)的需要。因而这一理论也被称为"ERG"理论。

1. 成长理论的内涵

(1) 生存需要,是人类最基本的需要,是指人在衣、食、住、行之外对工资、津贴、工作条件等方面的物质需要。只有这一层次的需要得到满足后,才能转而谈论其他需要。

(2) 相互关系需要,即要求与人交往,并维持人与人之间和谐关系的愿望。包括上下级、同事、个人、群体等人际关系的和谐,重视人际交往的满足。

(3) 成长发展需要,即人们要求在事业、前途等方面有所成就,得到发展的内在愿望。

奥尔德弗认为,生存的需要与人们基本的物质生存需要有关,它包括马斯洛提出的生理和安全需要。相互关系的需要,即指人们对于保持重要的人际关系的要求。它涵盖了马斯洛的爱和归属的需要及尊重的需要的外在部分。成长发展需要是指个人发展的内在愿望,它包含了马斯洛尊重需要的内在部分和自我实现需要。和需要层次理论相比,成长理论的区别在于:

第一,奥尔德弗的"ERG"理论表明:人在同一时间可能有不止一种需要起作用;如果较高层次需要的满足受到抑制的话,那么人们对较低层次需要的渴望会变得更加强烈。

第二,马斯洛的需要层次是一种刚性的阶梯式上升结构,"ERG"理论并不认为各类需要层次是刚性结构,比如说,即使一个人的生存和相互关系需要尚未得到完全满足,他仍然可以为成长发展的需要工作,而且这三种需要可以同时起作用。

第三,"ERG"理论还提出了一种叫作"受挫—回归"的思想。马斯洛认为,人的需要是遵循"满足—上升"规律的,而"ERG"理论则认为,人的需要既会遵循满足—上升,也会出现挫折—退化。

2. 成长理论在管理中的运用

(1) 从生存需要来讲,要向员工支付有竞争力的个性化薪酬。第一,薪酬水平必须具有竞争性。薪酬水平必须能满足人才的基本生活保障。第二,薪酬要体现个性化。个性化的薪酬体系让员工参与到薪酬体系的设计过程中,考虑了员工的不同需求,使薪酬更有吸引力。目前,弹性薪酬制度是比较通用的一种做法。

(2) 从相互关系需要来讲,要营造一个宽松的工作环境。第一,营造一个安全的工作环境。除了设施设备的使用安全外,还要关注员工的健康,遵守国家的劳动法规,合理安排工作任务,防止职业病、过劳死的事故发生,视员工的健康为公司的财富。第二,培养和谐宽松的人文环境。组织要提高管理手段的亲和力,要倡导人才之间的相互尊敬、团结与合作。第三,建立畅通的沟通和反馈渠道。实行亲密无间的交流与沟通对于提高人才的忠诚度具有重要意义。沟通能对员工起到激励作用,有利于员工的情绪表达,有利于企业的改革与发展。

(3) 从成长需要来讲,要为员工提供成才的多样舞台。人人都有自我实现的需要,对于一些员工来说,他们自我实现的欲望非常强烈。企业应根据员工的潜能和不同需要,采取相应的管理策略,为他们提供多样的舞台,使他们成就不一样的自我。具体措施有:为他们安排富有挑战性的工作,下放部分管理决策权以利于其施展才华,给予不断充电机会,建立迎合需要的职业发展规划,等等。

(三) 赫茨伯格的双因素理论

双因素理论是由美国著名的行为科学家弗雷德里克·赫茨伯格于1959年提出的,是心理学中关于激励研究的一个经典理论,该理论被广泛运用于企业管理的诸多领域。

1. 双因素理论的基本内涵

20世纪50—60年代期间,赫茨伯格和他的助手们在美国匹兹堡地区对二百多名工程师、会计师进行了调查访问。访问主要围绕两个问题:第一,在工作中哪些事项是让他们感到满意的,并估计这种积极情绪持续多长时间;第二,有哪些事项是让他们感到不满意的,并估计这种消极情绪持续多长时间。通过对回答的分析,赫茨伯格发现,使员工感到满意的大都是属于工作本身或工作内容方面的;使员工感到不满的,大都是属于工作环境或工作关系方面的。二者彼此独立,以不同的方式影响人们的工作行为。由此,赫茨伯格提出了双因素理论。他把前者叫作激励因素,后者叫作保健因素。

具体来说,双因素理论中的保健因素指的是那些能够消除员工不满意的因素。典型的保健因素包括企业的政策、工作环境、工资发放、劳动保护、工作监督以及各种人事关系处理等。激励因素指的是那些使员工感到满意的因素,这些因素主要产生于员工内在的动机,它们主要有工作本身的乐趣、工作上的成就感、对未来发展的期望等。根据赫茨伯格的看法,保健因素是必须的,它防止了不满意的产生。但是,保健因素无法导致更积极的效果,要进一步激发员工的表现,我们就要使用激励因素。

2. 双因素理论在管理中的运用

双因素理论实际上表明对员工的激励分为内在激励和外在激励。内在激励,是从工作本身得到某种满足,如对工作的爱好、兴趣、责任感、成就感等。这种满足能促使员工努力工作、积极进取。外在激励,是指外部的奖酬或在工作以外获得的间接满足,如劳保、工资等。这种满足具有一定的局限性,它只能产生较小的激励作用。这是因为外在激励或保健因素难以满足人的精神需要。企业要想持久而高效地激励员工,必须注重工作本身对员工的激励,同时也要做好外在激励,预防员工的不满。具体措施有:

(1) 内在激励的措施。运用目标管理,注重尊重人格、意见沟通、贡献与满足的平衡、自我实现的需求等;强调工作设计,注意工作扩大化、工作丰富化和工作轮换,提高员工对工作的满意度;强调参与激励,通过参与组织管理,增加他们对组织目标的自我关注。发挥其创造性和积极主动性,加快组织目标与个人目标的实现;完善晋升制度,确保机会均等;展示员工工作前景等。

(2) 外在激励的措施。工作上,不断改善工作条件,建立必要的保障机制;建立员工参与机制;形成良好的工作风气(不推诿、不扯皮、认真负责、互帮互助);树立良好的、融洽的工作关系;建立公平的分配制度;加强信息交流,进行思想沟通(如发布栏、恳谈会、经理接待日,等等),消除不满,建立归属感,形成凝聚力。

生活上,开展生活关怀,如送生日卡、员工困难关怀等;组织多种沟通方式,如娱乐活动、各种游戏活动与竞赛、个人特长展示等;提供相互交流的机会,密切关系,消除误解。

(四) 麦克利兰的成就需要理论

戴维·麦克利兰是美国哈佛大学的心理学家及行为学家,他经过大量调研和实验,于20世纪50年代提出人们在生理需要满足后,会产生成就、权力、归属三种高层次需要。

1. 成就需要理论的内涵

(1) 成就需要。这是一种个人完成自己所设置的目标的需要,也就是人对挑战性工作及事业成就的追求的需要,通过这种追求,人们获得兴奋感,处于精神振奋状态。这种人干什么都不甘落后,希望超过别人。这对行为起着主导作用和影响。

(2)权力需要。权力分为个人权力和社会权力。权力的产生来源于组织结构中的管理位置,以及个人所具有的外在魅力及内在素养能力。权力需要比较强的人对争取地位与影响力十分重视。

(3)归属需要。归属需要,即寻求与别人建立融洽、友善和亲近的人际关系的愿望。归属需要比较强的人愿意与别人建立亲密关系,并从别人那里寻求关怀和友谊,因此能够给这种人提供和谐、融洽的工作气氛,会有较强的激励作用。

如何正确理解成就需要理论呢?

第一,成就需要与个性特征相关。麦克利兰认为,具备高度成就需要的人,应显示这样的品质:具有强烈的事业心和独立性;喜欢冒适度的险,树立有一定困难的成就目标;他们对成功有一种强烈的要求,把成就看得比金钱更重要;强烈希望获得工作绩效的具体反馈。

第二,高度成就需要是可以通过教育培训获得的。一般情形下,具备高度成就需要的人仅占人口的10%左右,要想使其增多,麦克利兰认为,应该比较成功地对成年人予以成就激励教育。

2. 成就需要理论在管理中的运用

成就需要理论在管理的实际工作有一定的运用价值,尤其是测量、评价和培养一个人的成就需要,对组织合理分配职位、提高工作效率有着重要作用。

(1)成就需要与经济发展密切相关。高度成就需要的人对企业、国家均有重要作用。一个公司或企业拥有这种人越多,其发展就越快,获利就越多;一个国家拥有高度成就需要的人越多也会兴旺发达。因此,管理者不但要了解本单位、本部门每个人的主要需要,而且要确定哪些人有强烈的成就需要,以便使组织满足这些人的特别需求,引导他们为组织目标服务。

(2)成就的需要受组织管理状况的影响。如果把具有高度成就需要的管理人员放在困难的工作岗位上,工作的挑战性就会引起成就动机,从而激发起致力于成就的行为。但是,如果把高度成就需要的人放在例行的、没有挑战性的岗位上,成就动机就难以激发。

(3)具有成就需要的人,大都具有强烈的事业心和独立性,在例外的、富有挑战和竞争的情况下,追求卓越。要管理好具有成就需要的员工,管理者就必须考虑为他们提供超常的、具有挑战性的、经过努力可以完成的工作任务,并且及时正确地对他们的工作绩效进行反馈。

二、过程型激励理论

过程型激励理论较为全面地阐述和解释了行为的引起、发展、持续以及终止的全过程,同时探讨了需要是如何变为某种行为的。过程型激励理论最为典型的有弗鲁姆的期望理论和亚当斯的公平理论。

(一)弗鲁姆的期望理论

期望理论(Expectancy Theory),又称作"效价—手段—期望理论",是北美著名心理学家和行为科学家维克托·弗鲁姆(Victor H. Vroom)于1964年在《工作与激励》中提出来的。

1. 期望理论的基本内涵

弗鲁姆的期望理论的基本内容主要是期望公式和期望模式。期望理论的核心是研究需要和目标之间的规律。

弗鲁姆认为,人总是渴求满足一定的需要并设法达到一定的目标。当人们为了某种需要,去实现目标的过程中会产生动力,动力的大小取决于目标价值(效价)和期望概率(期望值)两个因素,因此有一个期望公式:

$$动力 = 效价 \times 期望值 (M = V \cdot E)$$

式中:M 表示激发力量,是指调动一个人的积极性,激发人内部潜力的强度。

V 表示目标价值(效价),是指达到目标对于满足他个人需要的价值。

E 表示期望值,是人们根据过去的经验判断自己能够达到目标的概率。

这个公式说明:假如一个人把某种目标的价值看得很大,估计能实现的概率也很高,那么这个目标激发动机的力量越强烈。

怎样使激发力量达到最高值,弗鲁姆提出了人的期望模式:

个人努力→个人成绩(绩效)→组织奖励(报酬)→个人需要

在这个期望模式中的四个因素,需要兼顾三个方面的关系。

(1)努力和绩效的关系。这二者的关系取决于个体对目标的期望值。期望值又取决于目标是否适合个人的认识、态度、信仰等个性倾向,及个人的社会地位,别人对他的期望等社会因素。即由目标本身和个人的主客观条件决定。

(2)绩效与奖励的关系。人们总是期望在达到预期成绩后,能够得到适当的合理奖励,如奖金、晋升、提级、表扬等。组织的目标,如果没有相应的有效的物质和精神奖励来强化,时间一长,积极性就会消失。

(3)奖励和个人需要关系。奖励什么要适合各种人的不同需要,要考虑效价。要采取多种形式的奖励,满足各种需要,最大限度地挖掘人的潜力,最有效地提高工作效率。

2. 期望理论在管理中的运用

期望理论的意义在于不断给员工新的期望,不断唤起员工的期望值,从而不断满足员工的期望。期望即为目标,员工有了目标后,要创造条件,使员工感到实现目标的可能性较大,这样才能起到激励作用。具体方法有:

(1) 理想激励和目标激励。员工总是希望通过一定的努力达到预期的目标。如果个人主观认为达到目标的概率很高,就会有信心,并激发出很强的进取心;反之如果他认为目标太高,通过努力也不会有很好绩效时,就失去了内在的动力,导致工作消极。

这就要求企业管理者能正确使用理想激励和目标激励,适当控制期望概率和实际概率,引导员工设定一个既振奋人心又切实可行的奋斗目标,同时,科学、客观地规划自己近期的计划。把实现理想的追求落实在踏实工作、努力拼搏的实际行动中,坚定信念,克服工作过程中可能出现的各种困难和挫折,不断强化推动自己前进的动力。

(2) 知识激励和能力激励。当今世界,知识日趋信息化、数字化、网络化,知识更新速度不断加快,再加上就业压力不断增加,促使员工渴望通过学习,不断提高自己的社会竞争力。所以,企业应当以成就员工拓展知识和能力的愿望为己任,满足员工的目标效价,不断激发员工渴望提高竞争力的动机,消除员工焦虑压抑、消极被动的不良思想和工作情绪,创造适合员工发挥积极性和自身潜能的环境与条件,不断增加员工实现目标效价的期望率。

(3) 精神奖励和物质奖励。期望理论认为,如果员工认为取得绩效后能得到合理的奖励,就可能产生工作热情,否则就可能会丧失积极性。这个奖励应当是综合的,既包括物质上的,也包括精神上的。从人的动机看,人人都具有自我肯定和荣誉的需要,对于一些工作表现比较突出,具有代表性的先进人物,应当给予必要的精神奖励或者是物质奖励,表彰先进,鼓励后进,实现整体共同进步。在激励中还要注重对集体的鼓励,以培养员工的集体荣誉感和团队精神。

(4) 行为激励与榜样激励。现代企业员工在诸多方面具有共性,通过先进典型人物言传身教发挥榜样的激励作用,使被激励者在同伴身上看到自己成功的希望,这是弗鲁姆的期望理论的升华。榜样激励是生动具体的行为模式。树为榜样的,应当是受到表彰嘉奖的先进个体或群体。榜样把企业制定的抽象的奋斗目标化作具体的行为方式,使员工可以通过对榜样的效仿而提高工作效率。

(二) 亚当斯的公平理论

公平理论是美国行为学教授斯塔西·亚当斯于20世纪60年代末提出的,也是对分配公平问题的开创性研究。公平理论认为:员工不仅关心自己的收入(薪资水平、奖金标准、晋升机会等)、支出(个人的能力、付出的努力、经验知识等),而且还关心自己的收入/支出与他人的收入/支出的关系。即员工将自己的贡献和报酬与自己相关的人的贡献和报酬相比较,来判断报酬的分配是否公平,从而决定自己的行为。

1. 公平理论的基本内涵

(1) 分配公平。亚当斯认为,人们将自己的报酬/投入的比率与参照对象的这一比率进行比较,若两个比率相等则产生公平感;反之,则会产生不公平感。人们也可以进行自我比较,即把目前自己的报酬/投入与自己过去的报酬/投入相比较,称为自我比较。该理论偏重于分配的结果,后来被称为"分配公平"。

通过自我比较或社会比较,会出现公平或不公平两种结果。如果员工对报酬感到公平,就会获得满足感,从而激励自己的行为。如果觉得不公平,就会有两种情况:一种是占便宜,这时员工要么更加努力以对得起这份薪酬,要么就夸大自己的贡献;另一种情况是吃亏,这时员工往往会消极怠工,或要求增加自己的所得,或寻找其他的比较对象,甚至离职。

(2)程序公平。人们通常对不公平感受比较敏感,而不公平通常来自对分配结果的感受。人们一旦有了不公平的感受,就会想到如何来保证分配结果相对公平,即用什么方法和过程来保证公平的问题,这就涉及程序公平。研究者发现,当人们得到了不理想的结果时,如果认为过程是公正的,也能接受这个结果。为了保证结果公平,1980年,莱文赛尔(Jerald S.Leventhal)等提出了程序公平的六条标准:

第一,一致性规则,即分配程序对不同的人员或在不同的时间应保持一致性;

第二,避免偏见规则,即在分配过程中应该摒弃个人的私利和偏见;

第三,准确性规则,即决策应该依据正确的信息;

第四,可修正规则,即决策应有可修正的机会;

第五,代表性规则,即分配程序能代表和反映所有相关人员的利益;

第六,道德与伦理规则,即分配程序必须符合一般能够接受的道德与伦理标准。

莱文赛尔等所提出的程序公平标准,是对程序公平的比较系统和全面的评价。同时,这些标准基本上代表了实现组织公平的主要程序内容,如果组织严格按照这些要求执行,员工应该感受到公平。

(3)互动公平。不论分配结果是否公平,员工获得了有关信息,还会对这些信息产生反应,信息提供者就需要对员工的反应作出回应,这就产生了互动。1986年,毕斯(Bies)和牟格(Moag)开始关注分配结果反馈执行时的人际互动方式对公平感的影响,他们将其称为"互动公平"。他们发现,互动公平也会影响结果公平。后来,格林伯格(Greenberg)又提出将互动公平分成两种:一种是"人际公平",主要指在执行程序或决定结果时,权威或上级对待下属是否有礼貌、是否考虑到对方的尊严、是否尊重对方等;另一种是"信息公平",主要指是否给当事人传达了应有的信息,即要给当事人提供一些解释,如为什么要用某种形式的程序,或要用特定的方式分配结果。

2.公平理论在管理中的运用

公平理论的运用主要是要从分配公平、程序公平及互动公平等几个角度来提高员工的公平感,增强员工的工作动力,实现员工个人价值及组织目标。具体可采

取以下措施:

(1) 营造良好的企业文化氛围。良好的企业文化可以消除员工狭隘的个人主义,使之站在全局的高度看问题。由于公平感是一种主观感受,员工很容易把公平的分配结果和程序视为不公平,这就要求企业以良好的企业文化来引导员工积极看待问题,帮助员工形成正确的价值判断。有关研究表明,除了薪酬和职务晋升之外的诸如个人能力的提高、他人和社会对自己的尊重、对组织和群体的归属感、自我价值的实现等文化影响同样能改善员工对公平的主观感受,进而提高其工作积极性。

(2) 建立科学的绩效考评和薪酬体系。根据分配公平的理论,影响员工分配公平感受的核心有两个方面:一是投入,二是报酬。对员工作出科学、准确的评估,是员工获得分配公平的基础。而与此相关的薪酬则是获得分配公平的关键。

要把握分配公平就要把二者结合起来统一策划。其中,薪酬体系建设主要考虑两个方面:内部公平和外部公平。内部公平是要按照员工的岗位、业绩,将员工的薪酬分门别类,形成一套内部的薪酬系统,让员工在相互比较时,感受到分配公平。外部公平则主要是遵从市场经济的法则,尽可能使社会上相同、可比的岗位具有相似的薪酬。如果差距太大,就容易使员工产生不公平感,进而引起消极行为。

(3) 保持分配政策的稳定性和可完善性。政策的稳定性和可完善性是程序公平的重要组成部分。如果组织政策变更过于剧烈和频繁,就会与程序公平中的一致性规则相矛盾,使员工无所适从并产生不公平感。因此要保持分配政策的稳定性和必要的可修改性,才能使政策和措施不断改进和完善。为此应该参照规范的市场经济发展走向,建立一个逐步接轨的日程表,使员工有一定的心理准备,以减少改革的阻力。

(4) 完善员工参与制度。实践表明,不管最终的分配结果是否公平,只要员工有实际参与的权利,公平感就会显著地提高。虽然我国上级和下属之间权力距离比较大,但如果提供员工参与的渠道,下级就都有了表达自己意见的机会,这将有利于通过相互沟通增进相互理解,进而提高公平感。适合员工民主参与的内容很多,如组织的发展战略、分配制度、奖励制度、晋升制度和考评制度等的制定和实施。员工参与制也有利于改善员工与管理人员的互动公平。

第三节 员工个人激励方法与技巧

从员工个人层面看,结合员工特点,采取一些针对性的激励方法和技巧,实现对员工的激励是十分有效的,个人得到激励,整个企业就会焕发出勃勃生机。常用的激励方法和技巧有以下四个方面。

一、目标激励

每个人都有不断获得事业成功的期望,成功的标志就是实现预定的目标,有目标才有奔头,因而目标是积极性的重要激励因素。

1. 目标激励的有效性

人的劳动是有目的的活动,先设立一个目标,然后指导员工,才能收到好的效果。心理学上把目标称为诱因,由诱因诱发动机,再由动机到达到目标的过程称为激励过程。目标作为诱因对人们的积极性起着强烈的激励作用。

目标产生两种作用:第一,假使订了一个目标,就能够充分发挥人的潜力;第二,人只有在达到目标时,才对自己的成绩感到满足和高兴。因此,要想激励员工努力工作,提高效率,就必须要有目标。

对于工作目标或职业生涯规划不是很明确的员工来说,帮助其树立、设置正确的目标,会起到积极的作用。领导者在管理过程中,可以通过目标的设置来激发动机,指导行为,使个人的需要与组织的目标结合起来,以激励员工的积极性。

2. 目标激励注意

在设置目标和运用目标激励时,需要注意如下问题:

第一,目标的合理性。为了让员工努力,必须制定恰当合理的目标。既不是可望而不可即,又不是轻而易举就能够达到。如果目标订得太低,员工不需要努力拼搏就能取得好成绩,不仅不能产生激励作用,反而使员工产生惰性;如果目标订得太高,再努力也达不到,那就干脆不去努力。所以目标一定要订得恰当合理。要设置合理的目标,应该从实际出发,确定现实行为可以达到的实际目标。这种目标既具有实现的可能性,又具有一定的挑战性。

第二,目标应具有一定的难度。国外96%的研究结果表明,具体而明确的目标比"尽力做好"这种空泛的目标或无目标,能够更有效地激发员工的积极性。另外,国外84%的研究结果表明,较困难的目标比中等难度的目标或比较容易的目标,能够激发更大的积极性。当然较困难的目标也是经过努力可以达到的。

比如说,一个公司上个年度的销售额是1亿元,如果再增加17%,本年度的销售目标就可以定为一亿三千万元,那么要求员工达成这个目标时,员工就会受到很大的激励,因为这是可能达到的目标。但经常有这种事情发生,比如说科长对于员工的工作量逼得很紧,他订了一个从来没有人能达到的目标(一亿五千万元)来激励员工。于是员工们心里想:"反正是一个达不到的目标,既然是命令下来,就试试看吧!"员工们抱着消极的态度,这样只会挫伤员工的积极性。

因此,在确定激励目标时,应使之明确具体并有一定的难度,以便发挥更大的激励作用。

第三，吸引员工参与目标的制定。许多研究表明，采用参与性的目标制定方法，比指示性方法更能发挥目标的激励作用，这一方面可以集中更多人的智慧，使目标的制定更加科学、合理，减少目标确立的偏差；另一方面可以提高目标的可接受性，有利于员工把该目标看成是自己的目标，从而产生激励作用。

二、奖惩激励

在各级组织系统管理中，奖勤罚懒已成为大家共用的办法。奖惩是激励员工时常用的方法。奖罚分明才能对员工起到好的激励效果。奖罚分明也是重要的激励形式和管理规则。

1. 奖惩概述

奖励是一种正强化手段，会对员工的工作动机和行为起到强化作用。它使员工看到自己的成就，得到尊重，取得信任和社会地位。它会对受奖励者心理产生积极的影响，使人保持这种行为。奖励包括物质奖励和精神奖励。物质奖励包括奖金、增加工资、奖励实物、提供更好的生活条件等。精神奖励包括工作肯定或奖赏、表彰、授予称号、提级升职等。

惩罚是一种负强化手段，是负激励。对人的某种行为予以否定与批评，使受罚者认识到自己的过错及不良行为的社会影响，并消除过错行为。目的也是为了鼓励员工积极向上，充分发挥员工的工作积极性及创造性，强化纪律意识。必要的惩罚，又注意惩罚的艺术，可以收到教育本人、化消极因素为积极因素的效果。惩罚的方法多种多样，主要有过失单、扣发奖金、扣发工资、降职、辞退、开除等。

2. 奖惩激励的有效运用

管理者在运用奖惩激励强化员工的行为时，既要掌握一定原则，又要讲究奖惩的艺术性。为了使奖惩激励真正达到最大的正效应，即充分调动企业员工的积极因素，在运用奖惩激励时要注意几个方面：

（1）眼要明——强调奖惩实施的及时性。员工在不同的岗位上随时都有可能为企业作出特殊的贡献，涌现出各种各样的优秀事例。如果领导耳不聪、目不明，不能准确及时表彰奖励，或一律拖至年终再来总结表彰，就会削弱先进的典型性和奖励的鼓动性。员工即使年终得到了奖励，也失去了表彰奖励的应有作用。同样，对实施惩罚也要做到及时，才能使不良行为和歪风邪气及时得到抑制，让人们在邪恶面前激起憎恨，使人们在惩治不法行为中增强制度观念。因此，及时、准确地捕捉有利时机实施奖惩，不失为体现企业领导策略水平的一个重要标志。

（2）心要正——坚持奖惩对象的公平性。奖惩对象是客观存在的，它不以人的意志为转移。企业领导在实施奖惩时一定要出于公心，做到对单位、个人、社会、家庭都负责。一方面,奖惩要公正,不能以自己的好恶、感情为标准,该罚不罚,甚至曲解事实,变"罚"为"奖"。失去公平衡量的尺度,奖惩在管理机制中就很难发挥作用;另一方面,奖惩要准确,要严格根据企业奖惩制度,实施奖惩。做到罚有根,奖有据。不严格按章实施奖惩势必造成奖之不准,罚之不当。不能片面强调领导"权威",随意曲解奖惩标准,以个人好恶定乾坤。这种奖惩的不准确性往往会挫伤员工的积极性,模糊员工的是非观念,影响人际关系。

(3)度要准——把握奖惩数量轻重的合理性。奖惩的数量、轻重一定要把握好一个"度"。为此,要做到论功行赏,防止太多太滥;杜绝平摊,防止平均主义。当然如果总是重奖极少数人,实践证明也未必能激发更多人的工作积极性,原因很简单,获奖概率太低。

(4)行要果——注意奖惩终端的有效性。实施奖惩的目的,就是要达到一定的效果,否则就失去了奖惩的意义。首先,奖励的方式要多种多样,以能调动积极性为前提。物质奖励是用以满足生理上的需要,精神奖励是用以满足心理上的需要,从行为科学的角度看,两种形式都是必要的。其次,惩罚的等级要合情合理,以教育员工提高觉悟为原则。但对员工的惩罚一定要采取谨慎的态度,特别要考虑违纪者的行为动机和造成后果的影响程度,在坚持原则的情况下灵活处置。

(5)气要顺——重视奖惩前后的教育性。一方面,奖赏的目的是为了鼓舞人心、催人奋进,更重要的是对员工工作的肯定,为其指明前进的方向,具有指导教育性;另一方面,惩罚是为了惩前毖后,治病救人,不是要一棍子把人打死。实施惩罚时必须克服"以罚代管"的现象,惩罚前要先谈心教育,惩罚后要跟踪教育,要亲近他而不是疏远他,要员工心服口服。

三、工作鼓励

日本著名企业家稻山嘉宽说过,"工作的报酬就是工作本身",这句话深刻地道出了工作丰富化这种内在激励的无比重要性。

1. 工作鼓励概述

对于员工必须从事的工作而言,若能从工作中得到鼓励,那是再好不过的事情了。把工作本身变成激励手段,则更能体现出管理者的领导能力和企业的管理水平。工作鼓励的主要方式有:

第一,对具有发展潜能、绩效优异的员工,予以提升较高职务。

第二,调整工作指派,使员工的工作与专长相结合,从而增加员工发挥学识和才能的机会。也可以采取加大工作任务或扩大工作职责的方法,以提高员工的工作业绩,或是让员工参与拟订工作计划与政策,使其充分感受到领导对他的重视。

第三,工作目标激励,为员工的工作目标、晋升目标、嘉奖目标、业务进修目标等采取措施。

第四,角色激励,让每位员工认识并担负起应负的责任,在强烈的责任感驱使下,使员工自主或主动地去工作。工作参与和授权是进行角色激励的主要手段。

2. 工作鼓励的手段

今天旅游企业的员工更关注的是工作本身是否具有吸引力——工作内容是否具有挑战性,是否能显示成就,是否能发挥个人潜力,是否能实现自我价值等。因此,注重工作本身所具备的激励作用,并能在工作中卓有成效地运用,是尤为重要的。

(1) 管理者要学会让工作更具有挑战性。对年纪轻、干劲足的员工来说,富有挑战性的工作和成功的满足感,比实际拿多少薪水更有激励作用。事实上,很多员工希望有更多机会展示自己的技能,也愿意承受更高的挑战。因此,企业应该适时给予机会,让他们从事多方面的工作,通过促进员工工作的丰富化来调动员工的工作积极性,使之成为企业的"多面手"。这样的员工越多,企业的服务水平就越高,各个服务环节便不会出现梗阻的现象。企业培养多面手员工具有重要的现实意义。

(2) 管理者要让员工看到自身的价值。优秀的企业不仅给员工发工资,还给员工的工作增添意义,使他们觉得他们的工作在社会上很高尚,他们担负着某种使命感,他们通过工作而感到自己是某种最美好、最优秀事物的一部分,他们生产品质优良的产品,他们的价值得到社会的普遍承认和赞赏,在这种情形之下,员工能够最大限度地发挥聪明才智、干劲和热情。上海波特曼丽嘉酒店的口号是"我们是绅士淑女为绅士淑女服务",这一口号很好地提升了员工的形象,使员工为之自豪。

(3) 管理者要学会让员工自己说了算。让员工自己说了算并不是对员工放任自流,而是要充分授权,给予员工更大的权利和自主空间。可以让员工制订弹性的工作计划,自己来安排达到目标的时间和方式,并可以在一定程度内进行目标调整,从而充分调动员工的积极性,激发员工的工作热情和创造性。

(4) 管理者要学会用沟通将企业与员工整合。必要的沟通不仅可以及时发现工作中存在的问题,而且可以增进双方的感情和交流。沟通并非"独角戏",而是"交际舞",需要双方密切配合。一方面要求主管能够循循善诱,让员工打开心扉,畅谈工作中和思想上的问题与建议;另一方面,也要求员工能够开诚布公、畅所欲言。不少经理不善于沟通或者不屑于沟通,其实有效和及时的沟通不仅能解决许多工作中现存的和潜在的问题,更能激发员工的工作热情,使员工把企业的命运与自己的命运紧密联系在一起。

四、领导行为激励

著名管理学家彼得·德鲁克曾经指出,领导是任何企业最基本而又最难得的资源。掌握领导艺术的领导者应该是能吸引员工团结在自己周围的人,能够得到员工的信任和忠诚、并使员工愿意跟随的人。衡量领导行为的有效性的重要标准之一就是，能否激发员工的潜能并调动所有员工的工作积极性。

1. 参与激励

企业要真正发挥员工的作用，就必须把员工摆在主人翁的位置上，尊重他们，信任他们，畅通员工参与企业管理的渠道，让他们在不同层次和程度上参与企业的管理和决策，吸收他们正确合理的意见，从而形成员工对企业的归属感和认同感，充分发挥每个员工的能力，满足员工自尊和自我实现的需要，实现其价值，这就是参与激励法。

参与激励法对企业有重大的作用：一方面，它使企业管理更加民主科学；另一方面，又使员工感到企业重视他们，从而调动了员工工作的积极性，员工的价值也得到了充分的体现，具有一举两得的效果。

企业实行参与激励法，实际上就是实行民主化管理的过程，企业管理要公开透明，重大决策应充分征求员工的意见，集思广益，群策群力，使企业管理能够代表绝大多数员工的意愿和利益，使企业真正成为员工的家园。管理者应该通过各种途径使员工参与企业管理，对员工提出的意见，不论采纳与否，都应认真对待，而且对于员工的建设性意见要进行重奖，只有这样，才能收到激励的实效。

2. 情感激励

感情因素对人的工作积极性有很大的影响。所谓情感激励，就是管理者必须加强与员工之间的感情沟通，尊重员工，关心员工，把员工真正当作企业的主人，而不是被雇者。管理者与员工之间要建立平等和亲切的感情联系，对员工深怀感情，把员工的安危冷暖放在心上，这样才能激发起员工工作的积极性。

现代企业管理中单靠物质激励实际上已经很难起到很好的效果。情感激励作为一种有效的零成本激励方法已在很多企业蔚然兴起。现在很多企业实施"人情味管理"，注重情感投资，比如，企业在员工过生日或家庭发生困难时送上祝福与温暖，让员工感到企业真正关心他们，从而更加努力工作以回报企业，收到了良好的激励效果。

管理者在实施情感激励时必须抓住一个"心"字，与员工要相互交心，不能做表面文章，要真心关心员工，让企业成为员工温馨的家庭。事实证明，重视情感投资，实行情感激励，已成为很多企业家制胜的法宝。

3. 榜样激励

领导者的行为本身就具有榜样作用和模仿作用。我国自古就有"上行下效"之说，因而，领导者自身无时不产生着一种影响力。榜样激励体现了目标动力的作用，榜样的力量是无穷的，最典型的是"明星效应"。通过树立先进典型，可以使员工找到一面镜子、一把尺子和一根鞭子，增添克服困难、实现目标的决心和信心。旅游企业可以利用评选优秀员工、优秀班组的办法来激励其他员工。

榜样激励的另外一个方法是管理者本人的身先士卒、率先垂范。管理者的一个模范行为,胜过十次动员大会。

4. 培训激励

培训激励,是指企业给员工提供培训及学习机会的激励方式。企业要在激烈竞争的市场中获胜,必须拥有高素质的人才,而员工培训正是提高员工素质必不可少的一环。从某种意义上说,一个企业是否重视员工培训,可以预测其未来的竞争潜力,完善的培训机制是吸引人才、留住人才的软件之一。

培训意味着员工为自身能力和素质的提高、自身人力资本的增值以及为将来更好的发展提供了机会和条件。由于进入信息时代以来知识更新速度越来越快,人们在工作岗位上受到的挑战也越来越多,对学习的需要越来越强烈,培训激励已经受到很多人尤其是年轻人的喜爱。因而,能够提供培训激励的学习型企业也越来越受到青睐。在实践中,企业要注意给员工多方面培训和实践的机会,要注意培训的方式方法,以确保培训出实效。

第四节　员工集体激励

现代企业的管理者无法说明每位员工在企业整体目标实现过程中各自的贡献是多少。因此,集体激励计划就成为支持团队合作工作方式的激励方法。所谓的集体激励是相对于员工个人激励而言的。在实践中,企业一般根据部门层次或者整个企业的层次来实施集体激励计划。

一、霍桑效应

1. 什么是"霍桑效应"

20世纪30年代由美国哈佛大学的学者梅奥等人在西部电气公司的芝加哥霍桑工厂进行的一系列实验,揭示了企业存在的群体关系对经营活动的影响。这个研究的目的在于评估工作环境对提高生产率的有效性。梅奥等人发现,真正导致生产率提高的不是工作场所的环境变化,而是这些员工感到了自身的重要——被挑选为"特殊小组"的成员。这种由于群体关系的影响而导致劳动生产率提高的现象,被管理学界称作"霍桑效应"。

"霍桑实验"使学者们终于意识到了人不仅仅受到外在因素的刺激,更有自身主观上的激励,即参加实验的工人意识到自己"被关注",这种被关注的感觉使得他们加倍努力工作,以证明自己是优秀的,是值得关注的。另一方面,这种特殊的地位使得工人之间团结得特别紧密,谁都不愿意拖这个集体的后腿,他们之间甚至形成了一种默契,就是这种个人微妙的心理和团队精神促使着他们的产量上升。

2."霍桑效应"的意义

"霍桑实验"揭示了对员工激励有价值的规律:员工在工作中具有超过物质薪酬以外的需求;员工是通过在工作中与自己同事之间的相互影响,来满足部分社会需要的。

"霍桑效应"表明,影响生产效率的根本因素不是工作条件,而是工人自身,即对工作的满意度。满意度越高,其士气就越高,从而效率也就越高。而高的满意度则是来源于个人需求的满足,不仅包括物质需求,还包括精神需求,即"被关注的需求"、"被倾听的需求"和"和谐融洽的工作氛围的需求"。

旅游企业的劳动密集型特点决定了霍桑效应在旅游企业有更大的发挥作用的空间。旅游产品的综合性、不可分割性特点决定了旅游企业的员工必须发挥团队协作精神才能把服务工作做好。关注员工的需求,尤其是社会需求,必然会给企业带来良好的效益。为此,企业应树立以人为本的理念,关注员工的思想动向,为员工成长提供广阔的空间,满足员工被关注的需求;建立畅通的沟通渠道,使员工可以无所忌讳,交流沟通,保持心情舒畅;培育团结向上的文化氛围,通过举办各种集体活动,融洽员工关系,把大家凝聚在一起。重视企业中的霍桑效应,必定会给企业带来积极的成果。

二、利润分享计划和增益分享计划

利润分享计划和增益分享计划是集体激励计划中的两种基本形式。那么这两种计划的内容如何实施,有什么优缺点呢?

1. 利润分享计划

利润分享计划是指员工根据其工作绩效而获得一部分公司利润的组织整体激励计划。在这种计划下,报酬的支付是建立在对利润这一组织绩效指标的评价的基础上的,利润分享计划是一次性支付的奖励,它不会进入雇员的基本工资中,因而不会增加组织的固定工资成本。

利润分享计划的基本思想是按照一定比例将公司利润分配给雇员。具体的做法有多种,有些企业按照雇员绩效评价的结果来分配年度总利润;有些企业则每隔一定时期向雇员发放固定数额的反映企业利润的奖金;还有些企业在监督委托代理的情况下按预先规定的比例把一部分利润存入雇员账户,雇员退休后可以领取这部分收入,并可享受较低的税率。

利润分享计划的形式多种多样,其中,最流行的一种是现金计划,即每隔一定时间,把一定比例(通常为 15%～20%)的利润作为利润分享额。另一种利润分享计划形式是延期利润分享计划。在监督委托管理的情形下,企业按预定比例把一部分利润存入员工账户,在一定时期后支付。

利润分享计划的优点是将员工的利益在同一计划中体现,使全体员工都关注企业的利润,公司利润的大小直接影响员工的收益。缺点是该计划通常与员工的基本薪资挂钩,即利润分享计划没有考虑员工个人的业绩,它仅关注企业的经营目标。但作为一种集体激励方式,这种做法会使员工对组织和组织的利润目标有更高程度的认同感,使员工更加关心企业的发展,并有利于提高员工的合作意识。

2. 增益分享计划

增益分享计划是企业与雇员、团队分享生产率收益的一种手段。其基本含义是企业与一个生产经营部门,或者员工群体事先设定一个目标,如果一个团队节约了生产成本或者人工成本,就将节约的部分按照事先规定的额度在团队中进行分配;如果超过既定的赢利目标,就将部分收益归团体所有。增益分享计划的目的是用薪酬为纽带,将员工个人的目标与组织整体的目标连接起来;同时强调组织绩效的改进,是员工个人和团队共同努力的结果。

利润分享计划和增益分享计划的区别在于:利润分享计划通常是在整个企业的范围内来实施,而增益分享计划则是在各个部门的范围内来实施的。利润分享计划的衡量指标一般是利润,而增益分享计划的衡量指标除了利润,也可以是生产率水平的提高状况。

三、斯坎伦计划

管理学中最重要的增益分享计划是著名的斯坎伦计划(Scanlon Plan)。斯坎伦计划最早是 20 世纪 30 年代中期,由美国曼斯菲尔德钢铁厂的工会主席约瑟夫·斯坎伦提出的一项劳资协作计划。该计划指出,如果雇主能够将因大萧条而倒闭的工厂重新开张,工会就同工厂一同努力降低成本。20 世纪 40 年代中期,斯坎伦又提出了一种以工资总额与销售总额的比例数来衡量工资绩效的办法。后来,斯坎伦计划不断得到补充和完善,成为人力资源开发管理的一种经典模式。

斯坎伦计划主要包括 5 个基本要素:合作理念(Philosophy of Cooperation)、认知(Identity)、技能(Competence)、融合系统(Involvement System)和分享利润构成(Sharing of Benefits Formula)等。其核心是设计一个促进合作、参与和利润分享的新型的劳资关系和企业管理系统。

斯坎伦计划中的计算奖金程序是:

第一步,确定收益增加的来源,通常用劳动成本的节约来表示生产率的提高,用次品率降低来表示产品质量的提高和生产材料等成本的节约。

第二步,将上述各种收益增加来源的收益增加额加起来就可以得到增益总额。

第三步,提留和弥补上期亏空。

第四步,确定员工分享增益的比重,并根据这一比重计算员工可以分配的总额。

第五步,计算员工可以分配的增益总额与参与这一计划的员工当期工资总额的比例。用这一比例乘以各员工的工资所得到的结果就是该员工分享的增益的数量。公式如下:

奖金＝(单位销售收入工资含量标准－实际单位销售收入工资含量)
　　　×销售收入×分配系数
　　＝(按标准计算的工资总额－实际工资总额)×分配系数

斯坎伦计划强调全员参与、成本控制,对于旅游企业来说具有重要的意义。因为节约原料、控制人力成本是旅游企业盈利的重要渠道,而员工参与决策程度的提高、对组织的忠诚度和满意度的提高对于流动率过大的旅游企业来说,同样意味着财富的增加。

复 习 与 训 练

一、主要概念

　　需要层次理论　成长理论　双因素理论　霍桑效应　利润分享计划

二、阅读理解

1. 经济人、社会人、自我实现人、复杂人与激励的关系如何?
2. 怎样看待公平理论?
3. 管理中如何运用期望理论?
4. 运用奖惩方法激励员工时要注意哪些问题?
5. 斯坎伦计划的核心思想是什么?

三、判断题

1. "胡萝卜加大棒"式的管理方式是建立在"社会人假设"的基础之上的。(　　)
2. 适人、适地、适时地提出相应的管理措施,是对"复杂人假设"的应用。(　　)
3. 双因素理论的提出者是弗鲁姆。(　　)
4. 高度成就需要是可以通过教育培训获得的。(　　)
5. 最重要的增益分享计划是著名的利润分享计划。(　　)

四、选择题

单选题

1. 人是唯利是图的,人的行为动因源于经济诱因,在于追求自身的最大利益,这是(   )。

    A. 社会人假设　　　　　　　　　B. 复杂人假设
    C. 经济人假设　　　　　　　　　D. 自我实现人假设

2. 帮助员工树立、设置正确的目标,会对员工工作起到积极的作用,这叫作(   )。

    A. 培训激励　　　　　　　　　　B. 目标激励
    C. 参与激励　　　　　　　　　　D. 环境激励

3. 马斯洛需要层次理论中,最基本的需要是(   )。

    A. 尊重的需要　　　　　　　　　B. 安全的需要
    C. 爱和归属的需要　　　　　　　D. 生理的需要

多选题

4. 奥尔德弗的成长理论认为,人们有3种核心的需要,即(   )。

    A. 生存的需要　　　　　　　　　B. 相互关系的需要
    C. 美的需要　　　　　　　　　　D. 成长发展的需要
    E. 求知的需要

5. (   )描述和"霍桑效应"相关。

    A. 生产效率和工作环境密切相关　B. 群体关系对经营活动的影响
    C. 工作满意度和工作效率成正比　D. 物质需求和工作效率成正比
    E. 员工有被关注和被倾听的需求

五、案例分析

(资料来源:林永文编著《说话办事方法全集》,新世界出版社2007年版)

案例:曹浩为什么要跳槽?

曹浩是一个机电工程师,3年前从安徽安庆应聘来到深圳一家大型家电企业。

刚来时,曹浩热情很高,工作很卖力。可不知怎么,一年以后他便越来越感到在这家企业干得不痛快,心里憋得慌,总不是滋味。

问题出在哪里?

是工资报酬和住房等福利待遇不好吗?

不是。这里的工资待遇与各种福利条件比在国有企业强几倍。刚来时,正是因为工资高、待遇好,才拼命努力工作。可后来发现,自己虽然非常卖力工作,但并没有得到领导的重视,似乎,拿了这么高的工资,住了那么好的住房,就该卖力工作。更使他受不了的是,这家企业的主要领导只注意抓生产、质量等硬件，却忽视了最具潜力的软件——人。他喜欢挑毛病，找问题，却不善于用肯定人、赞美人的方法去引导人。

不久，他认识了另外一家乡镇企业的老板。这位生产热水器企业的老板对曹浩的技术、工作态度等大加赞许，让他参观这家热水器厂。

虽然这家厂子没有那家企业大，待遇也差不多，但曹浩还是决定辞去那家干得没劲的大企业的工作，来这家热水器厂工作。

一年来，他越干越有劲。这位热水器厂的老板对曹浩特别器重，经常热切地赞美他的技术和工作是如何帮助了整个厂子改善了质量、节省了成本，经常赞美他工作认真、热情肯干。每做成一件事，这位老板都带着感激的口吻赞美他，肯定他工作的价值，从来没有批评和挑剔。真正有什么问题，也是以征求意见、发表建议的建设性态度与曹浩商量。

肯定和赞美使曹浩好像遇到了知音，他愿意"士为知己者用"。他说，他在这家厂子里工作得非常舒心畅快，除非换了一位不会领导的厂长，否则他再也不想变换单位了。

案例思考题：
1. 曹浩跳槽的主要原因是什么？
2. 你是如何看待曹浩跳槽这件事情的？

第十二章

旅游企业人力资源开发

人力资源开发理论最早产生于20世纪50年代。20世纪80年代中期,人力资源开发理论开始传入我国,并逐步得到重视和发展。企业人力资源"开发"有两层含义:一是指对员工能力的充分发掘和合理利用;二是指对员工的培养与发展。人力资源开发的宗旨是挖掘人的潜力,核心是提高工作效率。人力资源开发是决定旅游企业经营活动成果的重要因素,在科学技术日新月异的信息时代,旅游市场竞争愈益激烈,它决定着旅游企业的兴衰、生存与发展。

第一节 人力资源开发的途径与内容

虽然对人力资源开发的定义有多种解释,但一般来说,人力资源开发是指通过系统地规划、培养、教育、训练等手段,充分发掘人的潜在能力,提高劳动者的素质,发挥人力资源的综合效益。人力资源开发是一个系统工程,它贯穿于人力资源发展过程的始终。在这个过程中,首先需要清楚的是:开发应遵循的原则,开发的层次、规律、途径及其具体开发内容,等等。

一、人力资源开发的原则和规律

1. 教育·训练·培养

狭义的人力资源开发主要指对企业员工的教育、训练和培养。首先需要界定与区别这三个彼此相关又稍有不同的基本概念。

(1) 教育。教育通常是指系统地、正规地、整体性地提高教育对象的德与才,即他们的品德修养、知识、能力等综合素质,为准备胜任未来职务的活动过程。狭义的教育一般是指在院校中进行的学位制的教育。

(2) 训练。训练通常是指较短期的,以掌握某些较专门的知识和技巧为目的。受训者经过训练,不论其原有基础与水准如何,都应达到既定的标准。所以,训练的目标是在某特定方面收到"填平补齐"的效果。这种训练,主要是用于企业中低层次的员工和专业人员,但也不排除企业高层管理人员。

(3) 培养。培养通常是指根据每位培养对象的具体特点,对适用他未来长期发展道路的设计进行的全面的、长远的造就。因此,培养的原则应是因材施教,拉开差距,使人人能发挥所长,各得其所。培养主要适用于高级专业人才和管理人员。

训练和培养虽然不同,但都是企业对员工进行能力开发的主要形式和内容,也是人力资源管理的一种重要职能。

2. 人力资源开发的层次

现代人力资源开发不是一次开发,而是一种多个层次的连续开发。主要包括以下四个层次:

(1) "自我开发",即个人有一种自我觉悟的意识,能主动地给自己确立成才的目标,促使自己的知识、能力等得到提高。这是更深层次开发的基础。

(2) "培养性开发",即人们所说的教育与培训,通过教师及时地将各种知识和技能传授给学生,使学生得以快速成长,以更好地适应社会发展和工作变革的要求。

(3) "使用性开发"。使用也是一种开发,因为从终身教育的观点来看,个人从学校获得的知识不过只占其一生所用知识的 10%,而另外 90% 的知识都靠其在工作中再学习来获得。所以,对于任何一个人来说,应该清醒地认识到:领导使用我就是开发我,不使用便是不开发。在领导使用的过程中,要有意识地加强学习,提升自我。

(4) "政策性开发",即政府行政部门或有关单位通过制定各种政策和措施来促进人才培养、人才流动或调动职工的工作积极性,从而使优秀人才脱颖而出,达到人才辈出的目的和要求。

以上四个层次相互联系,涵盖面越来越广,影响范围越来越大。因此,人力资源开发是一个实实在在的系统工程,它需要每个个人、每个组织、每个部门等的共同努力和密切配合。

3. 开发遵循的原则

为搞好人力资源开发,提高人力资源开发的效果,人力资源开发必须贯彻和遵循以下几个基本原则:

(1) 战略原则。由于受多方面因素的影响,人力资源开发的效果有时并不能立竿见影,一些开发项目的效果可能要到若干年后甚至更长时间才能体现出来。因此,对于人力资源开发,作为企业领导和管理者都要树立战略眼光,不能只顾眼前利益,而要从组织的长远发展来考虑,加大投资力度,促进可持续发展。

(2) 主动参与原则。由于人具有主观能动性,对外界给予的东西有接受、选择的权利和意识,因此,人力资源开发需要人自身的主动参与才能达到较好的效果。如果被开发者没有积极性和热情,那么再好的开发项目也难以取得实效。所以,人力资源开发要求加强主体与客体的沟通,争取达成共识,以提高主动性和参与意识。

(3) 理论联系实际原则。人力资源开发特别是旅游企业人力资源开发,要紧紧围绕企业经营活动这一中心,提高针对性、实用性,要讲求实际,突出时效、学以致用,不搞形式,不走过场。对于旅游企业宏观人力资源开发来说,也要结合企业的发展目标和发展状况,有计划、有步骤地实现,避免超越发展阶段的盲目冒进。

(4) 因人开发的原则。人力资源开发的客体是个人,但由于每个人的成长环境、性格、受教育程度、身体状况等方面的差异,因此每个人对开发的要求都是不一样的。所以,人力资源开发要充分考虑个体的差异,采取适合其发展的方式方法,使其个体素质和水平得到最大限度的提升,优势得到最有效的发挥,从而为促进企业发展作出应有的贡献。

(5) 注重投入产出原则。旅游企业人力资源开发不仅要考虑投入或产出多少,更重要的是要考虑投资收益问题——效益原则。总的来说,产出应该高于投入。当然,也要考虑人力资源开发产出的综合性特征,因为产出既包括目前的,也包括长远的;既包括有形的,也包括无形的。

(6) 全面提高和重点开发相结合原则。全面提高是指人力资源开发要着眼于旅游企业整个人力资源素质的提高,即促进企业的进步,只有全面提高,才有全面发展。而重点开发是指由于在不同的发展阶段,企业对人才的需求是有差异的,对于重点人才和紧缺人才要加快培养,加快开发。

4. 人力资源开发的规律

人力资源开发作为一种特殊的资源开发,有其自身的规律,主要表现在以下几个方面:

(1) 物质资源、信息资源的开发利用水平取决于人力资源的开发水平。

企业或组织的资源可分为四大部分:人力资源、物质资源、财力资源和信息资源。而人力资源是一种特殊的资源,从物质形态上看,是一种资源;从价值形态上看,是一种资本。它具有以下几点特殊性:

第一,人力资源是一种活性资源,与物质资源、信息资源相比,具有创造性。这种活性资源还表现在如果其没有得到充分使用或弃之不用,就不能激发其潜能。人力资源的浪费是资源的最大浪费。

第二,人力资源是具有增值性和可开发性的资源。

第三,人力资源是企业利润的源泉。物资资源和信息资源必须通过人的加工创造、流通才能增加价值。因此,可以说人力资源是企业利润的源泉。

第四,人力资源是一种具有战略性的资源。企业的高速持续发展,必须依靠大批优秀的人才支持。

因此,充分开发人力资源是物质资源、信息资源有效开发利用的前提。

(2) 人力资源开发中的主体客体的相互作用规律。人力资源开发活动的主体有个人、家庭、企业组织、社会机构、政府等,而人力资源开发活动的客体,就是具体的生命个体,即每个人。而个人是有意识、有意志的,只有主客体的意志统一目标一致,才能产生人力资源开发的预期效果。如果开发主体违背被开发者的意志,不仅不会产生积极的效果,而且开发活动也无法维系。因此,人力资源开发是主客体自觉的、有意识的互动过程,是相互促进的过程。

(3) 人力资源开发的一因多果和一果多因性规律。人力资本有多种存在形式,如知识、技能、健康等。人力资本投资有多种形式,如教育投资、在职培训、干中学、健康保健投资、就业迁徙和信息搜寻,等等。当人们需要获取某类人力资本时,就需要有其他人力资本投资的支持,以产生具有互补作用的人力资本,如健康卫生人力资本投资是其他任何人力资本投资都不可缺少的基础,而开发"专用的"人力资源不能没有"通用的"人力资源开发作为前提。另一方面,某种知识或技能的获得可以由多种替代性开发活动实现,如知识,可以自学,还可以干中学,还可以接受正规教育,等等。

(4) 人力资源开发时间的不可逆性。所谓人力资源开发时间的不可逆性,是指由于人的生命的不可逆性而导致的人力资本投资的时序性。就个体而言,首先进行的人力资源开发活动是生理、健康方面人力资本的开发,一个先天不足且后天营养不良、体弱多病的幼儿,如果没有充足的营养和健康投资是不会成长为栋梁之材的。一个适龄儿童丧失了基础教育成为文盲后,再进行成人教育进行补救,收效甚微,发展中国家的"扫盲运动"就是明证。就人力资源开发的收益和效率而言,由于生命周期的限定都要求人力资源开发必须及时进行,尽管存在"大器晚成"的可能性,但从人力资源开发投资收益来看,由于能够获利的时间缩短,也不符合理性决策的要求。

二、人力资源开发的内容

在现代企业的经营中,人的劳动主要取决于脑力劳动表现的技能活动,人力资源能力的开发很重要的一点就是开发人脑资源,充分发挥劳动者的现有能力、潜在能力以及适应未来发展的能力,从而提高劳动生产率。

1. 人力资源开发的基本内容

人力资源开发是一个系统工程,它贯穿于人力资源发展过程的始终,如人力资源计划、教育培训、合理使用、考核评价、激励和员工保护,都是人力资源开发系统中不可缺少的环节。人力资源开发的基本内容包括:

- 心理开发：主要针对劳动者的需求和动机，调动劳动者的积极性、主动性。
- 生理开发：主要是保护人力资源。人，不是一种工具，是企业的宝贵资源。是工具，你可以随意控制它、使用它；是资源，不仅要使用，更重要的是要小心地保护它、引导它、开发它。
- 伦理开发：主要是唤起劳动者的道德精神，激发起他们无穷的精神力量。
- 智力开发：主要是开发劳动者的创造力，培养劳动者的创造意识。
- 技能开发：主要指通过开发，不断提高劳动者的技术素质。
- 环境开发：是指协调劳动者劳动过程中的人际关系，使劳动者在和谐的气氛中心情舒畅地工作。

教育经济学家有一项重要的研究成果告诉人们：一个具有小学文化程度的劳动者，比文盲劳动者的生产力高43%；一个具有中学文化程度的劳动者，劳动生产力可提高108%；而一个具有大专文化程度的劳动者，劳动生产力则可提高300%。可见，文化程度越高，劳动生产力就越高。

人力资源每开发一次，知识水平和各种能力便会得到提高，它的价值也就越来越得到体现。比如一个已经参加工作的人，特别是管理人员和高层领导，每参加一次培训，他的知识就会得到拓展，能力就会得到提升，这对于旅游企业来说也是如此，而对于个人来说，自我价值实现感就会越来越强。

2. 员工的能力开发

所谓能力，是指人们能够顺利地完成某种活动的那些个人的心理特征。人的能力总是与人的活动联系在一起的。心理学上把人们从事一定活动所具有的各种能力的综合叫作才能。

所谓能力开发，是指为实现企业的经营发展战略，实现其目标，对员工进行的教育、训练与培养，以充分挖掘员工的潜力，调动员工的积极性和主动性，发挥员工的群体效应的过程。能力开发的基本含义主要包括三个方面：

(1) 现有能力的发挥。现有能力的发挥，主要是创造条件保证企业员工按照所承担的任务和岗位要求，进一步调动全体员工的积极性、主动性和创造性，培养其敬业精神，充分发挥其作用。

(2) 潜在能力的发挥。潜在能力的发挥，主要是将企业员工深层次的智能发挥出来，如理解能力、逻辑推理能力、创造性思维能力、分析问题能力，以及提高技能（实际操作和动作能力）和科学技术、文化知识等。这种潜能的发挥，有的表现为能适应较大的工作强度（包括工作时间长和工作难度大），有的表现为积极开动脑筋发挥创造性。

潜在能力的发挥与员工所处环境密切相关。环境是限制或促进潜在能力发挥的条件。好的环境是允许员工或帮助员工发挥自己的潜能。潜能的发挥具有较高的社会价值。只有充分发挥全部潜能的员工才能在企业中充分发挥作用。

（3）培养适应未来发展的能力。适应未来发展能力的准备和培养是智能方面很强的有目的的工作。为培养现代人才，根据国外经验一般要有10年的超前性。适应未来发展能力的准备与培养，并不直接与职务有关，它的着眼点是在员工的成长方面，培养年轻员工担任未来工作的能力，具有强大的竞争力和适应力，并希望员工与企业共同进步。

3. 员工创造能力的开发

在心理学研究中，对于创造能力还没有一个明确的定义。近年来，根据学者研究提出的创造力，它至少应该包括三个重要因素，即：

第一，流畅性：对刺激能够很流畅地作出反应的能力；

第二，灵活性：随机应变的能力；

第三，独创性：对刺激作出不寻常的反应，具有新颖的成分。

开发和培养员工的创造能力，对于旅游企业来说是一个十分重要的问题，它关系着旅游企业的发展和命运。如果企业的管理者和员工能够具有程度不同的创新能力，那么，企业就会生机勃勃、不断发展。

创造能力并不是抽象且不可捉摸的东西，任何创造能力总是在解决问题的过程中表现出来的。创造能力首先表现为善于发现问题的能力。而要善于发现问题，即能够提出问题，就要具有"问题意识"。所谓"问题改进的措施和意识"就是一种追根究底的精神。有些管理者在谈到经营管理中取得的绩效时，总是口若悬河、滔滔不绝，而一旦问起管理和员工存在的问题、改进的措施和革新的设想时，却是一问三不知。其中，相当一部分的管理者确实是不会发现问题。不具备发现问题的能力，当然也就无从谈起有多少创新能力了。所以，要开发人的创造能力就要敢于打破旧的既成观念，使自己的头脑不受既成观念、习惯想法、权威教条等的束缚。

第二节 旅游企业整体性人力资源开发

人力潜在资源最为丰富，如果要把这种潜在人力资源变为现实可用的人力资源，则需要有效地开发、利用和管理。企业人力资源开发的主体是整个企业，开发必须是"整体性"，它会涉及整个企业的经营体系，因此，企业人力资源开发实际上是一种整体性人力资源开发，几乎企业的各个部门和所有人员都具有此种职能和责任，各个工作环节都蕴含着人力资源开发的内容。正因为如此，不少旅游企业都提出了"管理者即培训者"、"总经理是总的训导师，部门经理是部门的训导师"、"培养员工是考核每个管理者的重要指标"等理念，在企业内形成了一种整体开发的良好氛围。

一、配置开发

人力资源是企业的第一要素,资源的有限性决定了在开发过程中首先要对人力资源进行优化配置,从而实现员工个体、群体效益最大化。旅游企业的人力资源配置,具体来说,包括定岗、定编、定人等三个方面的内容。

1. 岗位配置

岗位是工作分工的单元,各个岗位的有机结合就构成了一个有效的组织,所以岗位配置是人力资源配置的基础。企业的岗位设置不能一成不变,而要根据企业经营环境和经营方式的变化作不断调整。比如,目前就有酒店为满足客户要求设立了客户关系管理员、电脑技术指导员等新岗位。科学合理地设置岗位,重点是从工作分析出发,制定明确的岗位规范,规定每个岗位的职责和任职资格及任职条件,只有这样,员工录用、考核、培训、晋升等才有据可循。但目前旅游企业对这项工作缺乏主动性、创造性,有的甚至还没有把这项工作纳入人力资源开发的范畴。由于缺乏必要的工作分析和岗位设计,致使一些旅游企业还存在着因人设事、因人设岗的现象。特别是还有不少企业,工作岗位一旦定下来,不管是企业经营战略和经营方向作多大的调整,都不及时加以改变,从而影响和制约了企业的整体经营与发展。

2. 组织配置

人力资源的组织配置要充分兼顾企业和员工的个人利益,谋求员工与岗位、员工与工作环境、员工与工作条件、员工与工作时间的合理组合,从而降低劳动成本。如不同能力、不同性格的员工就应配以不同岗位的工作,同样在时间配置上也可采取多种用工形式、弹性工作安排、紧凑工作安排等方式。当然,对于某岗位使用的劳动工具和劳动资料,也必须与员工的个人情况相适宜,比如对洗涤用品中的化学成分有过敏反应的人,酒店无疑就不能为其安排洗涤方面的工作。另外,在组织配置过程中,还要注意根据各个部门的工作情况,合理地安排员工数量,不能在一个企业内部,有的部门员工忙得不可开交,而有的部门则没事可干。忙闲不均对于组织配置人力资源来说,是非常忌讳的,因为它不仅会破坏组织中的公平和公正,而且还会打击员工的工作积极性。

3. 员工配置

员工配置包括个体配置和群体配置。个体配置要求根据企业实际和岗位要求,确保进人质量关,可采取凡进必考的办法,综合运用笔试、面试、素质测评等方式,着力考察员工的综合素质和开发潜力。群体配置则要遵循异质原理,即要谋求企业领导班子和每个部门的员工个体之间在性格、气质、知识、智能、年龄等方面有质的差异,从而使员工群体形成合理的知识结构、学历结构、职称结构、年龄结构、性别结构等,在工作中充分发挥各类人员的互补增强功能。但现在很多旅游企业在配置员工时,往往强调同质性,对异质性的关注较少,比如有些酒店在招聘员工时,都会提出学酒店专业、有同级酒店工作经验等条件。由于经历和知识结构都差不多,甚至都是同一所学校毕业、在同一家酒店相处多年,员工之间思想的交流、思维的碰撞就很少,其实这对创新、改进工作是不利的。所以,国外一些大的企业在招聘员工时都会有意识地招收各种专业的毕业生,比如美国通用汽车公司每年就招收一些学哲学的博士生、凯悦酒店集团招社会学专业的大学生等,通过不同专业人才之间的思想碰撞,以促进企业经营管理的创新,增强企业持续发展的能力。

二、使用开发

使用也是一种开发,合理地使用人力资源是旅游企业不断发展的根本保证。面临企业制度改革与知识经济发展的新形势,在目前旅游人才又相对紧缺的情况下,旅游企业使用人力资源不仅要有新要求,而且还要有新方式。

1. 使用开发的新要求

(1) 要树立新的人才使用观念。在知识经济条件下,"知识驱动"比"金钱驱动"更重要,员工追求的不仅仅是一份能获得高薪的理想工作,而且更是一项有发展前途的事业或职业。因此,旅游企业要改变那种认为只要给高薪就能使员工满意的陈旧观念,而要着眼于员工的职业生涯发展,让员工随着企业的发展,自身的价值也不断得到提升,使企业的"人材"真正变成"人才"、"人财"。

(2) 在使用过程中要有新的举措。企业员工一经录用、培训,就应用人不疑、知人善任,交给他们富有挑战性的工作任务,这样才能让员工在工作中切实感受到价值的体现,做到人尽其才、才尽其用,使员工使用开发的效益达到最大化。

(3) 坚持"以人为本"。按"经济人"来关心职工,从物质上满足员工的基本需要先决条件,力求使员工的付出与所得相符;以"社会人"来对待职工,实质就是从过去的"让人去适应物"转向"以人为中心"的使用和管理方式;用"文化人"来培养职工,加强培训,让员工不断地接受新知识、新技能。

2. 使用方式的新突破

(1) 不因循守旧,鼓励公平竞争,克服求全责备的心理,用人所长,敢于突破各种专业界限、年龄界限和资历界限,多提拔有创造性和开拓精神的年轻员工。

(2) 建立企业员工内部流动的机制,定期地给员工轮换岗位和部门,促使员工岗位成才,这样也有利于员工在工作过程中综合考虑企业的整体利益,打破部门和岗位壁垒,提高企业整体效益。

(3) 提倡用人渠道社会化,整合社会各类人力资源为旅游企业所用,不求所有,但求所用,提高企业用工的综合效益。

三、培训开发

有资料显示,酒店中60%的问题是由于工作人员缺乏培训造成的。培训是企业人力资源开发的核心内容。任何一家旅游企业,当遇到员工工作表现不佳、服务投诉增加、服务质量下降、运营成本骤增、设备更新等问题时,都要对员工进行各种各样的培训。为了使培训真正达到改善企业经营活动状况、提高员工综合素质、促进企业长远发展的目的,企业培训不仅要和员工的管理、使用相结合,还要在内容、形式等方面加以变革和创新,以提高实用性和针对性。

1. 理念创新

旅游企业在培训中要树立这样一些理念:管理者就是培训者,培训和管理要紧密结合,管理人员不能只抓业务、不抓培训;培训就是效益,培训可以为企业创造价值;培训和人才培养是企业持续发展的根本动力;高素质的员工是靠培养出来的,而不是选拔出来的。

2. 内容创新

受传统思维方式的影响,目前旅游企业的培训内容仍囿于岗位操作技能、专业知识和企业文化等方面。培训内容创新要求旅游企业突破原来"一维培训"的做法,向"多维培训"的方向发展,把生活技巧、创新思维、潜能开发、团队精神、压力管理、职业道德等纳入企业员工培训的内容,使员工在培训中真正学会如何学习、如何工作、如何生活,从而实现企业培训内涵的升级换代。特别是员工创造力的培养,要作为重要的培训内容予以重视。同时,培训还要关注未来旅游企业发展要求员工所拥有的新兴技能,如信息处理能力、人际交流技能、问题解决能力、创新能力、计算机技能等。

3. 方法创新

培训方法要从单一转向多样化,即根据不同的培训目标和不同的培训对象采取不同的培训方法,变灌输为互动、分享、体验和参与,增强培训者与受训者之间的沟通;培训形式要从传统转向科学,采取岗前培训、转岗培训、交叉培训、晋升培训等多种方式;企业要从零散培训转向系统培训,要整合各种资源,建立完整的培训体系。

4. 组织创新

培训要致力于建立学习型组织、学习型企业,促使企业实现三个转变,即从"要我学"到"我要学"的转变、"个人学"到"群体学"的转变、"一次学"到"终身学"的转变。这样,我们的旅游企业才能够在相互引导和鼓励的气氛中,累积专业能力,获得持续发展。

四、激励开发

员工工作效果和水平如何,取决于员工的工作能力和工作态度。工作能力可通过培训来提高,而工作态度只能靠激励来改变,所以,激励是人力资源开发的重要目标之一。但现在令不少旅游企业感到困惑的是,钱花了不少,也建立并实施了一系列的员工激励制度,但收效甚微,员工对工作还是缺乏一种热情和积极性。究其原因,主要是激励内容和激励方式较为单一。

心理学研究表明,对员工最重要的激励因素是:
- 成就感(有43%的提及率);
- 被赏识、嘉许(33%);
- 工作本身(26%);
- 具有一定的责任(23%);
- 晋升的机会(21%);
- 工资(15%)。

而进一步的分析表明,即便有时工资被当成是一种满足的重要因素时,往往也总是与其他因素相联系着的。所以,激励不仅要满足员工的内部需求,并以正强化为主,还要力求做到及时、公平、公正、公开、适度等。如何达到有效激励,以下几点是必不可少的:

1. 及时

激励要注重时效性,因为不同的情景,相同的激励内容和激励方式效果却大不相同。及时反馈,及时强化,在当时特定的情景下对激励对象才能产生巨大的心灵震撼,使激励的效果提高,达到四两拨千斤的作用。因此,不论是奖励还是批评都要紧跟事件的发生时间,及时实施。如果没有及时奖励,人的热情和情绪已经冷漠,后来的激励就没有太大的作用了。所以说,奖得及时往往比奖罚分明和重奖更能激励人。另外,企业除执行定期的激励程序外,也要增加一些不定期的激励措施,因为不可预知往往可以给员工带来意外的惊喜,取得意外的激励效果。

2. 公开

公开的激励有两个好处:一是便于对激励实施必要的舆论监督,控制激励中的不公正性和非理性行为,客观上促使企业对激励作出更周全的考虑,增加激励的公平性;二是可以使激励产生更好和更广泛的示范效应,把"点"的激励扩大为对"面"的激励。不公开的激励往往容易导致猜疑和误解,形成负效应。

3. 适度

适度是说要根据员工的实际表现确定激励的程度,力求做到精神激励名副其实,物质激励恰如其分,同时激励员工数量的多少也要力求科学、合理。激励目标从企业看,水平足够高;从员工看,可望且可即,通过努力能达到。另外,激励中

"度"的把握要尽量具体化，比如饭店可以针对餐饮部营业额提高5％予以奖励，而不是以"做得好、工作出色"等笼统、模糊的概念进行奖赏。

4. 针对性

就是任何激励内容和激励方式都要针对员工个人的实际需要予以实施，使激励激到"点子"上，通过满足员工需要来提高激励效果。为提高激励的针对性，现在有的企业开始采用"自助式"的激励办法，即在激励数额相对固定的情况下，让员工自己选择合适自己需要的项目，这样就可以避免激励时"好心办坏事"的情况出现。

第三节　旅游企业人力资源开发的具体方法

人力资源开发有教育、培训和开发三种基本方式。在每种方式中，都有许多具体的方法，这些方法的适用对象不尽相同。因此，在确定人力资源开发需求和具体目标后，应根据开发目标和对象，选择适用的方法。

一、结构功能法

在一个组织中，及时组成的人力资源因素是一样的，但采用不同的组织结构，其组织效力的发挥会大不相同，这就是所谓的同素异构原理，也即结构决定功能的基本原理。在企业人力资源开发过程中，也有同样的情况。人才结构决定着人才群体的功能，同样的人才数量和质量在不同的组织结构中，发挥的作用会有很大的差异。运用结构功能法配置人力资源主要体现在以下三个方面。

1. "高能为核"

"高能为核"，就是说任何一家旅游企业都必须以能力高的人为核心，才能群星聚首，调动各方面的积极性和创造性。具体到一家企业，就是要选好"一把手"和有关部门的正职，培养好带头人。如果一把手能力水平不高、领导风格比较独断，那么再好的副手和员工也难以发挥应有的作用。这样的企业在激烈的市场竞争中往往不会有好的结果。

2. "异质互补"

"异质互补"，即想要组织一个高效能的人才群体，必须注意人才个体之间的异质性。所以，任何一家旅游企业在配备领导班子时要注意才能、性格等各方面的互补，班子成员中既有搞经营战略的，也有搞经营战术的，还有出谋划策的，如果大家的性格、能力都差不多，就会造成相互排斥、相互否定，甚至相互拆台，形不成整体合力。

3. "同层相济"

"同层相济",即旅游企业中高、中、低各个层次的人才有一个合适的匹配比例,同一个层次的人不可过多,以合适为宜。因此,企业要注意人力资源的合理配置,对正副职的职数、专业技术人员配置的等级结构等都要作出合理、科学的规定,既不要使高级人才降格使用,也不要使低级人才拔高使用,更不要在一段时间内招聘大量的人员,而又隔好几年一个新人都不进,由于人才建设形不成梯队,导致企业给员工晋升、调薪等都带来很大难度,容易造成员工的不满。

二、初期兴趣定位法

传统意义上的人事管理希望员工能够"干一行,爱一行",但从现代人力资源开发的观点来说,应改为"爱一行,干一行"。初期兴趣定位法就是为适应这种变化和要求,为企业找到合适的员工人选而采取的一种方法。

其具体做法是:当企业需要从相关学校招聘员工时,就利用假期把学校那些即将毕业的学生接到企业来参观、游乐,委派专车接送,并免费提供午餐。当学生在企业不同的部门参观时,每个学生的关注点都会不一样。当学生对某个部门或工作岗位感兴趣时,他(她)就会不停地询问一些相关的问题,停留的时间也会较长;相反,如果是他(她)不感兴趣的部门或工作岗位,他(她)就会躲在其他同学的后面,甚至加快脚步往前走。人力资源部门对这些细节都记录在案,到正式招聘员工时,根据这些情况来分配工作,就可以把员工尽量安排在其感兴趣的部门或工作岗位上,从而使员工配置取得比较好的效果。

一个人如果对所从事的职业或工作满怀兴趣,那他(她)就可能全身心地投入。旅游企业的岗位很多,不同的岗位对员工有着不同的要求,特别是前台和后台的要求差别较大,前台要求性格外向、待人热情、愿意与人进行交流等,而后台则要求默默无闻、协调意识、做事情专注等。愿与人打交道的人安排在前台工作,愿与事打交道的人安排在后台工作,这是旅游企业员工配置的基础。

补充资料:初期兴趣定位法是发达国家的企业为了找到合适的员工人选而经常使用的一种方法。西方国家的许多企业都与大学有着非常密切的合作关系,企业有目的地根据未来所需的工种、行业、专业技术等,向大学提出要求代培所需人员;而大学则根据企业提出的要求,进行课程设计、安排,请企业审定,因为在这些国家,大学也是按照市场规律来运行的,这样它们才可能从企业那里拿到钱,企业也会在适当的时间选择自己认为合适的人选。

某年某月,大学放假,我和英国某公司的人事总监一同来到公司的一座房子前,房子很大,里面有七八间30平方米的大房间,每个房间里都放着不同的设备、工具。第一间放了许多计算机;第二间放了许多电工用的电烙铁、焊锡、线路板及无线电元器件;第三间放了许多木匠用的锯子、刨子、凿子、胶及各种规格的木料等;第四间放了不少钳工用的台钳、钢锯、铁管、铁丝、螺丝刀、扳子、钳子……

房间里有一面大镜子,我不明白这是派什么用处的。这时,我的朋友将我领到这些镜子的后面,我发现这些镜子在房间里面看是镜子,但是到了后面则是一面透明的大玻璃。我们站在镜子的后面,房间里的人无论如何也不会知道那镜子的后面会有人在看着他们。而我们透过这面玻璃,可以清楚地看到房间里的一切。

这时,只见一大群学生跑进各个房间。我们通过窄窄的过道可以看到每个房间。我的朋友告诉我,每年都这样选人员,基本上八九不离十,很准。原来,他们早已同挂钩学校说好,通知即将毕业的大学生们:欢迎你们利用假期到我们公司来参观、玩耍。公司有车接送,并免费供应一顿午餐。我的朋友说:"看到那个胖胖的小伙子吗?他叫吉姆,他是我们要求代培的搞计算机的人选。不知道他的表现会怎么样?"

于是我们便跟着这个小胖子。只见他到了计算机房,胡乱敲打了一会儿计算机键盘。又跑到另一个房间,玩起了木工活,他一会儿锯、一会儿刨,还挺像回事的。过了一会儿,他又跑到电工的房间,用烙铁焊了一通……走了一圈,他又回到计算机房间。这回他静静地坐在那里,玩了一个上午计算机,没有动地方。我的朋友说,他过关了。我不明白什么叫过关。他说:"如果一个人想把一项工作做好,关键是看他对这项工作有没有兴趣。看来,吉姆对计算机有兴趣,他能够在这么多的工具前面找到自己喜欢的工具,并且一坐就是一个上午,说明他对计算机非常有兴趣。"

这家英国公司的录用选择原则非常明确,方法也很有效。正因为如此,公司的发展才日益加快。这种方法叫作初期兴趣定位法。

(资料来源:中华企管网 www.wiseman.com.cn,文章作者:魏志勇)

三、潜能开发法

潜能开发法,就是把心理学的有关知识运用到人力资源开发中,通过打破恐惧、突破自我,利用积极的心理暗示,调整人的心态,感化人生,重新认识生命,从而使人的潜能得到有效释放。对于人才的成长和发展来说,显能开发和潜能开发都是必不可少的。在人力资源的开发过程中,显能和潜能的开发都应加强。所谓显能,就是指知识、技能、智力等方面,而潜能则是指情商、心态等非智力因素。

目前在具体的旅游人才开发项目中,重显能开发、轻潜能开发的倾向较为突出。不少培训基本上都是围绕岗位需要,传授相关的知识,培养相关的技能。而实际上,由于旅游行业是一个与人打交道的行业,在某种意义上说,态度、人际技巧、情绪控制等非智力因素比单纯的业务知识和业务技能更重要。因此,在显能开发的基础上加强潜能开发,是旅游人才开发的必然趋势。潜能开发包含着十分丰富的内容,以下简要介绍三个方面的内容:

1. 激发潜意识

一般来说,人的意识包括四个部分,即:我知你知的公共区、我知你不知的秘密区、我不知你知的盲区、我不知你不知的潜意识区。其实在每个人的一生中,经过心理准备和大脑分析判断做的事大概只有1%~3%,绝大部分都是潜意识的结果。而且心理学的研究表明,潜意识的力量比显意识的力量要大得多。所以生活中想着不要那样,潜意识就越是那样。如何激发潜意识?建立神经语言就很有效果,即反复去阅读,反复去朗读,反复去高声喊。对旅游企业来说,比如,可以借助晨会等时间,要求员工反复去喊:这个目标我一定能达到、我一定能达到、我一定能达到等。通过建立一种积极的神经语言,可以激发员工的潜意识,强化员工对于成功的渴望。

2. 打破舒适区

舒适区有很多种,比如空间上的舒适区,一般来说比较亲密的关系,交往空间距离为14~44厘米;心理上的舒适区,如领导批评时就有希望不在大众场合的心理;时间上的舒适区,比如午休时就不希望有人打搅等。舒适区实际是一种惯性,因此打破舒适区,对于每个人来说,都会有一种不适应和不舒服的感觉,所以在一般情况下,每个人都希望自己的舒适区不被打破。但是,当人长期处在一种惯性的环境下工作和生活,就会缺乏压力和动力,形成一种思维惰性,人的潜能当然也就无法发挥。所以,旅游企业在开发人力资源时,也要有意识地打破员工的一些舒适区,充分挖掘其潜能,使其不断得到发展和进步。

3. 全脑运动

人脑的潜力十分巨大,但人的左右半脑分工不同,左半脑负责数字、逻辑、语言、文字等思维,而右半脑则负责想象、色彩、节奏、空间等思维。现在人们都在使用和开发左脑,而对右脑开发不够,使得人的潜能开发受到很大的限制。实施全脑运动,就是要加强对右脑的开发,从而挖掘人的潜能。

现在有一部分人员在岗位工作时间内所做的工作,在其他地方利用其他时间也可以做。有的时候在其他地方的工作效果反而比在办公室里还好,如教师备课、设计人员的设计、作家写作,等等。由于人们在做这些工作时需要静下心来才能产生灵感,于是在许多年前就有人提出了潜能开发法,即以目标管理的形式给一些特定的工作人员设定工作目标,要求他们在规定的时间内完成所规定的任务。潜能开发法主要是将每个员工的工作定量化,尤其是那些需要动脑筋的工作,而不是指像工厂里流水线上的工人,他们必须要在岗位上才能工作。

四、情商开发法

情商(EQ)是同智商(IQ)相对应的一个概念。一般来说,智商是指一个人的聪明程度,它包括个人接受知识的能力、对外界反应的能力、对问题钻研的能力、记忆力、思维能力等。而情商则是指一个人的性格和情感耐受程度,它包括个人认识自身情绪的能力、妥善管理自身情绪的能力、自我激励的能力、认知他人的能力、人际关系管理的能力等。就智商、情商与人的发展,美国著名心理学家高尔曼曾指出:智商预测你能从事什么工作,情商则预测你在这个工作中能否成功。根据美国情商研究协会的介绍,通过参加情商培训项目,American Express 的经理们业绩提高了 18.1%,而没参加过情商培训项目的经理们业绩提高了 16.2%。销售和技术工种的工作,高情商的员工比低情商的员工的生产率高 12 倍。具有高情商的保险销售人员和财务经理比低情商的高出 127%。在高层领导中,情商的作用差不多可以达到 85%。而从企业管理的角度来看,情商就是将人力资源的管理、开发、使用进行合理的安排,并让员工心甘情愿地为单位去工作的综合与平衡能力。这种综合与平衡的能力越高,企业成功的可能性就越大。

情商开发法就是通过各种心理方法提高人的直觉自知能力、理解平衡能力、控制冲动能力、自我激励能力、挫折承受能力、揣摩他人内心情感能力、人际沟通能力、人际协调能力等,使员工能较好地控制自己的情绪,发现并成功地运用人际间普遍联系的内在规律来规划人生、指导工作、成就事业、走向卓越,并使企业团队也走向成功和卓越。

五、"倒金字塔"开发法

在传统的旅游企业管理中,对人力资源的开发与管理是一种典型的金字塔结构,一级控制一级,员工活动的空间和自由度很小。随着旅游企业发展环境的变化,以及员工素质的不断提升,一些企业已经认识到要在日趋激烈的市场竞争中生存下去,就必须授权给企业所有的员工,因为他们才是真正了解顾客需求的人,只有他们才能直接帮助顾客解决问题,知道怎样去做好每一项工作。为了更加直接、更加迅速地对顾客的需求作出回答,必须推倒传统的金字塔,铲除责任分配的等级层次,变原来的金字塔结构为"倒金字塔"结构,即最上层是一线工作人员,他们是现场决策者,而最底层是总经理、总裁,他们是政策的监督者。"倒金字塔"开发法赋予了员工一定的权利,也会使员工更加珍惜自己的工作岗位和职业发展,从而促进企业的更快发展。

"倒金字塔"管理与开发法最早诞生于瑞典的 SAS 公司(北欧航空公司),这个航空公司当时负债累累,正在这个时候,一个叫杨·卡尔松的瑞典人受命于危难之际。三个月以后,卡尔松脑子里形成了一个计划,他宣布:为了使SAS公司扭转目前的亏损局面,公司必须要实行一种新的管理方法。他给它起名叫"Pyramid Upside Down",我们简称叫"倒金字塔"管理法。它的含义是"给予一些人以承担责任的自由,可以释放出隐藏在他们体内的能量"。那么这种方法出现了什么效果呢?SAS公司采用这种方法三个月之后,公司的风气就开始转变,他开始让员工感觉到,我是现场决策者,我可以对我分内负责的事情作出决定,有些决定可以不必报告上司。把权力、责任同时下放到员工身上,而卡尔松作为政策的监督者,他负责对整体进行观察、监督、推进。以下案例显示了"倒金字塔"开发与管理的有效性。

案例: 有个美国商人叫佩提,这一天他接到通知要乘飞机从斯德哥尔摩到巴黎参加地区会议。我们知道阿兰德机场是斯德哥尔摩也就是瑞典的国际机场,阿兰德机场距离斯德哥尔摩市70公里,当佩提先生到达机场后,一摸口袋,脸顿时变了颜色,他发现自己没带飞机票。我们知道世界上各个国家的航空公司规定都是一样的,没有机票是不能够办理登机手续的。正在这个时候SAS公司的一位小姐款款走来,说"Can I help you?",佩提显得很不耐烦地说你帮不了,可是小姐还是笑眯眯地说,您说出来或许我能帮助你。佩提说我没带飞机票,没想到小姐说:"您没带飞机票呀,这事很好办,您先告诉我机票在哪儿?"他说在××饭店411号房间,小姐给了他一张纸条,让他拿着先去办登机手续,剩下的事情由她来处理。佩提先生到了登机口很顺利就办好了手续,拿到了登机卡,过了安检,到了候机厅。当飞机还有十分钟就要起飞的时候,刚才那位小姐把他的机票交给了他,佩提先生一看果然是自己落在饭店的机票。那么小姐是怎么把机票拿到的呢?她拨通了饭店的电话后是这样说的:"请问是××饭店吧,请你们到411号房间看看是否有一张写着佩提先生名字的飞机票?如果有的话,请你们用最快的速度用专车送往阿兰德机场,一切费用由SAS公司支付。"

是什么力量使她这样做呢?就是"倒金字塔"管理法,因为他把权力充分赋予了一线工作人员。后来我问能否见一下这位小姐,想了解一下她的感想,结果陪同我们的工作人员说你已经见过了,刚才介绍情况的那位市场部总经理就是啊。这说明SAS公司的总裁卡尔松先生敢提拔人。后来佩提先生到处在给SAS公司做活广告,在当时已经变成一个佳话。

(资料来源:全球品牌网www.globrand.com,作者:魏志勇)

六、"二八"开发法

"二八法则"又称为"80/20效率法则",源于意大利经济学家帕累托,即20%因素往往决定事物80%的结果。这一原则也称为"重要的少数和普遍的多数"。企业培训亦适用此原则。具体体现为：80%的价值来自20%的因子，其余20%的价值则来自另外80%的因子。

国际上有一种公认的企业法则，又称"二八法则"。其基本内容如下：一是"二八管理法则"：企业主要抓好20%的骨干力量的管理，再以20%的少数员工带80%的多数员工，以提高企业效率。二是"二八决策法则"：抓住企业普遍问题中最关键性的问题进行决策，以达到纲举目张的效应。三是"二八融资法则"：管理者要将有限的资金投入到经营的重点项目，以此不断优化资金投向，提高资金使用效率。四是"二八营销法则"：经营者要抓住20%的重点商品与重点用户，渗透营销，牵一发而动全身。

"二八法则"要求管理者在工作中不能"胡子眉毛一把抓"，而是要抓关键人员、关键环节、关键用户、关键项目、关键岗位，这正是马克思主义的重点论和两点论在企业员工潜能开发中的具体运用。

在旅游企业人力资源开发过程中，也有一个"二八法则"的运用问题，如何运用？以下两点应加以重视：

第一，企业管理者与人力资源部门在人才培养时，要努力在所有的员工中造就20%的骨干员工，即要把80%的教育培训费用在20%的员工身上，以发挥好员工的示范效应。一个企业有了20%的骨干员工，工作中就能发挥出80%的作用，企业成功就有了一个基本的保证。而且对员工进行培训和教育时，也要重点抓关键能力的培养，以提高关键能力对于促进员工综合素质提升的突出功能。

第二，在使用员工时，要重点抓好骨干员工的使用。企业留人工作也要重点围绕20%的骨干员工展开，留住关键人才，以保证企业人力资源开发的整体水平，而另外80%的一般员工则不是开发的重点。

复习与训练

一、主要概念
人力资源开发　教育　训练　培养　环境开发

二、阅读理解
1. 人力资源开发应遵循哪些原则？
2. 如何理解"人力资源开发时间的不可逆性？"
3. 人力资源开发的基本内容包括哪些方面？
4. 如何运用结构功能法配置人力资源？

5. 企业"二八法则"的基本内容包含哪些方面？

三、判断题

1. 因人开发是说每个人对开发的要求都是不一样的。（　　）
2. 人力资源是一种活性资源。（　　）
3. 人力资源开发活动的客体，就是具体的生命个体，即每个人。（　　）
4. 人力资源的心理开发是指开发劳动者的创造力，培养劳动者的创造意识。（　　）
5. 所谓显能，即潜能，是指情商、心态等非智力因素。（　　）

四、选择题

单选题

1. 岗位配置是人力资源配置的基础。科学合理设置岗位，重点是（　　）。
   A. 因人设事　　　　　　　　　B. 制定任职条件
   C. 制定考核标准　　　　　　　D. 工作分析和岗位设计

2. 以下哪一点和人力资源开发的"初期兴趣定位法"相关（　　）。
   A. 干一行爱一行　　　　　　　B. 爱一行干一行
   C. 按员工学历安排岗位　　　　D. 按组织意愿安排工作

多选题

3. 人力资源开发的层次主要包括（　　）几个方面。
   A. 系统性开发　　　　　　　　B. 自我开发
   C. 培养性开发　　　　　　　　D. 使用性开发
   E. 政策性开发

4. 旅游企业的人力资源配置，包括（　　）几个方面。
   A. 定岗　　　B. 定量　　　C. 定性　　　D. 定编
   E. 定人

5. 有效的培训开发需要有（　　）几个方面。
   A. 理念创新　　　　　　　　　B. 内容创新
   C. 方法创新　　　　　　　　　D. 组织创新
   E. 管理创新

五、案例分析

（资料来源：新浪教育网 edu.sina.com.cn）

案例：海尔集团的人力资源开发理念

　　企业管理一般主要管四样对象：人、财、物、信息。后三者又都要由人去管理和操作，人是行为的主体，可以说，人的管理是企业管理的核心。因此，现代的企业总是把人力资源开发放在相当重要的位置，每个企业都有自己的一套用人理念。海尔当然也不例外。

古人曰："用人不疑，疑人不用。"韩愈曰："世有伯乐，然后有千里马。"而作为中国家电行业排头兵的海尔集团在市场经济形势下，却明确提出：所谓"用人不疑，疑人不用"是对市场经济的反动，主张"人人是人才，赛马不相马"，即为海尔人提供公平竞争的机会和环境，尽量避免"伯乐"相马过程中的主观局限性和片面性。

海尔建立的出人才的机制是：给每个人相同的竞争机会。"给你比赛的场地，帮你明确比赛的目标，比赛的规则公开化，谁能跑在前面，就看你自己的了"。海尔的系列赛马规则如下。

1. 在位监控

在位监控，海尔集团提出两个内容：一是干部主观上要能够自我控制，自我约束，有自律意识；二是作为集团要建立控制体系，控制工作方向、工作目标，避免犯方向性错误；控制财务，避免违法违纪。

海尔集团建立了较为严格的监督控制机制，任何在职人员都接受三种监督，即自检（自我约束和监督）、互检（所在团队或班组内互相约束和监督）、专检（业绩考核部门的监督）。干部的考核指标分为5项，一是自清管理，二是创新意识及发现、解决问题的能力，三是市场的美誉度，四是个人的财务控制能力，五是所负责企业的经营状况。这五项指标赋予不同的权重，最后得出评价分数，分为三个等级。每月考评，工作没有失误但也没有起色的干部也归入批评之列，这使在职的干部随时都有压力。《海尔报》上引用过一句名言："没有危机感，其实就有了危机；有了危机感，才能没有危机；在危机感中生存，反而避免了危机。"

2. 届满轮流

海尔集团另一个具有特色性的人力开发思路就是届满轮流。集团的经营在逐步跨领域发展，从白色家电涉足黑色家电，产品系列越来越大，但是海尔集团内部的发展并不平衡，企业与企业之间不仅有差距，有的差距还很大，而且集团整体高速的发展并不等于每个局部都是健康的发展。那些不发展的企业的干部没有目标，看不到自己的现状与竞争对手之间的差距，头脑跟不上市场的变化，于是就原地踏步。市场原则是不进则退。随着集团的逐步壮大，越来越需要一批具有长远眼光、能把握全局、对多个领域了如指掌的优秀人才。针对这种情况，海尔集团提出"届满要轮流"的人员管理思路，即在一定的岗位上任职期满后，由集团根据总体目标并结合个人发展需要，调到其他岗位上任职。届满轮流培养了一批多面手，但同时也让许多年轻人认为是"青云直上"的一种客观障碍。

3. 三工转换

海尔集团实行"三工并存、动态转换"制度。三工，即在全员合同制基础上把员工的身份分为优秀员工、合格员工、试用员工(临时工)三种,根据工作态度和效果,三种身份之间可以进行动态转化。"今天工作不努力,明天努力找工作"。三工动态转换与物质待遇挂钩,在这种用工制度下,工作努力的员工,可及时地被转换为合格员工或优秀员工,同时也意味着有的员工只要一天工作不努力,就可能有十天、百天甚至更长时间来弥补过失,就会由优秀员工被转换为合格员工或试用员工,甚至丢掉岗位。

另外,海尔内部采用竞争上岗制度,空缺的职务都在公告栏统一贴出来,任何员工都可以参加应聘。海尔建立了一套较为完善的激励机制,包括责任激励、目标激励、荣誉激励、物质激励等,这对于处处感到压力的海尔员工来说,无疑是一种心理调节器。

案例思考题:
1. 你是怎样看待传统的用人观念——"用人不疑,疑人不用"的?
2. 你是如何评价海尔的人力资源开发思路的?

参考文献

1. 赵四萍. 旅游企业人力资源管理[M]. 天津：南开大学出版社，2001
2. 郝树人，朱艳. 旅游企业人力资源管理[M]. 大连：东北财经大学出版社，2004
3. 张四成，王兰英. 现代饭店人力资源管理[M]. 广州：广东旅游出版社，1999
4. 王昊. 人力资源管理[M]. 北京：华文出版社，2003
5. 余昌国. 旅游人力资源开发[M]. 北京：中国旅游出版社，2003
6. 吴中祥，王春林，周彬. 饭店人力资源管理[M]. 上海：复旦大学出版社，2001
7. 陈志学. 现代饭店培训[M]. 北京：中国旅游出版社，2003
8. 李志刚. 饭店人力资源管理[M]. 北京：中国旅游出版社，2005
9. 王丹. 人力资源管理实务[M]. 北京：清华大学出版社，2006
10. 冯红，陶秋燕. 现代人力资源管理[M]. 北京：经济管理出版社，2006
11. 加里·德斯勒. 人力资源管理[M]. 北京：中国人民大学出版社，2005
12. 尤建新，等. 管理学概论[M]. 上海：同济大学出版社，2003
13. 曾仕强. 中国式的管理行为[M]. 北京：中国社会科学出版社，2005
14. 夏兆敢. 人力资源管理[M]. 上海：上海财经大学出版社，2006
15. 张满林，周广鹏. 旅游企业人力资源管理[M]. 北京：中国旅游出版社，2007
16. 彭剑峰. 人力资源管理概论[M]. 上海：复旦大学出版社，2005
17. 孙健敏. 人力资源管理[M]. 北京：中国人民大学出版社，2004
18. 王玉. 企业战略管理. 上海：上海财经大学出版社，2005
19. 杨洁. 论人力资源特征与人力资源管理的密切关系[J]. 工会论坛，2005(3)
20. 李维力. 浅谈企业人力资源的开发与利用[J]. 交通科技与经济，2003(4)
21. 赵伟东. 服务·服务意识·旅游业[N]. 华东旅游报 2006-01-29
22. 黎美玲. 企业绩效管理误区案例[J]. 人力资源开发，2008(1)
23. 刘维忠. 浅谈企业绩效管理存在的问题与对策[J]. 当代经济，2008(3)
24. 陈德喜. 劳动合同法对我国企业劳动关系管理的影响——兼论劳动关系

和谐企业建设[J].现代企业文化,2008(3)
25. 张海虹.如何做好企业招聘工作[J].交通企业管理,2007,22(11)
26. 行金玲.企业招聘工作的五大误区[J].商场现代化,2007(04S)
27. 林金龙.企业招聘方式之一:电话面试[J].人力资源开发,2006(9)
28. 钟丽华.弹性福利计划在企业薪酬管理中的应用[J].改革与战略,2008,24(3)
29. 李云.现代企业薪酬模式实例探讨[J].商业时代,2008(5)
30. 王红.也谈我国中小型企业薪酬管理[J].北方经贸,2007(12)
31. 蔡福英,李中斌.西方企业人力资源管理分析与中国企业的对策探讨[J].价值工程,2008,27(3)
32. 崔子龙.跨文化人力资源管理策略分析[J].企业家信息,2008(4)
33. 曹飞.探索中国企业的跨文化管理之路[J].企业研究,2008(1)
34. 高文辉.人力资源中的跨文化管理[J].企业改革与管理,2008(1)
35. 叶小兰.激励理论综述[J].美中经济评论,2008,8(1)
36. 赵丹.浅谈中国企业激励机制[J].今日科苑,2007(22)
37. 吴绍琪,沈延芳.企业工作分析面临的困难和对策[J].中国培训,2007(11)
38. 梁美丽.生产型企业工作分析的误区及对策[J].商场现代化,2006(09Z)
39. 人力资源开发管理网 www.hrdm.net
40. 中国旅游网 www.china.travel
41. 公文易文秘资源网 www.govyi.com
42. 中国职场网 www.cnduty.com
43. 精英书库网 www.10000top.com/book

内 容 提 要

本书依照旅游企业人力资源管理活动的基本过程和规律，系统论述了人力资源管理与开发各项职能在旅游企业的运用，力求突出实用性、实践性、可操作性，为旅游企业科学有效的人力资源管理与开发提供指导；同时也体现了近年来国内外在人力资源管理与开发领域相关的研究成果，为人力资源管理学科的建设与发展提供借鉴。

本书共分为三篇。第一篇旅游企业人力资源规划和第二篇旅游企业人力资源管理涵盖了人力资源管理的产生与发展、工作分析与工作设计、员工的招聘与录用、工作绩效考评、薪酬与福利设计、劳动关系管理规范、人力资源管理艺术等；第三篇旅游企业人力资源开发阐述了旅游企业人员的职业道德和职业养成、员工培训与职业发展、员工潜能的激励、人力资源开发的途径和方法。

本书在体例设计上的特点是，每章后都有复习与训练题，包括主要概念、阅读理解、判断题、选择题和相关的案例分析题，通过这些训练题，可加强对各章教学内容的理解和接受。